Alexander B. Ernst

Kurze Grammatik
des Biblischen Hebräisch

D1641854

3., durchgesehene Auflage 2013

Neukirchener Theologie

Dieses Buch wurde auf FSC-zertifiziertem Papier gedruckt. FSC (Forest Stewardship Council) ist eine nichtstaatliche, gemeinnützige Organisation, die sich für eine ökologische und sozialverantwortliche Nutzung der Wälder unserer Erde einsetzt.

© 2008 – 3., durchgesehene Auflage 2013
Neukirchener Verlagsgesellschaft mbH, Neukirchen-Vluyn
Alle Rechte vorbehalten
Umschlaggestaltung: Eleonora Reimer, Lünen
Lektorat: Volker Hampel
DTP: Alexander B. Ernst
Gesamtherstellung: Hubert & Co., Göttingen
Printed in Germany
ISBN 978–3–7887–2321–7
www.neukirchener-verlage.de

Bibliografische Information der Deutschen Nationalbibliothek

Die Deutsche Nationalbibliothek verzeichnet diese Publikation in der Deutschen Nationalbibliografie; detaillierte bibliografische Daten sind im Internet über http://dnb.d-nb.de abrufbar.

Meiner Frau *Catarina*

und unseren Kindern

Simon, Lea, Pascal, Marie

... und *Sebastian*

Vorwort

Hebräisch ist die Sprache der Propheten und der Tora, der Psalmen und der Weisheit. Wer die Sprache zu verstehen sucht, lernt das Alte Testament in seiner Eigenart kennen und entdeckt in der Fremdheit der Texte Wurzeln der christlichen und jüdischen Tradition und die Vertrautheit der eigenen Geschichte.

Dieses Buch verdankt sich in erster Linie der Faszination, die die Begegnung mit dem hebräischen Alten Testament hervorgerufen hat und nach über 40 Hebräischkursen an Hochschule und Gymnasium immer noch hervorruft. Dank schulde ich denen, die diese Faszination zu wecken fähig waren, allen voran meinem Hebräischlehrer, dem Judaisten und – vom Standard der Schule nie gebeugten – Gymnasiallehrer *U w e C o r d t*, der meine Begeisterung als erster weckte, dann den Bonner Hochschullehrern *A n t o n i u s H. J. G u n n e w e g* und *W e r n e r H. S c h m i d t*, die mich je auf ihre Weise davon abhielten, in philologischen Details zu verharren, und dazu anleiteten, nach dem Ganzen einer Biblischen Theologie zu suchen, deren Grundlage der hebräische Text ist.

Ich danke auch denen, die das Werden und Vollenden dieser Grammatik durch Hinweise und hilfreiche Kritik gefördert haben, allen voran meinem Freund und Bonner Kollegen *A x e l G r a u p n e r*, der erst als Habilitierter in den Genuß kam, Hebräischkurse zu geben, und seither mit einem scharfen und klugen Auge manchen Rat gab, dann *D o r o t h e e S c h ö n a u*, der Sekretärin der Kirchlichen Hochschule Wuppertal/Bethel, die unlösbare Layoutprobleme löste, meiner studentischen Hilfskraft und Tutorin *C h r i s t i n a K r e i s k o t t*, die mit Sorgfalt manche Fehler in der Druckvorlage ausmachte, und nicht zuletzt den vielen Studierenden, die seit zwei Jahren ein – wegen meiner Aufgaben als Ephorus – lange unvollendetes Manuskript Korrektur lesen mussten, besonders der Ethnologin Dr. *A n j a N i c o l e S t u c k e n b e r g e r*, die noch im letzten Manuskript viele Fehler fand. Dankbar bleibe ich auch Dr. h.c. *W o l f g a n g S c h n e i d e r*, meinem Vorgänger auf der Dozentur für Hebräisch an der Kirchlichen Hochschule, für sein vorzügliches Übungsbuch, auch wenn ich seinen „Debarim" hiermit eine eigene Kurze Grammatik zur Seite stelle. Ich danke auch Dr. *V o l k e r H a m p e l*, der als Lektor des Neukirchener Verlages das Buch von Anfang an in der ihm eigenen Freundlichkeit unterstützte.

Den größten Dank schulde ich jedoch meiner Frau und meinen Kindern für das Ertragen mancher noch zu Hause auf das Hebräische gerichteter Gedanken. Ihnen ist daher dieses Buch gewidmet.

Wuppertal, im Oktober 2008   Alexander B. Ernst

Vorwort zur 2. Auflage

Die erste Auflage der Kurzen Grammatik war schneller verkauft als erwartet. Die Kritik war so erfreulich, dass sie keine großen Veränderungen nötig machte. Einige kleinere Versehen und Fehler wurden verbessert und nur wenige Paragraphen (insbesondere § 28 und 29) erweitert. Allen, die durch ihre Hinweise zur Verbesserung beigetragen haben, sei herzlich gedankt! Wenn ich manchen Hinweis nicht aufgenommen habe, dann meist allein aus dem Grund, die Grammatik auch in der zweiten Auflage kurz zu halten und weder die Seitenzahl, noch die Paragrapheneinteilung und Paginierung zu verändern. Möge sie durch ihre Kürze dem Verstehen der Hebräischen Sprache dienen!

Wuppertal, im Juni 2010   Alexander B. Ernst

Vorwort zur 3. Auflage

Auch die dritte Auflage der Kurzen Grammatik machte keine großen Veränderungen nötig. Dass wieder einige kleinere Versehen und Fehler verbessert werden konnten, verdanke ich vor allem *S h u j i   O d a s h i m a*, der mit einem kritischen Auge nicht allein das Zwölfprophetenbuch erforscht, sondern auch meine Grammatik durchsah. Auch wurden an manchen Stellen Formulierungen verbessert, die sich den Nutzern als unklar zeigten. Wieder wurde dabei weder die Seitenzahl, noch die Paragrapheneinteilung und Paginierung verändert.

Wuppertal, im November 2012   Alexander B. Ernst

Inhalt

I. Schrift- und Lautlehre

II. Formenlehre

A. Nomen und Partikeln

B. Verbum

III. Satzlehre

Einführung

Die vorliegende Grammatik führt systematisch in die Schrift- und Lautlehre sowie die Formen- und Satzlehre des Biblischen Hebräisch ein.

Zahlreiche *Schautafeln* und *Paradigmen* („Beispiele") helfen, in der Vielzahl von Möglichkeiten einer alten und fremden Sprache Regelmäßigkeit und System zu erkennen. Die *Erklärungen* im Text versuchen, diese Vielfalt zu beschreiben und – wo nachvollziehbar – auf ihre Grundlagen und Regeln zurückzuführen. Weil wenige Regeln vieles verstehbar machen, bietet diese Grammatik *Merksätze*, die sich in über 40 Hebräischkursen an Hochschule und Gymnasium für die Prüfung und Repetition („Wiederholung") als hilfreich bewährt haben. Dabei werden Fremdwörter und *Fachtermini* („Fachausdrücke") nicht gemieden, sondern bewusst verwendet, möglichst übersetzt und erläutert. Denn das Studium der hebräischen Grammatik ist seines Gegenstandes wegen Teil der alttestamentlichen Wissenschaft und Theologie, die diese Termini weithin gebraucht. So werden beispielsweise die in der traditionellen Grammatik und Literatur verwendeten Begriffe wie „Imperfekt" und „Perfekt" trotz ihrer Problematik nicht verworfen, sondern erklärt und beibehalten. Stets stehen die besonderen *Phänomene* („Erscheinungen") im Vordergrund und nicht die Bezeichnungen, die – mehr oder weniger treffend – immer nur ein unzureichender Versuch sind, die Fremdheit des Biblischen Hebräisch in die Vertrautheit einer vom Lateinischen geprägten Wissenschaft zu zwingen. Die Grammatik sucht *Kürze* und *Präzision*, will das Nötige zusammenfassen, um ein Gefühl für das Ganze zu vermitteln.

Es gibt viele und gute Lehrbücher des Hebräischen. Diese Grammatik ist keines. Denn sie enthält weder Aufgaben und Übungen noch ein Lernvokabular. Wohl aber gibt sie Beispiele für alles Beschriebene und Erklärte. Sie kann ein Lehrbuch oder einen Hebräischkurs nicht ersetzen, sondern soll ihm als Referenzgrammatik und Nachschlagewerk dienen, damit Schüler und Studierende im Studium des Einzelnen das Ganze nicht aus den Augen verlieren. Nicht zuletzt will sie eine Lücke füllen und das in Seminaren und der Examensvorbereitung lebhafte Bedürfnis nach einer kurzen und übersichtlichen Grammatik zur Repetition des Hebräischen befriedigen und auch dem Nicht-Hebraisten das Hebräische verständlich machen. Ein zu dieser Grammatik passendes „Übungsbuch zum Biblischen Hebräisch" erscheint voraussichtlich im Jahr 2013.

Der *Übersichtlichkeit* und Anschaulichkeit wegen sind die kürzeren Paragraphen auf ein oder zwei Seiten, die längeren in der Regel auf vier Seiten dargestellt. Aus dem selben Grund wurde auf Bibelstellenangaben fast immer verzichtet. Dem Studierenden helfen sie nicht, und der Kundige kennt oder findet die Stellen schnell; denn die zitierten Textstellen sind, wo immer möglich, besonders typische und vertraute. Auch auf Anmerkungen und Literaturhinweise wurde bewusst verzichtet.

Zum Zwecke des leichten Verstehens der Verb- und Nominalbildungen greift die Grammatik wie viele ihrer Vorbilder in ihren Paradigmen und Erklärungen auf die (im Biblischen Hebräisch nur vier mal belegte) *W u r z e l q ṭ l* „töten" zurück, zum einen, weil diese Wurzel als einzige keinerlei Ausnahmeerscheinungen zeigt, zum anderen, weil auch Theologinnen und Theologen angesichts einer unheilen Welt nicht vor der Semantik („Wortbedeutung") eines unlieben Wortes in Schutz zu nehmen sind.

Obwohl die Grammatik den Zugang zu einer klaren und eindeutigen Umschrift ermöglicht (§ 1.3), verwendet sie die üblichen *g r a m m a t i s c h e n   T e r m i n i* in vereinfachter Schreibung, also Sájin statt *zájin*, Qámez statt *qámæṣ*, Hiph'il statt *hipⁱ'îl* usw. Dieses Verfahren hat sich in der Praxis bewährt. Die *A b k ü r z u n g e n* (S. 177) vermeiden überflüssige Punkte wo möglich, also Impf statt Impf., Bsp: statt Bsp.: und Impf.cons statt Impf.cons. usw. Die *P a r a g r a p h e n e i n t e i l u n g* erlaubt in Verbindung mit der Buchstabenpaginierung ein schnelles Auffinden des Gesuchten, was durch ein Sachregister (S. 178-181) und ein Register hebräischer Wörter (S. 182) erleichtert wird.

So traditionell der Stil dieser Grammatik auf den ersten Blick erscheint, so ist sie doch jedem bekannten Phänomen nach bestem Vermögen des Verfassers wissenschaftlich verantwortet neu nachgegangen und hat nicht das Alte, sondern das in der alttestamentlichen Wissenschaft Bewährte zur Darstellung gebracht.

Einiges wird den Kundigen überraschen, wie zum Beispiel die Rede von drei Status in der Lehre vom Nomen (§ 12a), oder die Zuordnung der Verbalparadigmen zu den Stämmen (§ 33-39) statt zu den Verbklassen (§ 41-49). Doch auch hierin verbirgt sich nichts grundlegend Neues, sondern der Versuch, alte Phänomene besser verstehbar und lernbar zu machen, damit die Freude am Hebräischen wächst.

Das im Biblischen Hebräisch nicht vorkommende *Z e i c h e n* ‹ über einem Buchstaben (z.B. מֶ֯לֶךְ „König") wird in dieser Grammatik konsequent dann gesetzt, wenn gegen die biblisch-hebräische Regel der Betonung der letzten Silbe ausnahmsweise die vorletzte (bzw. scheinbar vorletzte) Silbe betont ist. So können auch Ungeübte von Anfang an richtig lesen und betonen.

Eine „Kurze Grammatik" kann kein ausführliches Lehrgebäude ersetzen. Daher verweist S. 184 auf die großen Werke, auf die jedes kleine dauerhaft angewiesen bleibt, allen voran auf Wilhelm Gesenius' Klassiker unter den Hebräischen Grammatiken, den der Verfasser allen empfehlen möchte, die, einmal vom hebräischen Alten Testament begeistert, seine Details genauer verstehen wollen.

I. Schrift- und Lautlehre

§ 1 Alphabet

a Das hebräische Alphabet besteht aus 22 Zeichen für 23 Konsonanten (שׁ bezeichnet zwei Buchstaben und wird durch einen diakritischen Punkt unterschieden). Die ältesten Texte sind in der ersten Hälfte des 1. Jt. v.Chr. mit althebräischen Schriftzeichen geschrieben worden. Erst die seit dem 3. Jh. v.Chr. aufkommenden Texte und Handschriften weisen die wegen ihrer Form *Q u a d r a t s c h r i f t* genannten Zeichen auf. Diese haben sich später allgemein durchgesetzt und finden auch in modernen Bibeldrucken Verwendung. Fünf Buchstaben haben eine besondere Form am Wortende (sog. Finalbuchstaben). Das Hebräische ist linksläufig und wird von rechts nach links gelesen:

	final	Um-schrift	Name	Aussprache	wie in:
א		ʾ	Álef	kehliger Knacklaut am Silbenanfang (im Dt. nicht geschrieben)	Urahn (ʾur- ʾān) (gegenüber Uran)
בּ		b/ḇ	Bet	hart oder weich: **b** oder **w**	Ball oder engl. lo<u>v</u>e
גּ		g/ḡ	Gímel	hart oder weich: **g** oder **ch** (heute immer hart)	Gabriel oder g in sächsisch: Wagen
דּ		d/ḏ	Dálet	hart oder weich: **d** oder **dh** (heute immer hart)	Daniel oder engl. that
ה		h	He	kehliges **h** (auch als Vokalbuchstabe)	hart oder Hut
ו		w	Waw	stimmhaftes **w** (sog. Halbvokal)	Wasser (ursprüngl. wie engl. water)
ז		z	Sájin	weiches und stimmhaftes **s** (nicht wie dt. z!)	Rose oder summen
ח		ḥ	Chet	kehliges **ch**	ach (nicht: ich)
ט		ṭ	Tet	(ursprüngl. emphatisches) **t** (Aussprache heute wie Taw)	Tal oder Internet
י		j	Jod	konsonantisches **j** (sog. Halbvokal)	ja oder toi, toi, toi (wie engl. y in you)
כּ	ך	k/ḵ	Kaf	hart oder weich: **k** oder **ch** (harte Aussprache wie Qof)	kalt oder nach
ל		l	Lámed	gleich dt. l	Leguan oder Knall
מ	ם	m	Mem	gleich dt. **m**	Mutter oder summen

נ	ן	*n*	Nun	gleich dt. **n**	niemals oder Soh<u>n</u>
ס		*s*	Sámech	stimmloses, scharfes **s** (Aussprache wie Sin)	E<u>ss</u>en oder Fu<u>ß</u>
ע		*ᶜ*	Ájin	harter und stimmhafter Kehllaut, zwischen ʾ und g (heute gleich א)	ᶜAnton oder ᶜUps
פ	ף	*p/p̄*	Pe	hart oder weich: **p** oder **f**	<u>P</u>ost oder Auspu<u>ff</u>
צ	ץ	*ṣ*	Zadé	gleich dt. **tz** (emphatisch und stimmlos)	<u>Z</u>ion oder Tro<u>tz</u>
ק		*q*	Qof	(ursprüngl. emphatisches) **k** (Aussprache heute wie Kaf)	<u>K</u>opf oder Ru<u>ck</u>
ר		*r*	Resch	(ursprüngl. stimmhaftes) **r** (Aussprache heute wie dt. r)	<u>R</u>umpf oder <u>R</u>ich<u>t</u>er
שׂ		*ś*	Sin	stimmloses **s** (Aussprache wie Samech)	E<u>ss</u>en oder Fu<u>ß</u>
שׁ		*š*	Schin	gleich dt. **sch**	<u>Sch</u>nee oder ra<u>sch</u>
ת		*t/t̠*	Taw	hart oder weich: **t** oder **th** (heute immer hart)	<u>T</u>ee oder engl. <u>th</u>irty

Vier *K o n s o n a n t e n g r u p p e n* weisen Besonderheiten auf:

Halbvokale Die Konsonanten ו und י sind ursprünglich Halbvokale: ו hat eine Affini- **b** tät zu o und u, י zu i, e und æ. Daher sind ו und י als Konsonanten „schwach" (§ 8j) und können als Vokalbuchstaben (§ 2) verwendet werden.

Begadkefat Die Konsonanten ב, ג, ד, כ, פ und ת (*Merkwort:* „Begadkefat") sind sog. **c** „kombinatorische Allophone", d.h. sie haben je nach Stellung im Wort eine unter- schiedliche Aussprache: Steht vor ihnen kein Vokal (oder Schwa mobile, § 3c), werden sie hart ausgesprochen (sog. Verschlusslaut). Steht vor ihnen ein Vokal (oder Schwa mobile), sind sie weich (sog. Reibelaut). Die harte Aussprache markiert die Punktation durch ein „Dagesch lene" (§ 4b.g) im Konsonanten: בּ, גּ, דּ, כּ, פּ und תּ. Allerdings ist es heute üblich, ג, ד und ת immer hart auszusprechen.

Laryngale Die Konsonanten א, ה, ח und ע bezeichnet man wegen ihrer Artikulation **d** in der Kehle als „Laryngale" oder „Gutturale". Laryngale haben viele Eigenarten, die von ר geteilt werden (§ 10).

Labiale Die Konsonanten ב, ו, מ und פ (*Merkwort:* „Bumaf") sind „Labiale" (= Lip- **e** penlaute). Vor ihnen wird z.B. die Konjunktion וְ zu וּ (§ 4p.15a).

§ 2 Vokalbuchstaben

a **Plene- und Defektiv-Schreibung** Die Konsonantenzeichen ו, י, ה und א begegnen auch als Vokalbuchstaben für einen langen Vokal. Sie sind dann oft nur eine Lesehilfe (lat. Mater lectionis). Eine durch einen Vokalbuchstaben markierte Schreibung bezeichnet man als Plene-Schreibung, eine Schreibung ohne Vokalbuchstaben als Defektiv-Schreibung.

b *Plene-Schreibung* von Vokalen ist schon in Texten der 1. Hälfte des 1. Jt. v.Chr. bezeugt und geht oft auf den Verlust des ursprünglichen Konsonantenwertes eines Buchstabens zurück: Z.B. wurden *mawt* zu *mōt* und *bajt* zu *bēt* kontrahiert (§ 8j.22a), während א am Silbenende quieszierte (dt. „verstummte", § 10f). In anderen Fällen (und zunehmend im späteren Hebräisch) wurden Vokalbuchstaben auch da gesetzt, wo sie sprachgeschichtlich nicht auf einen Konsonanten zurückgehen. Insbesondere dient ה dazu, einen auslautenden langen Vokal am Wortende zu markieren. Oft ist die Plene-Schreibung von Vokalen nur eine einfache orthographische Variante zur *Defektiv-Schreibung*.

c **Homogene Vokale** Die Affinität der Halbvokale ו zu *o/u* und י zu *i/e/æ* (§ 1b) fördert ihre Setzung als Vokalbuchstaben. Z.B. ist mit ihnen leicht אדום „Ed*o*m" von אדם „Ad*a*m" zu unterscheiden. Man bezeichnet die Vokale *o* und *u* als homogen (= gleichartig) zu ו und die Vokale *i*, *e* und *æ* als homogen zu י. Demgegenüber können א und ה (fast) jeden Vokal darstellen, so dass sich folgende Übersicht ergibt:

homogene Vokale		Beispiele
ו	o u	אדום Ed*o*m, ברוך Bar*u*ch
י	i e æ	בנימין Binjam*i*n, בית־אל B*æ*t-El, תהיינה *tih-jǽ-nâ*
א	alle	עזרא Esr*a*, יחזקאל *j*ᵉ*-ḥæz-qêl* (= Ezechiel)
ה	a e æ o	ישעיה Jesaj*a*, מנשה *m*ᵉ*-naš-šǽ* (= Manasse)

d **Mappiq** Anders als ו, י und א kann ה nur am Wortende Vokalbuchstabe sein, dort allerdings fast immer, es sei denn, es trägt einen Punkt, einen sog. „Mappiq". Bsp: אַרְצָה (*'ar-ṣāh* „ihr Land").

e Die Setzung von Vokalbuchstaben ist als Lesehilfe letztlich unzureichend geblieben, denn sie markiert viele Worte nicht eindeutig. Dennoch blieben die Vokalbuchstaben bei der späteren Punktation der Texte (§ 3) erhalten, so dass Vokale mit Plene-Schreibung eine doppelte Vokalmarkierung aufweisen (z.B. אֱדוֹם *ᴶᵉ-dôm* „Ed*o*m", גָּדוֹל *gā-dôl* „groß").

§ 3 Vokalzeichen (Punktation)

Zur Fixierung der Aussprache des *m a s s o r e t i s c h e n* (= überlieferten) *T e x t e s* ha-   **a**
ben jüdische Gelehrte seit dem 6. Jh. n.Chr. die Punktation entwickelt, die sich im 10.
Jh. in der Gestalt der *t i b e r i s c h e n   P u n k t a t i o n* allgemein durchsetzte. Hierbei
werden nicht nur alle Vokale und Murmellaute (= Schwa mobile), sondern auch Vokal-
losigkeit durch ein Zeichen unter dem Konsonanten, nach welchem der Vokal gesprochen wird, eindeutig markiert. Nur Chólem steht oben (*Merke:* „o wie o̲ben"). Die Zeichen zeigen die Qualität und teilweise auch die Quantität der Vokale an. *Q á m e z* und
S c h w a sind zweideutig und können erst im Wortganzen nach Kenntnis der Silbenge-
setze des Hebräischen unterschieden und richtig gelesen werden (§ 4). Die Bezeichnung
der Vokale durch Punktation erfolgte auch da, wo schon Vokalbuchstaben vorhanden
waren. Bei diesen *p l e n e* (§ 2) geschriebenen Vokalen hat sich ein Sonderzeichen her-
ausgebildet: Anstelle von וֹ wird וּ (*S c h ú r e q*) geschrieben. *C h ó l e m* fällt im Falle der
Plene-Schreibung auf וֹ oder א (דּוֹר, לֹא).

	Name	lang	kurz	Beispiel		**b**
ָ	**Qámez**	ā		יָד	*jāḏ* „Hand"	
ָ	**Qámez chatúf**		ŏ	כָּל-	*kŏl-* „die Gesamtheit von"	
ַ	**Pátach**		a	עַם	*ʿam* „Volk"	
ֶ	**Segól**	æ	æ	מֶלֶךְ	*mǣ-læḵ* „König"	
ֵ	**Zeré**	ē		שֵׁם	*šēm* „Name"	
ִ	**Chíreq**	ī	i	עִם	*ʿim* „mit"	
	Chólem	ō		כֹל	*kōl* „Gesamtheit"	
ֻ	**Qibbúz**	ū	u	כֻּלּוֹ	*kul-lô* „seine Gesamtheit"	
וּ	**Schúreq**	ū		לוּ	*lû* „wenn doch!"	

						c
ְ	**Schwa quiescens**		= Silbenteiler	אֶסְתֵּר	*ʾæs-tēr*	
ְ	**Schwa mobile** simplex	ᵉ	= Murmellaut	שְׁלֹמֹה	*šᵉ-lō-mô*	
	compositum:					
ֲ	Chatéf pátach	ᵃ	אֲדֹנָי	*ʾᵃ-ḏō-nāj* „der Herr"		
ֱ	Chatéf segól	æ	אֱלֹהִים	*ʾᵆ-lō-hîm* „Gott"		
ֳ	Chatéf qámez	o	עֳנִי	*ʿᵒ-nî̂* „Elend"		

Pátach furtivum Geht einem <u>Laryngal</u> (§ 1d.10d) am Ende des Wortes kein *a*-Laut   **d**
voraus, wird dessen Affinität zu *a* durch ein sog. Pátach furtívum („eingeschlichenes
Pátach") vermerkt (*Bsp:* רוּחַ „Geist", lies *rúᵃḥ*, nicht: *rū-áḥ* oder *rū-ḥá*).

§ 4 Schwa, Méteg, Qámez, Dagesch und die Gesetze der Silbenbildung

a   **Schwa** Ein Schwa (שְׁוָא wörtlich: „Nichts") zeigt einen fast oder völlig fehlenden Vokal an.

b   **Schwa quiescens** Ein Schwa am Silbenende heißt *q u i e s c e n s* und ist lautlos; es zeigt, dass dem Konsonanten „gar Nichts" (an Vokal) folgt. Folgt ein Begadkefat (§ 1c), so erhält er in der Regel ein Dagesch lene. Nur am Wortende unterbleibt das Schwa quiescens, ausgenommen bei Kaf (wo es der besseren Unterscheidung von Dálet und Nun dient) und bei – seltenem – doppeltem Silbenschluss (§ 4o.11a).

c   **Schwa mobile** Ein Schwa am Silbenanfang ist ein leicht hörbarer Murmellaut, gleichsam ein „fast Nichts", und heißt *m o b i l e* . Folgt ein Begadkefat (§ 1c), so erhält er kein Dagesch lene. Dabei kann der Murmellaut allein stehen (dem ersten e im dt. Wort „gegeben" vergleichbar, *spr: g^e gē-bæn*), oder ein wenig nach *a*, *æ* oder *o* klingen. So ein qualitatives *S c h w a   m o b i l e   c o m p o s i t u m* wird auch als „Chatéf-Laut" bezeichnet und begegnet bei Laryngalen und ר (§ 10g). Es gibt ein *C h a t é f   p á t a c h*, ein *C h a t é f   s e g ó l* und ein *C h a t é f   q á m e z* (§ 3c). Während sich die Chatéf-Laute direkt als Schwa mobile zu erkennen geben, fällt die Unterscheidung von Schwa mobile simplex und Schwa quiescens schwer. Aufgrund der Gesetze der Silbenbildung (§ 4j-n) liegt Schwa mobile in folgenden Fällen vor: 1) am **A**nfang des Wortes, 2) wenn es das **2**. von zwei direkt hintereinander stehenden Schwa ist (ausgenommen am Wortende, § 11a), 3) unter einem Konsonanten mit **D**agesch und 4) nach langem (unbetontem) Vokal (§ 4e). Scheinbare Ausnahmen bestätigen die Regel. *Merke:* „Schwa ist mobile, wenn die A – 2 – D – L – Regel gilt":

d

Schwa mobile:	A	יְהוּדָה	*j^e-hû-ḏâ* „Juda"
	2	יִרְמְיָה	*jir-m^e-jâ* „Jeremia"
	D	גִּבְּתוֹן	*gib-b^e-ṯôn* „Gibbethon"
	L	שֹׁמְרוֹן	*šō-m^e-rôn* „Samaria"
Schwa quiescens:	-	אַבְרָהָם	*ʾaḇ-rā-hām* „Abraham"

e   **Méteg** Ein Méteg (ֽ), *hebr.* מֶתֶג „Zaum", zeigt eine besondere Betonung (meist gegenüber der Haupttonsilbe) an, gibt der Silbe gleichsam ein (Gegen-)Gewicht. Zuweilen gibt es zu erkennen, ob ein Vokal kurz oder lang ist. So insbesondere bei Qámez und Chíreq. *Bsp:* וַיִּרְאוּ *waj-jir-ʾû* „und sie sahen" (kurzes Chíreq und Schwa quiescens) und וַיִּרְאוּ *waj-jī-r^e-ʾû* „und sie fürchteten sich" (langes Chíreq und Schwa mobile). Ein Méteg darf nicht mit gleich aussehendem Silluq (§ 5c) verwechselt werden.

f   **Qámez chatuf** Ein Méteg hilft, sofern gesetzt, das zweideutige Qámez (§ 3b) richtig zu lesen (vgl. חָכְמָה *ḥŏk-mâ* „Weisheit" mit חֲכָמָה *ḥā- k^e-mâ* „sie ist weise"). *Merke:* „Qámez in unbetonter geschlossener Silbe ist Qámez chatuf" (nach Regel 4, § 4m).

Dagesch Ein Punkt (דָּגֵשׁ) in einem Konsonanten zeigt entweder nur die harte Aus- **g**
sprache eines Begadkefat (§ 1c) an und wird als *D a g e s c h   l e n e* bezeichnet, oder
markiert die Verdopplung des Konsonanten und heißt *D a g e s c h   f o r t e*. Die Unterscheidung ist immer eindeutig: Geht einem Dagesch kein Vokal oder Schwa mobile
voraus, ist es ein Dagesch lene (*Bsp:* בֹּקֶר *bō-qær* „Morgen", מִשְׁפָּט *miš-pāṭ* „Recht").
Geht ihm ein Vokal voraus, ist es ein Dagesch forte (*Bsp:* אַתָּה *ʾat-tâ* „du"). Ein
Dagesch forte impliziert die harte Aussprache eines Begadkefat (§ 1c).

Man unterscheidet das grammatisch notwendige *D a g e s c h   f o r t e   n e c e s s a r i u m* **h**
vom nur der besseren Lesung dienenden *D a g e s c h   f o r t e   e u p h o n i c u m*. Letzteres
kann verbinden (*D a g e s c h   f o r t e   c o n j u n c t i v u m*) oder hervorheben (*D a g e s c h*
f o r t e   d i r i m e n s).

Dagesch forte fällt am Wortende immer aus (§ 8f-i; *Bsp:* עַם „Volk", Pl: עַמִּים), oft **i**
auch in einem Nicht-Begadkefat mit Schwa im Wortinnern, so immer bei י und sehr oft
bei מ, ק und ל (*Bsp:* וַיְהִי *waj-hî* (< *waj-j^e-hî*), הַמְבַקְשִׁים Ptz Pi mit Artikel, § 35l).

Gesetze der Silbenbildung Erst das Zusammenspiel der Regeln für die zweideutigen
Zeichen Schwa, Dagesch und Qámez ermöglicht das richtige Lesen:

(1)	Jede Silbe beginnt mit einem Konsonanten.	אָדָם *ʾā-dām*, יִשְׂרָאֵל *jiś-rā-ʾēl*	**j**
(2)	Es folgen nie zwei Vokale aufeinander.	שְׁמוּאֵל *š^e-mû-ʾēl*, יוֹאֵל *jô-ʾēl*	**k**
(3)	Offene Silben haben immer einen langen Vokal.	מִיכָה *mî-kâ*	**l**
(4)	Unbetonte geschlossene Silben haben im-mer einen kurzen Vokal.	אַבְרָהָם *ʾab-rā-hām* מָרְדְּכַי *mŏr-d^o-kaj* (Qámez chatúf)	**m**
(5)	א, ו, י und ה sind Vokalbuchstaben, wenn ihnen ein homogener Vokal vorausgeht und sie selber kein Vokalzeichen unter sich haben.	עֶזְרָא *ʿæz-rā*, יוֹסֵף *jô-sēp* מִיכָאֵל *mî-kā-ʾēl*, שָׂרָה *śā-râ*	**n**

Silben, die auf einen Vokal enden, gelten als *o f f e n*, Silben, die auf einen Konsonanten **o**
enden, als *g e s c h l o s s e n*. Silben mit Schwa mobile gelten nicht als selbständig, sondern als *V o r s c h l a g s i l b e n*. Doppelt geschlossene Silben sind selten; sie werden
fast immer aufgesprengt („segoliert", § 11.21):

mögliche Silben:	langer Vokal	kurzer Vokal
offen	כִּי *kî*	(בְּ) (b^e)
geschlossen	יוֹם *jôm*	בַּת *baṭ*
doppelt geschlossen	נֵרְד *nērd*	וַיֵּשֶׁב *waj-jišb*

Entgegen § 4j wird die *K o p u l a* וְ (§ 15a) vor Schwa oder Bumaf (§ 1e) regelmäßig zu **p**
וּ und bildet eine offene Silbe am Wortanfang (*Bsp:* וּצְדָקָה *û-ṣ^e-dā-qâ*, וּבֵן *û-bēn*).

§ 5 Akzente

a Neben den Vokalzeichen haben die Massoreten den Konsonantentext mit Akzenten versehen, die der Lesung des Textes dienen. Die Akzente geben Hinweise auf 1) die Tonlage der Silbe, 2) die Ton- und Nebentonsilbe im Wort und 3) die Nähe oder Ferne der Verbindung mit anderen Wörtern. 2) und 3) sind für den Ungeübten hilfreich:

b Die meisten Akzente stehen auf der betonten Silbe des Wortes und zeigen damit direkt den *H a u p t-* und ggf. den *N e b e n t o n* eines Wortes bzw. einer Wortverbindung. So ist beispielsweise in Gen 1,5 אֱלֹהִים auf der letzten und לַיְלָה auf der vorletzten Silbe betont, während bei וַיְהִי־אוֹר in Gen 1,3 die drittletzte Silbe einen Nebenton (mit Meteg, § 4e) zur letzten als Haupttonsilbe (mit Silluq und Nesiga, § 5c.g) trägt.

c Da die Akzente als *C o n j u n c t i v i* (*hebr.* מְשָׁרְתִים) ein Wort mit dem folgenden verbinden, oder als *D i s t i n c t i v i* (*hebr.* מְלָכִים) von ihm abtrennen, helfen sie, einen Satz syntaktisch zu verstehen. So zeigen Munách ( ) und Zaqéf qatón ( ) in Gen 1,2, dass die Worte וְרוּחַ אֱלֹהִים „und der Geist Gottes" enger miteinander verbunden sind als mit dem folgenden Wort: וְרוּחַ אֱלֹהִים ist eine Constructus-Verbindung (§ 12p.56), die folgenden Worte sind das Prädikat des Satzes. Eine Liste aller Akzente enthält die Biblia Hebraica. Die trennende oder verbindende Kraft einiger Akzente ist stark. Diese sind daher von besonderer syntaktischer Bedeutung:

Distinctivi (trennend)		Silluq (große Pause: vor Sof pasúq)	דָּבָר
		Atnách (Pause)	דָּבָר
		Zaqef qaton (kleine Pause)	דָּבָר
Conjunctivi (verbindend)		Munach (sehr eng verbindend)	דָּבָר

d **Sof pasúq** Ein Doppelpunkt (:) markiert in Verbindung mit Silluq das „Ende des Verses", ein Atnách dessen Mitte. Silluq, Atnách und Zaqef qaton verursachen oft eine Vokalveränderung „in pausa" (= in Pausenstellung), insbesondere eine Dehnung. Vgl. לַיְלָה in Gen 1,5 (Versmitte!) mit der lexikalischen Form לַיְלָ.

e **Maqqéf** Ein Maqqéf (־) verbindet Worte eng und steht oft in einer Constructus-Verbindung (*Bsp:* כָּל־יִשְׂרָאֵל „die Gesamtheit Israels"/„ganz Israel").

f **Paséq** Ein Paséq (|) soll zu einem kurzen Lesestop zwischen zwei eng zusammengehörenden Worten führen (*Bsp:* אֱלֹהִים | לָאוֹר, Gen 1,5).

g **Nesiga** Um das Zusammentreffen zweier Haupttonsilben zu vermeiden, aber auch in pausa, „weicht" der Akzent des ersten Worts oft als Gegenton „nach hinten" (*hebr.* נָסוֹג אָחוֹר oder נְסִיגָה), *z.B.:* וַיְהִי־אוֹר statt וַיְהִי הַנֶּשֶׁם (§ 46q.5b). Dabei wird der Vokal der urspr. Haupttonsilbe oft verkürzt (vgl. לָתֶת לְךָ statt לָתֶת לָהֶם, § 43g).

§ 6 Ketib und Qere

Qere In einigen Fällen haben die Massoreten den Text korrigiert. Dabei haben sie den a
Konsonantentext, das *K e t í b* (aram. כְּתִיב „Geschriebenes") nicht verändert, sondern
nur mit der – jüngeren – Punktation und Akzentuierung des *Q e r é* (aram. קְרֵי „zu
Lesendes") versehen und die dazugehörigen Konsonanten am Rande vermerkt. So soll
z.B. in Jos 5,1 statt עָבְרֵנוּ (Ketib: „unser Hindurchziehen") עָבְרָם (Qere: „ihr
Hindurchziehen") gelesen werden. Die Punktation in עָבְרָנוּ gehört also nicht zum
„geschriebenen" Wort, sondern zum „zu Lesenden". Der Leser (und Ausleger) muß
sich daher zwischen Ketib und Qere entscheiden. Oft ist ein Qere jedoch keine Korrektur des (Konsonanten-)Textes, sondern spiegelt die Vielfalt jüdischer Überlieferungstra-
dition und divergierende Handschriften wider.

Qere perpetuum In wenigen Fällen weicht das Qere immer vom Ketib ab, ohne dass b
es die Massoreten am Rande vermerken. Bei einem *Qeré perpétuum* („ständigem Qere") wird die Kenntnis der mündlichen Tradition vorausgesetzt, so bei:

Ketib/Qere	Ketib		Qere	
יְרוּשָׁלֵַם	יְרוּשָׁלֵם *j^e-rû-šā-lēm* „Jerusalem"		יְרוּשָׁלַיִם *j^e-rû-šā-lajim*	
יִשָּׁשכָר	יִשָּׂשכָר *jiš-sā-kār*	„Issachar"	יִשָּׂכָר *jiś-sā-kār*	
הִוא	הוּא *hû$^{(\jmath)}$* „er"	„sie" (?)	הִיא *hî$^{(\jmath)}$* (nur im Pentateuch)	
יְהוָה	יַהְוֶה *jah-wæ*	„Jahwe"	אֲדֹנָי *$^{\jmath a}$-dō-nāj* „(der) Herr"	

JHWH Schon die griechische Übersetzung der hebräischen Bibel, die Septuaginta, c
meidet die Aussprache des Gottesnamens und liest statt יַהְוֶה * „Jahwe" (§ 20s, vgl. Ex
3,15) κύριος „(der) Herr". Sie spiegelt damit eine Eigenart der jüdischen Tradition
wider, die sich auch in den hebräischen Texten aus Qumran zeigt, in denen oft der
Gottesname in althebräischen Buchstaben geschrieben und so dem Lesefluß entzogen
ist. Entsprechend haben die Massoreten das sog. *T e t r a g r a m m* („Vier-
buchstabenwort") יהוה grundsätzlich mit der Punktation und Akzentuierung von „der
Herr" אֲדֹנָי (erstarrt aus wörtl. „meine Herren"; § 12k.19x) versehen, so dass die Biblia
Hebraica als Ketib-Qere יְהוָֹה oder (vereinfacht) יְהוָה bietet. In der Verbindung
אֲדֹנָי יְהוִה („der Herr, Jahwe") erhält der Gottesname die Punktation von אֱלֹהִים:
„der Herr, Gott". Der Leser muß zwischen Ketib und Qere wählen und kann – je nach
seinem Standpunkt – mit „Jahwe" oder „der Herr" (bzw. „Gott") übersetzen. Allein die
Vermengung von Ketib und Qere zu „Jehova" ist ein Unding. In der jüdischen
Tradition hat im Laufe der Jahrhunderte schließlich auch das Appellativum „der Herr"
den Charakter eines Eigennamens angenommen und bleibt weithin dem Gottesdienst
und Gebet vorbehalten, so dass hier die Lesung *aram.* שְׁמָא bzw. *hebr.* הַשֵּׁם „der
Name" gebräuchlich wurde – gleichsam als Qere des Qere. In der wissenschaftlichen
Literatur haben sich für die Wiedergabe unvokalisierte Großbuchstaben eingebürgert,
die die Freiheit der Entscheidung beim Leser wahren: JHWH.

§ 7 Assimilation von Konsonanten

a Bei zügiger Aussprache bewirkte der Redefluss nach und nach eine teilweise (partielle) oder völlige (totale) Assimilation („Angleichung") einiger Buchstaben an den folgenden („*r e g r e s s i v e   A s s i m i l a t i o n*") oder vorhergehenden („*p r o g r e s s i v e   A s s i m i l a t i o n*"). Betroffen sind vor allem נ und ה, selten ת und ל. Einige Assimilationsregeln sind für das Verstehen von Verbal- und Nominalformen konstitutiv:

b נ Der Konsonant נ assimiliert sich am Silbenende oft total an den folgenden Konsonanten („*r e g r e s s i v e   A s s i m i l a t i o n*"). Dieser erhält daher ein Dagesch forte (§ 7c). *Merke:* „נ assimiliert sich wo immer möglich." Bei Laryngalen (§ 1d) tritt Ersatzdehnung (§ 7d) oder virtuelle Verdopplung (§ 7e) ein (§ 9j.10p):

c	Präposition מִן	מִן + יוֹם > מִי יוֹם > מִיוֹם	„von einem Tag"
d	(§ 14hr)	מִן + עֶרֶב > מֵע עֶרֶב > מֵעֶרֶב	„von einem Abend"
e		מִן + חוּץ > מִח חוּץ > מִחוּץ	„von draußen"
f	Niph'al (§ 34g)	יִקָּטֵל > יִקְקָטֵל > יִנְקָטֵל	„er wird getötet werden"
g	Verba פ"נ (§ 43)	יִשָּׂא > יִשְׂשָׂא > יִנְשָׂא	„er wird erheben"
h	Nun energ. (§ 7j)	תִּשְׁמָרֶךָ > תִּשְׁמָרְכָךְ > תִּשְׁמָר+נְ+ךָ	„sie wird dich bewahren"

i ל Bei לקח „nehmen" assimiliert sich manchmal ל (Impf: יִקַּח wie יִתֵּן √ נתן, § 43g).

j ה Bei ה tritt in einigen Fällen *p r o g r e s s i v e   A s s i m i l a t i o n* (§ 7a) ein, insbesondere beim Suffix der 3 m und f Sg (§ 19d) an ein Nun energicum (§ 12w.15s.19w.26p):

k	Nun energicum	תִּזְכְּרֶנּוּ > תִּזְכְּרֶנְנוּ > תִּזְכְּר + נֶ + הוּ	„du gedenkst seiner"
l		אֵינֶנּוּ > אֵינֶנְנוּ > אֵין + נֶ + הוּ	„er ist nicht"
m		אֵינֶנָּה > אֵינֶנְנֶ(ה) > אֵין + נֶ + הָ(ה)	„sie ist nicht"

n ת und ל In einigen seltenen Fällen assimilieren sich auch ת und ל regressiv und total:

o	im Hitpa'el (§ 37g)	וַיִּתְנַשֵּׂא > וַיִּנְנַשֵּׂא > וַיִּנַּשֵּׂא	„und er erhob sich"
p	Zahlwort אֶחָד f (§ 25b)	אֶחָד + ת > אַחַתְתְּ > אַחַת	„eine"

q In einigen Hitpa'el-Formen begegnet eine *p a r t i e l l e   A s s i m i l a t i o n* des ת in Verbindung mit einer Metathese (§ 37g):

Impf Hitpa'el	נִצְטַדָּק > נִתְצַדָּק > נִצְטַדָּק	„wir rechtfertigen uns"

§ 8 Elision und Kontraktion

Elision Manchmal fallen נ und ה, selten ו ganz weg (Elision bzw. Apheresis = „Wegfall"). Bei zwischenvokalischem ה kontrahieren dabei meist a und Waw zu *ō* (§ 8e.k-m):

einige Imp der Verba פ"נ (§ 43e)	נְשָׂא	>	שָׂא	„hebe auf!"
und der Verba פ"ו (§ 45e)	√ ישׁב	>	שֵׁב	„setz dich!"
Artikel nach Präposition (§ 14c)	בְּ + הַ + מַ֫יִם	>	בַּמַּ֫יִם	„im Wasser"
Impf Hiph'il (§ 38g)	יְהַזְכִּיר	>	יַזְכִּיר	„er wird bekennen"
Suffix der 3 m Sg nach ָ (§ 19f)	יוֹמָ֫הוּ	>	יוֹמוֹ	„sein Tag"

Verdoppelung eines Konsonanten (Dagesch forte) am Wortende entfällt (§ 4i). Ersatzweise tritt oft eine Dehnung des Vokals ein (sog. „Quantitätsmetathese", § 8h.i):

עַמּוֹ	„sein Volk"	עַם (aber: הָעָם)	„Volk"
כֻּלָּם	„sie alle"	כֹּל	„Gesamtheit/alle"
לִבּוֹ	„sein Herz"	לֵב (Nf: לֵבָב)	„Herz"

Kontraktion Die Halbvokale ו und י (§ 1b) sind als Konsonant „schwach", d.h. sie neigen dazu, mit dem vorhergehenden Vokal zu verschmelzen und ihren Konsonantenwert zu verlieren (Kontraktion = „Zusammenziehung"), so dass ein neuer, langer Vokal entsteht. Dabei kontrahieren *a* mit ו zu *ō* , *u* mit ו zu *ū* , *a* mit י zu *ē* und *i* mit י zu *ī* . Ein kontrahierter Halbvokal kann defektiv (§ 2b) geschrieben sein (§ 8m.q):

aw	→	*ō*	Segolata mit ו (§ 22a)	מָ֫וֶת	> מוֹת (St.cstr)	
			Hi (und Ni Pf) der Verba פ"ו (§ 45j)	יַוְשִׁ֫יבוּ	> יוֹשִׁ֫יבוּ	
			Impf.cons Hi von ישׁב (§ 45k)	וַיַּ֫וְשֶׁב	> וַיּ֫וֹשֶׁב	
uw	→	*ū*	Hoph'al der Verba פ"ו (§ 45l)	הֻוְרַד	> הוּרַד	
aj	→	*ē*	Segolata mit י (§ 22a)	בַּ֫יִת	> בֵּית (St.cstr)	
			Hiph'il der Verba פ"י (§ 44f)	יַיְטִיב	> יֵיטִיב	
ij	→	*ī*	Impf Qal der Verba פ"י (§ 44e)	יִיטַב	> יִיטַב / יֵיטַב	

Die Halbvokale ו und י werden am Wortende bei doppeltem Silbenschluss nicht segoliert (§ 11), sondern zum Vokal:

וַיִּשְׁתַּ֫חוּ (Sg!)	<	וַיִּשְׁתַּ֫חְוְ (§ 46q.50g)	וַיְהִי	<	וַיְהְיְ (§ 46q.50g)
תֹּ֫הוּ „Chaos"	<	תֹּהְוְ (§ 22d)	עֳנִי „Elend"	<	עֳנְיְ (§ 22d)

§ 9 Vokalreduktion und Ersatzdehnung

a Viele Vokale haben sich im Laufe der Sprachentwicklung gewandelt und verdanken sich jetzt ihrer Stellung im Wort bzw. Text. Je nach der Veränderung, der das Wort durch seine Bildung unterworfen ist, verändern sich auch dessen Vokale. Diese können gedehnt oder reduziert (gekürzt) werden. Entscheidend ist dabei, ob sie in der *T o n*- oder *V o r t o n s i l b e* stehen. Das hebräische Wort ist (nach Abfall der ursemitischen Endvokale) grundsätzlich auf der letzten Silbe (*U l t i m a*) betont, während die vorletzte (*P ä n u l t i m a*) oft einen langen Vortonvokal erhält (§ 9c.d).

b Einige Worte haben zwei veränderliche Vokale. Bei dem Nomen דָּבָר (< *da-bá-ru*) „Wort/Sache" gehen z.B. beide Qámez auf ursprünglich kurze a-Laute zurück und bleiben nur in der Position der Ton- und Vortonsilbe (§ 9c.d) erhalten. Sobald diese Stellung durch eine Endung oder Anlehnung an das folgende Wort (Status constructus, § 12p) verloren geht, wird der Vokal wieder kurz (§ 9e) oder zu Schwa reduziert (§ 9d.e). Treffen durch Reduktion des Qámez zwei Schwa aufeinander (דִּבְרֵי d^e-b^e-$r\bar{e}$ < *da-ba-rē*), werden die kurzen Silben zu einer sekundär bzw. „lose" geschlossenen Silbe mit kurzem Vokal (meist Chíreq oder – bei Laryngalen – Pátach) umgebildet (§ 9f). Ein nachfolgender Begadkefat (§ 1c) erhält kein Dagesch (*Bsp*: מְלָכִים und מַלְכֵי).

c	דָּבָר	Sg St.abs (mit Ton- und Vorton-Qámez)	„ein Wort/Ding"
d	דְּבָרִים	Pl St.abs (mit Vorton-Qámez)	„Worte/Dinge"
e	דְּבַר־יְהוָה	Sg St.cstr (beide Vokale sind reduziert)	„das Wort JHWHs"
f	דִּבְרֵי־יְהוָה	Pl St.cstr (beide Vokale sind reduziert)	„die Worte JHWHs"

g Auch Zere ist oft tonlang und veränderlich und kann wieder zu Segol, Chíreq oder Schwa reduziert sein (שֵׁם „Name", aber: שְׁמוֹ „sein Name" und שֶׁם־בְּנוֹ „der Name seines Sohnes").

h Präfixe und Präpositionen erhalten in Vorton-Stellung oft ein *V o r t o n – Q á m e z*, bes. bei geprägten Wendungen (*Bsp*: יוֹמָם וָלַיְלָה „Tag und Nacht", בָּהֶם „in ihnen").

i Die drittletzte Silbe (*A n t e p ä n u l t i m a*) trägt zuweilen einen veränderlichen langen Vokal als Gegenton (קָטְלוּ „sie haben getötet", § 4e; aber: קְטַלְתֶּם „ihr habt getötet".

j **Ersatzdehnung** Anstelle der Verdopplung eines Konsonanten durch Dagesch forte tritt bei Laryngalen und ר oft Ersatzdehnung des vorhergehenden Vokals ein (§ 10p-u):

$a \to \bar{a}$	הָאָרֶץ Art. הַ (gegenüber הַשָּׁמַיִם) § 13c, בָּרֵךְ Imp Pi (gegenüber כַּבֵּד)
$i \to \bar{e}$	מֵעֶרֶב Präp. מִן (gegenüber מִבֹּקֶר) § 14r, מֵאֵן Pf Pi (gegenüber בִּקֵּשׁ)
$u \to \bar{o}$	מְבֹרָךְ Ptz Pu (gegenüber מְשֻׁגָּע) § 36c

§ 10 Laryngale und ר

Die Artikulationsbasis der Laryngale (§ 1d) und des ר in der Kehle führt zu einigen typischen Besonderheiten in Aussprache, Punktation und Formenbildung, die bestimmten Regeln folgen: **a**

Laryngale haben eine Affinität zu *a*-Lauten. D.h. sie erhalten oft *a*-Laute, wo sie sprachgeschichtlich geschwunden sind (b.j), verdrängen am Wortende andere Vokale zu Gunsten eines *a*-Lautes (c), oder erhalten (wenn der Vokal nicht verdrängbar ist) ein Pátach furtivum (§ 3d) zur Erinnerung an die ursprüngliche Artikulationsbasis (d). א erhält statt Pátach allerdings oft Segol (e). *Merke:* „Laryngale lieben *a* über alles." *und:* „א liebt Segol."

יַעֲבֹד „er wird dienen" (vgl. יִכְתֹּב „er wird schreiben"), § 28b.c	**b**
שִׁלַּח „er hat entlassen" (vgl. בִּקֵּשׁ „er hat gesucht"), זֶרַע „Same" (vgl. מֶלֶךְ „König")	**c**
רוּחַ „Hauch" (vgl. סוּס „Pferd"), כֹּחַ „Kraft" (vgl. חֹק Satzung")	**d**
אֶמְלֹךְ „ich werde König" (vgl. יִמְלֹךְ „er wird König")	**e**

Quieszierendes א Am Silbenende quiesziert („verstummt") א unter Ersatzdehnung (§ **f** 9j) des Vokals (vgl. בָּרָא „er schuf" mit אָמַר „er sagte"). ה ohne Vokal oder Mappik (§ 2d) am Wortende ist Vokalbuchstabe (§ 2b.c).

Laryngale (und ר) haben anstelle von Schwa mobile simplex meist Chatéf-Laute **g** (§ 3c.4c):

עֲבָדִים „Knechte" (vgl. מְלָכִים „Könige"), אֱמֹר „sage!" (vgl. כְּתֹב „schreibe!")

Laryngale können Silben schließen und Schwa quiescens erhalten (sog. „harter Silbenschluss"): **h**

יִהְיֶה *jih-jæ* „er/es wird sein" (wie יִגְלֶה *jiḡ-læ* „er wird fort müssen")

Der harte Silbenschluß wird jedoch meist aufgesprengt. Durch Wiederholung des **i** Vokals als Chatef-Laut nach dem Laryngal wird dieser in seinem Konsonantenwert erhalten und die Silbe zugleich weich (sog. *S i l b e n a u f s p r e n g u n g*). Der ursprünglich harte Silbenschluß (h) durch den Laryngal ist am vorhergehenden kurzen Vokal in der scheinbar (!) offenen Silbe zu erkennen:

יַעֲמֹד *jaᵃ-mōḏ* „er wird stehen" statt יַעְמֹד *jaᶜ-mōḏ* (vgl. יִקְבֹּר *jiq-bōr*)
יַעֲקֹב *jaᵃ-qōḇ* „Jakob" statt יַעְקֹב *jaᶜ-qōḇ* (vgl. aber LXX Ἰακώβ und dt. Jākob)

j Bei Vokalreduktion entsteht nach § 9b eine *l o s e   g e s c h l o s s e n e   S i l b e*, in der der kurze Vokal vor dem Laryngal nach wie vor den ursprünglichen Silbenschluß (i) anzeigt. Ein folgender Begadkefat (§ 1c) erhält dann (analog יִכְתְּבוּ) kein Dagesch lene:

> יַעַבְדוּ *ja^{c}ab-dû* „sie werden dienen" (statt יַעֲבְדוּ *ja^{ca}-b^{e}-dû* < יַעֲבְדוּ *ja^{c}-b^{e}-dû*)

k Das Phänomen der Silbenaufsprengung (i) bewahrt den ursprünglich kurzen Vokal *a* bei den proklitischen Präpositionen und וְ vor Laryngal mit Chatef-Laut (§ 14d). So entstehen Nominalformen, die denen mit Artikel (§ 13) ähnlich (l) oder gleich (m) sind. א quiesziert (§ 10f) unter Ersatzdehnung des Vokals (n). *Merke:* „Schwa mobile vor Schwa compositum nimmt dessen vollen Laut an."

l | לְ + אֲנָשִׁים | > לַאֲנָשִׁים „zu/von Männern" (mit Artikel: לָאֲנָשִׁים, § 13e)

m | בְּ + חֲלוֹם | > בַּחֲלוֹם „in einem Traum" (oder < בְּ + הַ·+ חֲלוֹם „in dem Traum")

n | לְ + אֱלֹהִים | > *לָאֱלֹהִים > לֵאלֹהִים „für Gott"

o Das Qere von יהוה (= אֲדֹנָי bzw. אֱלֹהִים, § 6c) betrifft auch die Lesung der Präposition und Konjunktion (§ 14e): לַיהֹוָה ist לַ(אֲ)דֹנָי *la-dō-nāj* oder לִיהֹוָה *l^{e}-jah-wæ̂* zu lesen, מֵיהֹוָה ist מֵאֲדֹנָי *mē-^{ca}-dō-nāj* oder מִיהֹוָה *mij-jah-wæ̂* zu lesen usw.

p **Laryngale und** ר **haben (von Ausnahmen abgesehen) nie Dagesch forte.** Ihre Artikulation in der Kehle verhindert eine eindeutige und völlige Verdopplung. Erfordert die Wort- oder Formenbildung eine Verdopplung, tritt bei Laryngalen und ר daher nur die Andeutung derselben (sog. *v i r t u e l l e   V e r d o p p l u n g :* ohne Dagesch forte), oder deren Wegfall unter Dehnung des vorhergehenden Vokals (sog. *E r s a t z d e h - n u n g*) ein. Dabei tritt Ersatzdehnung (§ 9j) vor allem bei א, ר und ע auf, virtuelle Verdopplung vor allem bei ה und ח. Der Vokal bleibt bei virtueller Verdopplung kurz, die Silbe gilt also auch ohne Dagesch forte als geschlossen und der Laryngal als faktisch verdoppelt (§ 10s-u lies beinahe: *ha^{c}-^{c}iw-rîm, hah-hû* und *hah̯-h̯ošæk̯*):

		Ersatzdehnung			virtuelle Verdopplung		
q	א	הָאָרֶץ	statt	הַשָּׁמַיִם	נֹאץ	statt	(§ 35a.f) קִטֵּל
r	ר	הָרוּחַ	statt	הַסּוּס			
s	ע	הָעִיר/הֶעָרִים	statt	הַשִּׁיר/הַשִּׁירִים	הָעוֹרִים	statt	הַשִּׁבְעִים
t	ה	הָהָר/הֶהָרִים	statt	הַיָּם/הַיַּמִּים	הַהוּא	statt	הַסּוּס
u	ח	הֶחָכָם	statt	הַיָּשָׁר	הַחֹשֶׁךְ	statt	הַבֹּקֶר

v In einigen Fällen lautet der Vokal *ā* qualitativ zu *æ* ab (sog. *V o k a l d i s s i m i l a - t i o n*). So wird der Artikel (§ 13) regelmäßig vor ח mit Qámez (u) sowie vor ע (s) und ה (t) mit unbetontem Qámez zu הֶ dissimiliert (§ 13c).

§ 11 Segolierung

Worte mit *doppeltem Silbenschluss* (§ 4o) sind im biblischen Hebräisch selten **a** und haben ihren Ursprung meist im Schwund einer ursemitischen Endung. Erhalten geblieben ist der doppelte Silbenschluss regelmäßig in der 2 f Sg des Perfekt (§ 29c), in einigen Kurzformen des Imperfekt der Verba ל"ה (§ 46m) und einzelnen Wortbildungen wie נֵרְדְּ „Narde". Der doppelte Silbenschluss wird (entgegen der A-2-D-L-Regel, § 4c) regelmäßig durch zwei Schwa quiescens am Wortende markiert:

2 f Sg Perfekt Q קטל	*qa-tál-ti*	> קָטַלְתְּ *qā-tált* „du (f) hast getötet"
3mSg Impf.cons Q שבה	*waj-jíš-baj*	> וַיִּשְׁבְּ *waj-jíšb* „u. er führte gefangen weg"

Meist ist der doppelte Silbenschluss durch einen Hilfsvokal aufgesprengt worden. Da **b** dieser Hilfsvokal i.d.R. Segol ist, spricht man von *Segolierung* auch dann, wenn aufgrund der Affinität eines Konsonanten Pátach oder Chíreq als Hilfvokal stehen, wie in זֶרַע „Same" oder בַּיִת „Haus" (§ 11c). Der Akzent bleibt in allen Fällen unverändert auf der Stammsilbe des Wortes, die jetzt scheinbar die vorletzte Silbe darstellt. Der Hilfsvokal ist immer kurz und nie betont. Je nach Grundvokal unterscheidet man – den Nominalbildungen folgend (§ 21.22) – *qátl*, *qitl* und *qútl*-Segolata. Dabei wird *a* meist zu *ǣ*, *i* zu *ē* (selten *ǣ*) und *u* zu *ō* gedehnt und umgelautet:

qatl	Bsp:	*dár-ku*	> *dárk*	> *dáræk*	> דֶּרֶךְ „Weg"	*A – Segolate*
qitl	Bsp:	*síp-ru*	> *sípr*	> *sípær*	> סֵפֶר „Brief"	*I – Segolate*
qutl	Bsp:	*búq-ru*	> *búqr*	> *búqær*	> בֹּקֶר „Morgen"	*U – Segolate*

Bei Laryngalen und ר (§10a.c) tritt als Hilfsvokal statt *æ* meist *a* auf (זֶרַע „Same", **c** נַעַר „Junge", פֹּעַל „Tun", § 21d), bei י regelmäßig *i* (בַּיִת „Haus", שְׁנַיִם „zwei", מַיִם „Wasser", שָׁמַיִם „Himmel", § 22a). Die Halbvokale ו und י werden am Wortende nicht segoliert, sondern Vokal (תֹּהוּ „Chaos", צִדְקִיָּהוּ „Zedekia", עֶנִי „Elend", § 8r).

Auch bei der (echten oder scheinbaren) Dualendung ם (§ 12l, < *ájm*) und der Femi- **d** ninendung ת (sofern sie direkt an einen Konsonanten tritt, § 12h) ist der doppelte Silbenschluss oft segoliert (§ 21h), so bei einigen femininen Nomina im St.cstr (selten im St.abs), Infinitiven und Partizipien:

Nomen	*mam-lákt*	> *mam-lákæt*	> מַמְלֶכֶת „Königtum" (St.abs: מַמְלָכָה)
Ptz akt f	*qō-tēlt*	> *qō-tḗlæt*	> קֹטֶלֶת „eine Tötende" (neben קֹטְלָה)
	šō-máʿt	> *šō-máʿt*	> שֹׁמַעַת „eine Hörende" (statt שֹׁמְעָה)
Inf.cstr	*gišt*	> *gišæt*	> גֶּשֶׁת „sich zu nähern" (√ נגש)
Dual	*šᵉ-nájm*	> *šᵉ-nájim*	> שְׁנַיִם „zwei"

II. Formenlehre

A. Nomen und Partikeln

§ 12 Genus, Numerus, Determination und Status

Das hebräische Nomen kennt zwei *G e n e r a* (Maskulinum und Femininum), drei **a**
N u m e r i (Singular, Plural und Dual) und drei *S t a t u s* (Status absolutus, Status
constructus und Status suffigatus). Die ursemitischen Kasusendungen sind verloren
gegangen und nur noch in Resten (§ 12q) erhalten. Ein Neutrum gibt es nicht. Die Regeln der Nominalbildung umfassen in gleicher Weise Substantive wie Adjektive.

Nominalendungen Die Genus-, Numerus- und Statusendungen sind am Beispiel von **b**
סוּס „Pferd" und סוּסָה „Stute" gut zu erkennen, weil der Nominalstamm von סוּס
keine Vokalveränderung hat. Allein für den Dual, der im Hebräischen fast nur noch bei
den von Natur aus paarigen Nomina begegnet, empfehlen sich יָד „Hand" (Du יָדַיִם
„Hände") und שָׂפָה „Lippe" (Du שְׂפָתַיִם „Lippen"). Als Suffix (§ 19d) dient das ange-
hängte Pronomen der 3 m Sg als Beispiel (סוּסוֹ „sein Pferd", סוּסָיו „seine Pferde"):

	Maskulinum			Femininum		
	St.abs	St.cstr	St.suff	St.abs	St.cstr	St.suff
Singular	סוּס		סוּסוֹ	סוּסָה	סוּסַת	סוּסָתוֹ
Plural	סוּסִים	סוּסֵי	סוּסָיו	סוּסוֹת		סוּסוֹתָיו
Dual	יָדַיִם	יְדֵי	יָדָיו	שְׂפָתַיִם	שְׂפָתֵי	שְׂפָתָיו

Die Pluralendungen sind meist plene (§ 2b) geschrieben, sehr selten (bes. in der Nähe **c**
von ו und י) defektiv (תַּנִּינִם „Schlangen", קֹלֹת „Donner").

Maskulinum Das Maskulinum bezeichnet vor allem maskuline Wesen (אִישׁ „Mann", **d**
מֶלֶךְ „König", סוּס „Pferd"), aber auch Gruppen oder Gattungen (אָדָם „Mensch-
heit/Menschen", בָּקָר „Rindvieh/Rinder").

Das Maskulinum wird im *S i n g u l a r*, unabhängig vom Status, nicht durch eine En- **e**
dung markiert (מֶלֶךְ „König", מֶלֶךְ יִשְׂרָאֵל „der König Israels", מַלְכּוֹ „sein
König"). Die *P l u r a l e n d u n g* lautet beim selbständigen Nomen (Status absolutus)
ים– (אֲנָשִׁים „Männer", מְלָכִים „Könige") und beim angelehnten Nomen (Status
constructus) י–ֵ (אַנְשֵׁי הָעִיר „die Männer der Stadt", מַלְכֵי הָאָרֶץ „die Könige des
Landes"). Die *D u a l e n d u n g* ist nur im St.abs vom Plural unterschieden (יָדַיִם
„Hände", aber יְדֵי עֵשָׂו „die Hände Esaus", יָדָיו „seine Hände"). Vor einem Suffix
(Status suffigatus, § 19d) treten in allen Numeri oft Vokalveränderungen ein (§ 9a-g).

f Bei den Nomina und Partizipien ל"ה (§ 23c.46c) ersetzt die Endung den mit ה auslautenden Vokal (St.abs: מַעֲשֶׂה „Werk", St.cstr: מַעֲשֵׂה, Pl: מַעֲשִׂים, מַעֲשֵׂי und מַעֲשָׂיו).

g **Femininum** Das Femininum bezeichnet vor allem feminine Wesen (אִשָּׁה „Frau", מַלְכָּה „Königin"), aber auch Abstraktbegriffe (נַחֲלָה „Erbteil", חָכְמָה „Weisheit") und Einzeldinge (שָׁנָה f Sg „Jahr" gegenüber m Pl שָׁנִים „Jahre"), sog. Nomina unitatis.

h Die ursprüngliche Femininendung ת findet sich im *Singular* beim angelehnten Nomen (Status constructus) und vor einem Suffix (Status suffigatus) und lautet תְ‍ bzw תָ‍ (מַלְכַּת־שְׁבָא „die Königin Sabas", נַחֲלָתוֹ „sein Erbteil"). Das Femininzeichen ת bleibt bei den Nominalendungen auf וּת– und ‍ִית– erhalten, ebenso in einigen Bildungen mit ursprünglich doppeltem, aber segoliertem (§ 11d) Silbenschluss (שֵׁנִית „eine Zweite", גָּלוּת „Exilierung", עֹמֶדֶת Ptz f „eine Stehende", חַטָּאת „Verfehlung", § 10f.20y), wo der Status absolutus oft dem Status constructus entspricht. Beim selbständigen Nomen (Status absolutus) im Singular ist das ת aber fast immer abgefallen und der kurze Vokal zu הָ‍ gedehnt (תּוֹרָה „Weisung"). Die *Plural-endung* lautet in beiden Status וֹת– (מִשְׁפָּחוֹת „Sippen", מִשְׁפְּחוֹת הָאֲדָמָה „die Sippen des Erdbodens"). Die *Duale* haben darüber hinaus die dem Maskulinum entsprechenden Dualmerkmale (שְׂפָתַיִם „Lippen", שִׂפְתֵי זָרָה „die Lippen einer Fremden"). Der Status suffigatus übernimmt im Plural neben dem Femininzeichen das (maskuline) Pluralmerkmal י (סוּסוֹתָיו „seine Stuten", § 19d.h).

i Nicht immer haben von Natur aus feminine Worte auch eine Femininendung, und umgekehrt. Städtenamen und paarige Körperteile sind auch ohne Femininendung meist feminin. Eine Reihe sehr häufiger Worte weist Bildungen auf, die älter als das Regelsystem sind (אֵם f „Mutter", אָב „Vater", אָבוֹת Pl: „Väter"; אִשָּׁה „Frau", נָשִׁים Pl: „Frauen", § 24).

j **Numerus** Der *Singular* bezeichnet meist eine Einzahl von Dingen (מֶלֶךְ „ein König", שָׁנָה „ein Jahr"), oft aber eine Gruppe (אֶלֶף אִישׁ „tausend Mann") oder Gattung (בָּקָר „Rindvieh" > „Rinder").

k Der *Plural* bezeichnet eine Mehrzahl (מְלָכִים „Könige"), eine Menge (שְׂעֹרִים „Gerste"), einen räumlichen oder zeitlichen Bereich (מַיִם „Wasser", נְעוּרִים „Jugend" von נַעַר „Junge") oder eine Intensivierung bzw. Steigerung (אֱלֹהִים „Götter/Gott").

l Der *Dual* (§ 11d) begegnet bei paarigen Dingen, insbesondere bei Körperteilen (רֶגֶל „Fuß", רַגְלַיִם „Füße"), und gelegentlich bei speziellen Begriffen (מאֹזְנַיִם „Waage"). Er drückt hier nicht die numerische Zweizahl („zwei Füße" usw.), sondern die Zweiheit einer Mehrheit oder Sache aus. Nur bei wenigen häufig gezählten Dingen hat der Dual noch eine numerische Funktion (שְׁנַיִם „zwei", שְׁנָתַיִם „zwei Jahre", פַּעֲמַיִם „zwei Mal"). In מַיִם „Wasser" und שָׁמַיִם „Himmel" (§ 24d) u.a. liegen keine Duale, sondern segolierte Pluralendungen vor (§ 11d.22a).

Einige Nomina begegnen nur im Plural (פָּנִים „Angesicht", חַיִּים „Leben"), andere **m** haben sich im Plural semantisch verselbständigt (רֶחֶם „Mutterleib", רַחֲמִים „Liebe/Erbarmen").

Determination Ein Nomen kann *determiniert* (= bestimmt) oder *indeterminiert* (= unbestimmt) sein. Als determiniert gilt ein Nomen, wenn es selber determiniert ist oder im Status constructus zu einem Nomen steht, das determiniert ist (§ 12p). Determination liegt damit in folgenden vier Fällen vor: **n**

1)	bei Eigennamen	יִשְׂרָאֵל „Israel", דָּוִד „David"
2)	bei Artikel	הַמֶּלֶךְ „der König", הַדָּבָר „das Wort/die Sache"
3)	im St.suff	מַלְכּוֹ „sein König", דְּבָרוֹ „sein Wort/seine Sache"
4)	vor det. St.abs	דְּבַר־הַמֶּלֶךְ „das Wort des Königs"

Ein Nomen ist nie doppelt determiniert. Eigennamen können nur dann den Artikel (§ **o** 13) tragen, wenn er Bestandteil des Namens ist (*Bsp:* הָרָמָה Rama < „die Anhöhe"), suffigierte Partizipien nur dann, wenn das Suffix das Akkusativobjekt (§ 51b) bezeichnet (*Bsp:* הַמַּכֵּהוּ „der ihn schlug", נכה Hi).

Status Anstelle einer Genitivverbindung mit Kasusendungen (vgl. dt.: „die Tür *des* **p** Hauses") kennt das Hebräische zur Näherbestimmung eines Nomens dessen enge Anlehnung an das Folgende: דְּבַר הַמֶּלֶךְ „das Wort des Königs" gegenüber דָּבָר „ein Wort". Diese Wortverbindung nennt man *Constructus–Verbindung* (§ 56; *hebr.* סְמִיכוּת „Anlehnung"). Da das angelehnte Wort (*hebr.* נִסְמָךְ), also der Status constructus, seine Selbständigkeit gegenüber dem folgenden Status absolutus (*hebr.* נִפְרָד) verliert und mit diesem eine Einheit bildet, kommt es zu spezifischen Endungen (§ 12b), beim Nomen mit veränderlichen Vokalen (*Bsp:* דְּבַר) zudem zur Vokalreduktion im Wortstamm (§ 9a-g). Der Status suffigatus entspricht einer vollständigen Constructus-Verbindung (§ 19i):

St.abs	St.cstr	St.cstr	
דָּבָר			„ein Wort/eine Sache"
הַדָּבָר			„das Wort/die Sache"
	דְּבַר	מֶלֶךְ	„ein Wort eines Königs" > „ein Königswort"
	דְּבַר	הַמֶּלֶךְ	„das Wort des Königs"
	דְּבַר	אִישׁ הָאֱלֹהִים	„das Wort des Mannes (des) Gottes"
St.suff			
דְּבָרוֹ			„sein Wort/seine Sache"

Bsp. für Vokalreduktion in verschied. Status

q Die ursemitischen *Kasusendungen* für den Nominativ (**u**), Genitiv (**i**) und Akkusativ (**a**) begegnen im Hebräischen vielleicht nur noch in Relikten, zum Beispiel im Status constructus und Status suffigatus einiger alter Bildungen (אָב „Vater", St.cstr אֲבִי, St.suff אָבִיו „sein Vater"; § 24) und in Eigennamen (פְּנוּאֵל < *panu ʾili* „das Angesicht Gottes"). Hier haben sie sich, wenn es sich wirklich um Reste von Kasusendungen handeln sollte, aus euphonischen Gründen in der Funktion eines Trennungsvokals erhalten. In wenigen Worten wie לַיְלָה „Nacht/nachts" (m!) und עַתָּה „jetzt" verbirgt sich wohl ein alter adverbialer Akkusativ (§ 57b.g), der bei einigen Worten wie יוֹמָם „bei Tage" und אָמְנָם „wirklich" durch ein enklitisches Mem (sog. Mimation) erweitert ist. Das sog. He locale (§ 12r) geht wahrscheinlich nicht unmittelbar auf eine alte Akkusativendung zurück.

r Das *He locale* trägt (im Unterschied zur Femininendung) nie den Ton. Es wandelt als alte Terminativendung ein Nomen in ein Adverb der Richtung (אֶרֶץ „Erde/ Land", אַרְצָה „erdwärts/zu Boden/herunter"; חוּץ „Gasse/draußen", הַחוּצָה „nach draußen /hinaus"; מִיָּמִים יָמִימָה „von Jahr zu Jahr", wörtl.: „von Tagen zu Tagen"). Die Femininendung ת (§ 12h) bleibt vor einem He locale erhalten (עֶזְרָתָה „עֶזְרָה „Hilfe", „zu Hilfe!").

s In den manchmal am Status constructus begegnenden Formen mit ו-*compaginis* und י-*compaginis* verbergen sich vielleicht keine alten Kasusendungen, sondern ursprünglich „vorverweisende Suffixe" (בְּנוֹ צִפֹּר „der Sohn Zippors" < „sein, nämlich des Zippor, Sohn"; שֹׁכְנִי סְנֶה „der Dornbuschbewohner"). ו- und י-compaginis haben insbesondere in der Poesie die Funktion eines Trennungs- bzw. Bindevokals angenommen und eine nur noch euphonische Funktion.

t Der *Vokativ* kann durch den Artikel ausgedrückt werden (הַמֶּלֶךְ „o König!"), die *Steigerung* des Nomens durch den Plural (§ 12k) oder eine Constructus-Verbindung mit dem gleichen Nomen, die sog. *Figura etymologica* (§ 60.61h, אֱלֹהֵי הָאֱלֹהִים „der höchste Gott" < „der Gott der Götter", שִׁיר הַשִּׁירִים „das schönste Liedgut" < „das Lied der Lieder").

u Durch die *Nisbe–Endung* י ִ können Adjektive gebildet werden, so insbesondere die Ordinalzahlen (שָׁלוֹשׁ „drei", שְׁלִישִׁי „dritter", § 25c) und die *Gentilizia* (מוֹאָב „Moab", מוֹאָבִי „Moabiter", מוֹאָבִית/מוֹאָבִיָּה „Moabiterin", § 20w.x).

v Sehr selten begegnen, zum Teil durch den Einfluss des Aramäischen, die maskuline *Pluralendung* ִין– (עִיִּין „Trümmer" gegenüber עִיִּים) und die (dem Plural gleiche) feminine *Singularendung* וֹת– (חָכְמוֹת „Weisheit").

w Bei אַיִן (§ 15s) und einigen Präpositionen und Partikeln findet sich vor Suffixen ein – semantisch völlig bedeutungsloses, aber stets betontes – *Nun energicum* (נ ֶ) als Bindeglied. נ und ה assimilieren sich dabei, wo immer möglich (אֵינֶנּוּ < אַיִן+נ+הו „er ist nicht da", אַיֶּכָּה < אַיֵּה+נ+ךָ „wo bist du?", § 7b.h.l).

§ 13 Artikel (הַ·)

Der Artikel lautet ohne Unterschied von Kasus, Genus und Numerus הַ (< *han*) und **a**
verbindet sich proklitisch mit dem zugehörigen Wort durch Verdopplung des ersten
Konsonanten (Dagesch forte, § 7b) zu einer Einheit (מֶלֶךְ „(ein) König", הַמֶּלֶךְ „der
König", הַמַּלְכָּה „die Königin"). Dagesch forte kann nach den Regeln von § 4i
ausfallen (הַיְלָדִים „die Kinder"). Einen unbestimmten Artikel kennt das Hebräische
nicht (vgl. aber § 25i).

Der Artikel weist ein Wort als *d e t e r m i n i e r t* (§ 12n) aus, d.h. als durch den sprach- **b**
lichen oder sachlichen Kontext bekannt bzw. bestimmt. Damit weist er seinem Wesen
nach auf vorher Erwähntes (anaphorisch) zurück, selten auf etwas alsbald Erklärtes
(kataphorisch) voraus.

Bei *L a r y n g a l e n u n d* ר tritt regelmäßig (§ 10p-u) anstelle der vollen Verdopp- **c**
lung des ersten Konsonanten (durch Dagesch) Ersatzdehnung des Vokals oder virtuelle
Verdopplung (ohne Dagesch) ein. Dabei kann Pátach zu Qámez oder Segol (Dissimilation, § 10v) gedehnt sein:

ר	ָ	immer	הָרָקִיעַ	„die Himmelsfeste"
א	ָ	immer	הָאָדָם	„der Mensch/die Menschheit"
ע	ָ	in der Regel	הָעִיר	„die Stadt"
	ֳ	bei unbetontem Qámez	הֶעָרִים	„die Städte"
ה	ַ	in der Regel	הַהוּא	„jener" (§ 18i.55e)
	ָ	bei betontem Qámez	הָהָר	„der Berg/das Gebirge"
	ֶ	bei unbetontem Qámez	הֶהָרִים	„die Berge"
ח	ַ	in der Regel	הַחֹשֶׁךְ	„die Finsternis"
	ֶ	bei Qámez/Chatef qámez	הֶחָזָק	„der Starke"
	ַ	bei Qámez chatuf	הַחָכְמָה	„die Weisheit"

In sechs Worten tritt bei Artikelsetzung auch eine Vokaldehnung der folgenden Silbe **d**
ein: הָאָרוֹן/אֲרוֹן „Lade", הָאָרֶץ/אֶרֶץ „Erde", הָהָר/הַר „Berg", הֶחָג/חַג „Fest",
הָעָם/עַם „Volk" und הַפָּר/פַּר „Stier".

Nach den proklitischen Präpositionen בְּ, לְ und כְּ (§ 14) fällt das ה fast immer weg **e**
(„Elision", § 8c.14c), wobei der Vokal des Artikels unter die Präposition tritt (בַּשָּׁמַיִם
< בְּ+הַ+שָׁמַיִם „im Himmel", בָּאָרֶץ < בְּ+הָ+אָרֶץ „auf der Erde" usw.).

In poetischen Texten ist der Artikel selten und zur Anzeige der Determination nicht **f**
nötig (§ 67i).

§ 14 Präpositionen

a Zu den Präpositionen gehören sowohl die einkonsonantigen Präpositionen בְּ „in", לְ „in Bezug auf" und כְּ „wie", als auch die meist aus Substantiven entstandenen zwei- und dreikonsonantigen wie עַל „auf/über" und תַּחַת „unter/anstelle von" (< „das Untere/die Stelle von").

b **Die einkonsonantigen Präpositionen** בְּ, לְ und כְּ (< *bi, la, ki*) sind proklitisch, d.h. sie bilden mit dem Wort eine Einheit. Dabei ist der ursprüngliche kurze Vokal *i* oder *a* regelmäßig zu Schwa mobile reduziert, so dass Vorschlagsilben entstehen:

בְּ	„in"	> „in/an/bei/durch/für/als"	בְּעִיר	„in einer Stadt"
לְ	„in Bezug auf"	> „von/für/zu/nach/um zu"	לְעוֹלָם	„für alle Zeit"
כְּ	„wie"	> „wie/entsprechend"	כְּבַת	„wie eine Tochter"

c Vor Schwa mobile entstehen meist „lose geschlossene Silben" (§ 9b) mit Chíreq. Dabei kontrahiert *ij* nach § 8q zu *ī*. Der Artikel wird synkopiert und seine Punktation tritt unter die Präposition (§ 13e). Vor dem Wortton findet sich oft Vorton-Qámez (§ 9h):

בִּדְבָרִים	< בְּ + דְּבָרִים		„durch Worte"
בִּימֵי־	< בְּ + יְמֵי־		„in den Tagen von..."
בָּאָרֶץ	< בְּ + הַ · + אֶרֶץ		„auf der Erde"
לָנֶצַח	< לְ + נֶצַח		„auf Dauer"

d Vor Laryngalen ist der ursprüngliche Vokal *a* als Pátach, Segol oder Qámez chatuf erhalten geblieben oder hat einen anderen verdrängt (§ 10b). Dabei entsteht Silbenaufsprengung (§ 10i.k.l):

לַאֲנָשִׁים	< לְ + אֲנָשִׁים		„zu Männern"
בֶּאֱמֶת	< בְּ + אֱמֶת		„in Wahrheit"
לָחֳלִי	< לְ + חֳלִי		„zu Krankheit"

Merke:
„Schwa mobile vor Schwa compositum nimmt dessen vollen Laut an." (§ 10k)

e Am Silbenende neigt א zum Quieszieren (בַּאדֹנָי/בָּאדֹנָי < בַּאֲדֹנָי), oft unter Ersatzdehnung des Vokals (לֵאלֹהִים < לֶאֱלֹהִים). Entsprechend lautet das Qere des Gottesnamens (§ 6c) mit Präposition בַּיהוָה, לַיהוָה usw. (§ 10i.o).

f Vor Suffixen steht oft Ton- oder Vorton-Qámez (בָּכֶם „in euch", בָּנוּ „in uns", לָנוּ „von uns") und für כְּ die Nebenform כְּמוֹ (כָּמֹהוּ „wie er", aber: כָּכֶם „wie ihr"). Vgl. § 9a.b.h.19o.r.

Die zwei- oder dreikonsonantigen Präpositionen Die meisten Präpositionen sind g
zwei- oder dreikonsonantig und lehnen sich – im St.cstr oder diesem vergleichbar – eng
an das Bezugswort an (z.T. mit Maqqef, § 5e). Die Vokalisation wird dabei oft nach § 9
reduziert. Viele Präpositionen bilden als ursprüngliche Nomina in einigen Formen echte
oder scheinbare Pluralformen (bes. vor Suffixen, § 19v). Zu den häufigsten Präpositionen dieser Art zählen:

מִן	„von"	> partitiv	מִן־הַלְוִיִּם „(einer/welche) von den Leviten"	h
		> lokal	מֵחָרָן „aus Haran"	
		> temporal	מֵעוֹלָם „seit Urzeit"	
		> kausal	מֵרֹב „wegen der Menge"	
		> komparativ	טוֹב ... מִן „besser ... als" (§ 61b-d)	
		> superlativ	הַטּוֹב מִן „der/das Beste von" (§ 61g)	
		> privativ	מִפַּחַד „ohne Schrecken" (§ 17h)	
עַל	„auf/über/wegen/ gegen"		עַל־הָאֲדָמָה „auf dem Erdboden"	i
			עָלָיו „auf ihm/über ihn/gegen ihn"	
אֶל/אֶל־	„zu/nach/ in Hinsicht auf"		אֶל־הָאָרֶץ „zu dem Land"	j
			אֵלָיו „zu ihm"	
אֵת/אֶת־ I	„mit/bei/neben"		אֶת־הָאֱלֹהִים „mit Gott"	k
			אִתּוֹ „mit ihm/bei ihm" (§ 8f.i.14s)	
עִם	„mit/bei"		עִם־הָאִישׁ „mit dem Mann"	l
			עִמּוֹ „mit ihm" (§ 8f.i)	
עַד	„bis/bis zu/an"		עַד־עוֹלָם „bis in alle Zeit"	m
			עָדָיו „bis zu ihm"	
תַּחַת	„unter/anstelle von/ für"		תַּחַת הָהָר „unter dem Berg"	n
			תַּחְתָּיו „unter ihm/an seiner statt"	
אַחֲרֵי אַחַר	„hinter/nach/ nachher"		אַחַר הַמֶּלֶךְ „hinter dem König"	o
			אַחֲרָיו „hinter/nach ihm"	
בֵּין/בֵּין	„zwischen"		בֵּין הַיּוֹם וּבֵין הַלַּ׳ „zwischen Tag und N."	p
			בֵּינֵינוּ „zwischen uns"	
נֶגֶד	„gegenüber/vor"		נֶגֶד הָהָר „dem Berg gegenüber"	q
			נֶגְדּוֹ „vor ihm/ihm gegenüber"	

r   Die *Präposition* מִן bleibt vor dem Artikel i.d.R. unverändert. Meist assimiliert
sich jedoch נ nach § 7b-e an den folgenden Konsonanten (מִיָּם *mij-jām* < *min-jām*
„vom Meer/im Westen"). Bei Laryngalen und ר tritt nach § 10p-u Ersatzdehnung
(מֵאֶרֶץ „aus einem Land") oder virtuelle Verdopplung (מִחוּץ „außerhalb") ein. Bei י
findet nach § 8j.q Kontraktion statt (מִיהוּדָה „aus Juda"), vor Suffixen oft Reduplikation der Präposition (מִמֶּנּוּ „von ihm", § 19s, analog אֵינֶנּוּ, § 12w).

s   Die *Präposition* אֵת/אֶת־ I „mit" (< *itt*, § 8f.i) darf nicht mit der weitgehend
gleichlautenden Nota accusativi אֵת/אֶת־ II (§ 15r) verwechselt werden. Die suffigierten
Formen (§ 19o) sind z.T. verschieden: אִתּוֹ „mit ihm", aber: אֹתוֹ „ihn". *Merke:* „o wie
Objekt, i wie mit" *oder:* „ohne Dagesch wie Objekt, mit Dagesch wie mit". Andere Formen sind nur am Kontext, insbesondere am Verb zu unterscheiden.

t   **Zusammengesetzte Präpositionen**   Recht häufig sind präpositionale Verbindungen,
vor allem Bildungen mit dem Substantiv פָּנֶה* Pl: פָּנִים „Angesicht":

לִפְנֵי	„vor"	< ל + פָּנִים	לִפְנֵי־יְהוָה „vor (dem Angesicht von) JHWH"
מִלִּפְנֵי	„fort von"	< מִן + ל + פָּנִים	מִלִּפְנֵי פַרְעֹה „weg/fort vom Pharao"
עַל־פְּנֵי	„auf/über"	< עַל + פָּנִים	עַל־פְּנֵי הָאָרֶץ „auf der Erde/über die Erde"
מֵאֵת	„von"	< מִן + אֵת I	מֵאֵת יְהוָה „von (bei) JHWH"
בְּיַד	„durch"	< בְּ + יָד	בְּיַד מֹשֶׁה „durch (die Hand von) Mose"
מִתַּחַת לְ	„unterhalb"	< מִן + תַּחַת + ל	מִתַּחַת לָרָקִיעַ „(weit) unterhalb (von) der Feste"
לִקְרַאת	„entgegen"	< ל + קרא II Inf	לִקְרָאתוֹ „ihm entgegen"
בְּתוֹךְ	„inmitten"	< בְּ + תָּוֶךְ	בְּתוֹךְ הַמַּיִם „inmitten des Wassers"

u   Die Präposition מִן steht als Präposition der Entfernung auch für einen örtlich oder
zeitlich entfernten Raum: מִקֶּדֶם „im Osten", מִיָּם „im Westen", מִיָּמִים „nach Tagen"
> „nach geraumer Zeit".

§ 15 Konjunktionen und Zeichen

Waw copulativum Die häufigste Konjunktion ist das Waw copulativum וְ (< *wa*), das **a**
Gleiches („und") wie Gegensätzliches („aber") verbinden, einen Gedanken steigern, er-
läutern („und zwar"), begleiten („während/als") oder fortsetzen („so dass/dann") kann.
Waw-copulativum verbindet Worte, Satzteile oder Sätze und bildet proklitisch mit dem
folgenden Wort eine Einheit. Dabei entsteht wie bei den Präpositionen בְּ, לְ und כְּ
(§ 14b) i.d.R. eine Vorschlagsilbe. Bei folgendem Laryngal gelten die unter § 14d.e genannten Regeln, vor Labial („Bumaf") und Schwa mobile wird וְ regelmäßig zu וּ
(§ 1e.4p), vor יְ zu וִי und vor dem Ton oft zu וָ (§ 9h.14c). Der Artikel wird anders als
bei den Präpositionen i.d.R. nicht synkopiert.

וְ	> kopulativ	„und"	בָּנִים וּבָנוֹת	„Söhne <u>und</u> Töchter"
			טוֹב וָרָע	„gut <u>und</u> schlecht"
	> adversativ	„aber/jedoch"	וְלַחֹשֶׁךְ קָרָא	„die Finsternis <u>aber</u> nannte er
			לָיְלָה	Nacht" (§ 62d)
	> konkomitiv	„während/als"	וְהוּא יֹשֵׁב	„<u>als</u> er saß" (§ 62i.j)
	> explikativ	„nämlich"	בְּרָמָה וּבְעִירוֹ	„in Rama, <u>nämlich</u> seiner Stadt"
	> final	„damit/dass"	וְיִתֶּן־לִי	„<u>dass</u> er mir gebe" (§ 62k)

Das *W a w c o n s e c u t i v u m* an Perfekt- (וְ / וָ / וּ) und Imperfektformen des Verbs
(־וַ / וָ) hat als eigenständige Tempora die Konsekutivtempora hervorgebracht (§ 26e.
f.g.53k-o) und ist vom einfachen Waw copulativum zu unterscheiden.

Nota relativi אֲשֶׁר schließt als Relativpartikel der hebräischen Prosa (§ 67i) Attribute **b**
oder Attributsätze an ein Bezugswort an (§ 63). Sie leitet insbesondere Relativsätze, aber
auch Konjunktionalsätze („dass/weil/wenn") ein (§ 63g-l). Anders als ein Relativpronomen ist sie weder übersetzbar, noch gibt sie – dem Schwäbischen „wo" vergleichbar
– die Art und Weise des nur durch den Kontext bestimmten Rückbezugs an. Als Hilfsübersetzung empfielt sich die vorläufige Wiedergabe mit „<u>wovon gilt:</u>"

אֲשֶׁר	הַמְּלָכִים אֲשֶׁר אִתּוֹ	„die Könige, <u>wovon gilt:</u> bei ihm (waren sie)"
		> „die Könige, <u>die</u> bei ihm (waren)"
	אֲשֶׁר שָׁכְבָה	„<u>wovon gilt:</u> sie hatte sich gelegt"
		> „<u>weil</u> sie sich gelegt hatte"

Oft wird die Nota relativi in ihrer Funktion als Konjunktionalpartikel durch eine Präposition präzisiert, wie z.B. in בַּאֲשֶׁר „durch wovon gilt:" > „dadurch dass/weil", כַּאֲשֶׁר
„sowie wovon gilt:" > „als/nachdem" und מֵאֲשֶׁר „infolge von wovon gilt:" > „weil"
(§ 62m.63m).

c ·שֶׁ/שַׁ Weitgehend mit אֲשֶׁר funktionsgleich ist die Partikel שַׁ/שֶׁ (selten שְׁ oder שֱ), die sich wie der Artikel (§ 13) meist mit Dagesch forte proklitisch mit dem folgenden Wort verbindet (כַּחוֹל שֶׁעַל־שְׂפַת הַיָּם „wie der Sand, der am Ufer des Meeres ist").

d זֶה und זוּ Selten begegnen die Demonstrativa (§ 18) זֶה und זוּ als Relativpartikeln, insbesondere in der Poesie (אָבִיךָ זֶה יְלָדֶךָ „dein Vater, der dich gezeugt hat", עַם־זוּ גָּאָלְתָּ „das Volk, das du erlöst hast").

e כִּי Die ursprünglich bekräftigende Hinweispartikel כִּי „ja/gewiss/fürwahr" hat eine überaus vielfältige Funktion als Konjunktion (§ 64). Als vorläufige Hilfsübersetzung empfielt sich ein bekräftigendes „ja,".

כִּי	> „ja/wahrlich"	כִּי אִישׁ הָרַגְתִּי לְפִצְעִי	„ja, ich habe einen Mann er-schlagen für meine Wunde"
	> „dass"	וְיָדְעוּ ... כִּי־אֲנִי יְהוָה	„und sie ... werden erkennen, dass ich JHWH bin" (§ 64j)
	> „denn/weil"	כִּי־אַתָּה עִמָּדִי	„denn du bist bei mir" (§ 64d)
	> „wenn"	כִּי יִגְנֹב־אִישׁ	„wenn einer stiehlt" (§ 64f.66k)

f כִּי und כִּי אִם Nach einer expliziten oder impliziten Negation sind כִּי und כִּי אִם meist adversativ („sondern/außer/es sei denn"): לֹא יִשְׁמְעוּ ... כִּי יֹאמְרוּ „sie werden nicht hören ..., sondern sagen", לֹא יַעֲקֹב ... כִּי אִם־יִשְׂרָאֵל „nicht Jakob ..., sondern Israel" (§ 64l).

g הֵן/הִנֵּה Die Interjektion הֵן/הִנֵּה „siehe," kann suffigiert einen Satz bilden (§ 19w) oder wie כִּי einen Bedingungssatz einleiten (§ 66h.i):

הִנֵּה	„siehe,"	הִנְנִי	„siehe, ich..." / „hier bin ich"
	„wenn"	הִנֵּה יוֹצֵא הַמַּיְמָה	„wenn er zum Wasser herausgeht"

Weitere häufige Konjunktionen und Partikeln sind:

h	גַּם	„auch/sogar"	גַּם כִּי אֶזְעַק	„auch wenn ich schreie"
i	אִם	„wenn"	אִם־בֵּן הוּא	„wenn es ein Sohn ist"
		„oder" (§ 16a)	הֲלָנוּ ... אִם־לְצָרֵינוּ	„...zu uns oder unseren Feinden?" Befragt Ba'al-Sebub,
		„ob" (§16a)	... אִם אֶחְיֶה	„...ob ich überlebe"!
j	לְמַעַן	„um willen"	לְמַעַן שְׁמוֹ	„um seines Namens willen"
		„damit"	לְמַעַן תִּחְיוּ	„damit ihr lebt"

פֶּן־	„sonst"	פֶּן־יִשְׂמְחוּ־לִי	„sonst freuen sie sich meinetwegen"	k
	„damit nicht"	פֶּן־יָמוּת	„damit er nicht stirbt"	
אָז	„damals"	אָז יִבְנֶה יְהוֹשֻׁעַ מִזְבֵּחַ	„damals baute Josua einen Altar"	l
	„dann"	אָז יִזְעֲקוּ אֶל־יְהוָה	„dann werden sie zu JHWH schreien"	
טֶרֶם	„noch nicht"	וְהֵמָּה טֶרֶם יִשְׁכָּבוּן	„sie hatten sich noch nicht hingelegt"	m
	„bevor"	בְּטֶרֶם תֵּצֵא מֵרֶחֶם	„bevor du aus dem Mutterleib kamst"	
עוֹד	„noch/wieder"	עוֹד אַרְבָּעִים יוֹם	„noch vierzig Tage"	n
כֹּה	„so"	כֹּה אָמַר יְהוָה	„so spricht JHWH:"	o
כֵּן	„so/ebenso"	וַיַּעַשׂ יַעֲקֹב כֵּן	„und Jakob tat so"	p

אָז „da/damals/dann" und טֶרֶם „bevor/ehe/noch nicht" (§ 15l.m) stehen (entgegen q
§ 28e) auch in erzählenden (‚perfektiven') Texten meist mit dem Imperfekt.

Nota accusativi Als (nicht übersetzbares) Zeichen für den Akkusativ bzw. das Ziel r
einer Handlung (§ 57c.d) dient die Nota accusativi אֵת/אֶת־ II (< ʾāt). Sie findet sich
fast nur, aber nicht zwingend, an determinierten Akkusativobjekten und fast nur in der
Prosa (§ 67i). Die Nota acc. darf nicht mit der Präposition אֵת/אֶת־ I (< ʾitt, § 14s)
verwechselt werden. Die suffigierten Formen (ohne Dagesch, § 19o) weisen teilweise
noch das zu ō getrübte ursprüngliche lange ā auf (§ 19t):

| אֵת/אֶת־ II | Nota accusativi | וַתֵּלֶד אֶת־קַיִן | „und sie gebar Kain" |
| | | אֹתוֹ | „ihn" (aber: אֶתְכֶם „euch", § 19o) |

יֵשׁ **und** אַיִן Zur Anzeige des Vorhandenseins oder Nicht-Vorhandenseins einer Sache s
oder Person gebraucht das Hebräische häufig die Existenzpartikeln יֵשׁ „es gibt" und
אַיִן I „es gibt nicht". Beide Worte sind aus Substantiven erstarrt und können suffigiert
einen einfachen Nominalsatz (§ 52h) bilden. Hier haben sie eine gleichsam verbale
Funktion. Zwischen אַיִן und Suffix tritt oft ein Nun energicum (§ 7m.12w):

יֵשׁ/יֶשׁ־	Vorhandensein	יֵשׁ גֹּאֵל	„es gibt einen Löser"
	> „es gibt"	יֶשְׁךָ	„du bist da"
אַיִן/אֵין־	Nichtvorhandensein	אֵין כָּמֹהוּ בָּאָרֶץ	„keiner ist wie er auf Erden"
	> „es gibt nicht"	אֵין־קֵץ	„ohne Ende"
		אֵינֶנּוּ	„er ist nicht da" (§ 7j.l)

Zur Anzeige eines Nichtvorhandenseins einer Sache oder Person dient אַיִן I als t
Negation in Nominalsätzen (§ 17c.52h).

§ 16 He interrogativum und Fragewörter

a **He interrogativum** Echte und rhetorische Fragen können sich durch Betonung oder Zusammenhang zu erkennen geben. Oft werden sie aber durch ein He interrogativum als solche markiert. Das He interrogativum הֲ (< *ha*) bildet wie die einkonsonantigen Präpositionen (§ 14b) eine proklitische Vorschlagsilbe. Allerdings treten durch den Einfluss des Laryngals (§ 10) einige Abweichungen von der Grundform auf, die zu Formenüberschneidungen mit dem Artikel (§ 13) führen können. Gelegentlich wird ein folgendes Schwa mobile durch ein sog. Dagesch forte dirimens (sogar in einem ר!) erhalten (§ 4h). Alternativfragen werden meist durch הֲ ... הֲ oder הֲ ... אִם (§ 15i) bezeichnet. Direkte und indirekte Fragen unterscheiden sich nicht. Indirekte Fragen können durch אִם („wenn", § 15i) angezeigt werden („befragt Ba'al-Sebub"... אִם אֶחְיֶה „ob ich überlebe"). Das He interrogativum tritt immer vor das erste Wort der Frage:

הֲ	He interrogativum	הֲשֹׁמֵר אָחִי אָנֹכִי	„bin ich der Hüter meines Bruders?"
		הֲשָׁלוֹם לַנַּעַר	„geht es dem Jungen gut?"
		הֲלֹא	„ist nicht?" (vgl. engl. „isn't it?")
הַ(·)	vor Schwa mobile	הַיְדַעְתֶּם	„kennt ihr?" (§ 9b)
		הַרְאִיתֶם	„habt ihr gesehen?"
הַ	vor Laryngal	הַאֵלֵךְ וְקָרָאתִי	„soll ich gehen und rufen?"
		הַאַתָּה זֶה בְּנִי עֵשָׂו	„bist du da mein Sohn Esau?"
הֶ	vor Laryngal mit ָ	הֶחָכָם	„ist er weise?" (§ 10v)

b **Fragepronomina oder -adverbien** Fragen können auch durch Fragewörter ausgedrückt werden. Diese werden gerne durch das Demonstrativum זֶה/זֹאת (im Sinne von „denn/nur/etwa") oder – seltener – durch הוּא/הִיא verstärkend erweitert, ohne dass ein erkennbarer Bedeutungsunterschied eintritt. Recht häufig sind Komposita (מֵאַיִן „von wo?" > „woher?", לָמָה „für was?" > „warum?", אֶת־מִי „wen?"). Zu den häufigsten Fragewörtern zählen:

c	מִי	„wer?"	מִי אַתָּה בְּנִי	„wer bist du, mein Sohn?"
	מִי־זֶה	„wer denn?"	מִי־זֶה בָּא מֵאֱדוֹם	„wer kommt da aus Edom?"
d	מָה/מֶה מַה·	„was?"	מָה אַתָּה רֹאֶה	„was siehst du?"
	מַה־זֹּאת	„was nur?"	מַה־זֹּאת עָשִׂית	„was hast du nur getan?"
e	לָמָה	„warum?"	לָמָה תַכֶּה רֵעֶךָ	„warum schlägst du deinen Nächsten?"
	לָמָה		לָמָה עֲזַבְתָּנִי	„warum hast du mich verlassen?"
f	אַיִן/אַיֵּה אֵי	„wo?"	אֵי הֶבֶל אָחִיךָ	„wo ist dein Bruder Abel?"
g	מַדּוּעַ	„warum?"	מַדּוּעַ בָּאתֶם	„warum seid ihr gekommen?"

§ 17 Negationen

Die Partikeln לֹא und אַל („nicht") verneinen meist verbale Prädikate und stehen in   **a**
der Regel vor dem zugehörigen Wort, selten allein (im Sinne von „nein"). Dabei steht
לֹא (< lā) meist in Aussagesätzen vor Imperfekt (Impf.LF) oder Perfekt (sog.
Indikativ), während אַל/אַל־ in Aufforderungen beim Kohortativ und Jussiv
(Impf.KF) steht (sog. Vetitiv oder Volitiv, § 26j-l) und manchmal mit ־נָא verstärkt ist.
Imperative sind nie verneint (§ 28n.o). לֹא und אַל verneinen selten Nomina oder
Nominalsätze.

לֹא	Negation	לֹא יָדַעְתִּי	„ich weiß nicht"
	der	לֹא אָמוּת כִּי־אֶחְיֶה	„ich werde nicht sterben, sondern leben"
	Aussage	וְהֵמָּה לֹא אֱלֹהִים	„sie aber sind keine Götter"
אַל	Negation	אַל־תִּשְׁפְּכוּ־דָם	„vergießt kein Blut!"
	der	אַל־יִחַר אַפֶּךָ	„nicht entbrenne dein Zorn!"
	Aufforderung	אַל־נָא תְהִי כַּמֵּת	„sie sei doch nicht wie ein Toter!"

Manchmal steht die mit לֹא verneinte Aussage für eine Aufforderung im Sinne eines   **b**
besonders starken und grundsätzlichen („apodiktischen") Verbots, den sog. *P r o h i b i -
t i v* (לֹא תִּרְצָח „du wirst nicht töten!" = „töte nicht!", § 26k).

Neben לֹא und אַל gibt es eine Reihe *w e i t e r e r N e g a t i o n s p a r t i k e l n* mit
spezifischem, aber nicht absolut festgelegtem Gebrauch. Hierzu zählen vor allem:

אַיִן	beim Nominalsatz (§ 15s.t)	אֵין לָהּ וָלָד	„sie hatte <u>kein</u> Kind"	**c**
	bei Partizipialkonstruktionen	אֵינֶנִּי שֹׁמֵעַ	„ich höre <u>nicht</u>"	
בַּל	poetisch für לֹא	בַּל־אֶמּוֹט	„ich werde <u>nicht</u> wanken"	**d**
לְבִלְתִּי	beim Inf.cstr (§ 30)	לְבִלְתִּי הַכּוֹת	„<u>damit nicht</u> schlägt"	**e**
טֶרֶם	beim Impf und Pf (§ 15m.q)	טֶרֶם יִהְיֶה	„es war <u>noch nicht</u>"	**f**
פֶּן	beim Finalsatz (§ 15k)	פֶּן־אָמוּת	„<u>damit ich nicht</u> sterbe"	**g**
מִן	beim Nomen (§ 14h)	מִפַּחַד	„<u>ohne</u> Schrecken"	**h**

Negationen können auch durch den Kontext *i m p l i z i e r t* sein, so vor allem bei כִּי   **i**
(§ 15f) und in den mit אִם eingeleiteten elliptischen Schwursätzen (§ 66m.n):

כִּי־אִתְּךָ נָשׁוּב	„(<u>nein</u>,) sondern wir wollen mit dir zurückkehren"
אִם־תֵּצְאוּ מִזֶּה...	„Ihr geht hier <u>nicht</u> heraus!" < „Wenn ihr hier heraus geht..."

§ 18 Demonstrativum

a Das Demonstrativum זֶה „dieser/da/hier/jetzt" bildet nur im Singular ein Femininum und Maskulinum, während der Plural für beide Genera gleich ist:

	Singular		Plural	
m	זֶה	„dieser"	אֵלֶּה	„diese"
f	זֹאת	„diese"		

b Das Demonstrativum weist auf Person, Sache, Zeit oder Ort hin. Es kann substantivisch verwendet sein (ohne Artikel) und Teil eines Nominalsatzes sein (c), oder adjektivisch (mit Artikel) als Apposition stehen (d). Es begegnet auch adverbiell (e) oder (selten) als Relativum (§ 15d) oder Nomen rectum einer Constructus-Verbindung (f). Es erweitert manchmal Fragewörter (g, § 16b-d). Dabei steht זֹאת (seltener זֶה) auch für das im Hebräischen nicht bekannte Neutrum („dies").

c	substantivisch	זֶה הַדָּבָר	„Das ist das Wort/die Sache."
		אֵלֶּה הַדְּבָרִים	„Dies sind die Worte/Dinge."
		מִי עָשָׂה זֹאת	„Wer hat dies getan?"
d	adjektivisch	הַדָּבָר הַזֶּה	„dieses Wort/diese Sache"
		הַדְּבָרִים הָאֵלֶּה	„diese Worte/Dinge"
		הַיַּרְדֵּן הַזֶּה	„der Jordan hier"
e	adverbiell	נָסְעוּ מִזֶּה	„Sie sind von hier weitergezogen."
f	Nomen rectum	בְּכָל־זֹאת	„durch all dieses"
g	an Fragewörtern	מַה־זֶּה בְּיָדֶךָ	„Was ist das da in deiner Hand?"

h Selten begegnet das Demonstrativum adjektivisch wie im Aramäischen als selbst determiniert und ohne Artikel (זֶה מֹשֶׁה הָאִישׁ „dieser Mann Mose", § 55d).

i Auch das *Pronomen* (§ 19ab) der dritten Person (הוּא/הִיא und הֵם/הֵמָּה/הֵנָּה) kann demonstrativ gebraucht sein. Während das Demonstrativum eher auf etwas dem Autor und Leser vor Augen Liegendes hinweist („der da/hier/jetzt"), verweist das Pronomen eher auf der Textebene auf Gesagtes oder Angedeutetes zurück (בַּיָּמִים הָהֵם „in jenen Tagen" d.h. „in den Tagen, von denen gerade die Rede ist", בַּיּוֹם הַהוּא „an jenem Tag", § 55e).

§ 19 Pronomen und Suffixe

Das Personalpronomen kennt eine erste, zweite und dritte Person im Singular und Plu- **a**
ral, wobei die zweite und dritte Person eine Genusdifferenzierung aufweist. Kasusendungen gibt es nicht (§ 12a). Das Pronomen kann allein stehen („Pronomen separatum") oder an einer Präposition, einem Verb oder Nomen angehängt sein („Suffix").
Auch die Personzeichen der Verbkonjugationen des Perfekts und Imperfekts („Afformative" und „Präformative") basieren z.T. auf dem Pronomen (§ 28a-d.29a-d).

		Affomativ Perfekt	Pronomen separatum		Präformativ Imperfekt	Suffix
Sg	1 c	תִּי	אֲנִי / אָנֹכִי	„ich"	א	ִי / ־ִי / נִי
	2 m	תָּ (תָּה)	(אַתָּ) אַתָּה	„du"	תּ	ךָ (כָה)
	2 f	תְּ (תִּי)	(אַתִּי) אַתְּ	„du"	תּ	ךְ (כִי)
	3 m	—	הוּא	„er"	י	הוּ / וֹ / ו (ה)
	3 f	ָה (תַ_)	(הִוא) הִיא	„sie"	תּ	ָהּ / ה
Pl	1 c	נוּ	אֲנַחְנוּ / נַחְנוּ	„wir"	נ	נוּ
	2 m	תֶּם (תּוּ)	אַתֶּם	„ihr"	תּ	כֶם
	2 f	תֶּן	אַתֵּן / אַתֵּנָה	„ihr"	תּ	כֶן
	3 m	וּ	הֵם / הֵמָּה	„sie"	י	הֶם / ם (מוֹ)
	3 f	וּ	הֵנָּה	„sie"	תּ	הֶן / הֶן / ן

← weg

In Pausa findet teilweise Vokaldehnung mit Zurückweichung des Tons (§ 5g) statt
(אָנֹכִי, אָנִי, אָתָּה usw.); anstelle von הִיא findet sich im Pentateuch fast durchgehend
das Ketib-Qere הוּא (§ 6b). Gelegentlich bietet das Ketib noch das alte Pronomen der 2
f Sg אַתִּי. Vor einem Suffix erhalten sich im Perfekt z.T. alte Afformative (§ 29m.51l-n).
Das Afformativ und Suffix der 2 m Sg findet sich selten in der Pleneschreibung (§ 2b)
תָּה und כָה.

Pronomen separatum Das selbständige Personalpronomen dient neben seiner Funk- **b**
tion als Demonstrativum (§ 18i) fast nur der Hervorhebung des Subjekts oder Objekts
in invertierten Verbalsätzen (§ 54i-l), der Bildung von Nominalsätzen (§ 52) oder der
betonten Wiederaufnahme einer präpositionalen Wendung:

וְהוּא יֹשֵׁב פֶּתַח־הָאֹהֶל	„Er aber saß gerade am Eingang des Zelts."
אָנֹכִי יְהוָה אֱלֹהֶיךָ	„Ich bin JHWH, dein Gott."
בָּרֲכֵנִי גַם־אָנִי אָבִי	„Segne (mich,) auch mich, mein Vater!"

c Anstelle von Kasusendungen kennt das Hebräische die Kombination des Pronomens als Suffix mit einer Präposition oder Partikel: אֹתוֹ „ihn" (§ 15p.19o), לוֹ („ihm/sich" < „von ihm") usw.

d **Suffixe** An das Nomen und Verb tritt das Pronomen oft <mark>enklitisch, d.h. als Suffix</mark>. Suffixe basieren meist auf einer verkürzten Form des Pronomen separatum und können sich, je nach der Qualität des – vorhandenen oder nicht vorhandenen – Bindevokals, verändern. Die Suffixe am Verb zeigt § 51, die Suffixe am Nomen mit veränderlichem Wortstamm § 20-24, die Suffixe am Nomen mit unveränderlichem Wortstamm zeigt das Beispiel von סוּס „Pferd" (§ 12b):

Status		Singular		Plural	
		Maskulinum	Femininum	Maskulinum	Femininum
abs		סוּס	סוּסָה	סוּסִים	סוּסוֹת
cstr		סוּס	סוּסַת	סוּסֵי	סוּסוֹת
suff Sg 1 c		סוּסִי	סוּסָתִי	סוּסַי	סוּסוֹתַי
2 m		סוּסְךָ	סוּסָתְךָ	סוּסֶיךָ	סוּסוֹתֶיךָ
f		סוּסֵךְ	סוּסָתֵךְ	סוּסַיִךְ	סוּסוֹתַיִךְ
3 m		סוּסוֹ	סוּסָתוֹ	סוּסָיו	סוּסוֹתָיו
f		סוּסָהּ	סוּסָתָהּ	סוּסֶיהָ	סוּסוֹתֶיהָ
Pl 1 c		סוּסֵנוּ	סוּסָתֵנוּ	סוּסֵינוּ	סוּסוֹתֵינוּ
2 m		סוּסְכֶם	סוּסַתְכֶם	סוּסֵיכֶם	סוּסוֹתֵיכֶם
f		סוּסְכֶן	סוּסַתְכֶן	סוּסֵיכֶן	סוּסוֹתֵיכֶן
3 m		סוּסָם	סוּסָתָם	סוּסֵיהֶם	סוּסוֹתֵיהֶם סוּסוֹתָם
f		סוּסָן	סוּסָתָן	סוּסֵיהֶן	סוּסוֹתֵיהֶן סוּסוֹתָן

e In pausa (§ 5d) tritt zuweilen <mark>Vokaldehnung oder ein betonter Bindevokal</mark> auf (סוּסֶיךָ, סוּסֶךָ usw.), neben ךָ– begegnet zuweilen ךְ– (לְךָ? „für dich" = לָךְ i.p.). Da die Suffixe der zweiten und dritten Person Plural immer den Akzent tragen, werden sie auch *s c h w e r e S u f f i x e* genannt, während die anderen *l e i c h t e S u f f i x e* heißen.

f Beim Suffix der dritten Person ist oft ה nach § 8e elidiert (סוּסָם > סוּסָהֶם „ihr Pferd"), dabei ist meist *aw* zu *ō* kontrahiert (סוּסוֹ > סוּסָהוּ „sein Pferd", aber: עָשָׂהוּ „er hat ihn gemacht") und ו nach *ī* konsonantisch geworden (אָבִיו „sein Vater"). Selten steht statt ו der Vokalbuchstabe ה (אָהֳלֹה „sein Zelt"). Bei סוּסָיו (< סוּסֵיהוּ) „seine Pferde" wird das Pluralzeichen י grundsätzlich nicht gelesen (sprich: *sû-sāw*).

In poetischen Texten begegnet statt הֶם– zuweilen מוֹ– (פִּרְיָמוֹ „ihre Frucht"), statt ךָ– **g**
die alte Form כִי– (אֶזְכְּרֵכִי „ich gedenke deiner") und statt הֶן– selten נָה oder נָֽה–.

An die feminine Pluralendung werden Suffixe meist analog dem Maskulinum, also mit **h**
doppelter Pluralmarkierung, angefügt: סוּסוֹתָיו < סוּסוֹת+ַי+הוּ „seine Stuten" usw.
Beim Suffix der 1 c Sg am Plural entfällt die Verdopplung des Jod: סוּסַי > סוּסַי+י
„meine Pferde". Beim Suffix der 2 f Sg am Plural wird י konsonantisch und der doppelte Silbenschluss nach § 11c segoliert (סוּסַיִךְ > סוּסַי+ךְ).

A m N o m e n haben Suffixe die Funktion des Nomen rectum (St.abs) einer Construc- **i**
tus-Verbindung (§ 12p.56a) und bezeichnen ein Possessivverhältnis. Das Nomen regens
tritt dabei in den Status suffigatus, der weithin denselben Regeln der Vokalreduktion
(§ 9b-g) unterworfen ist wie der Status constructus (§ 12p). Ein suffigiertes Nomen entspricht damit einer vollständigen Constructus-Verbindung (סוּסוֹ „das Pferd von ihm"
> „sein Pferd"). Das Possessivverhältnis kann das eines sog. Genitivus subjectivus oder
(seltener) das eines Genitivus objectivus sein, das Pronomen also einerseits den Ur-
heber, Besitzer und Angehörigen bezeichnen, anderseits denjenigen, der etwas gleichsam passivisch erfährt bzw. erleidet.

דְּבָרִי	„mein Wort" (d.h. das vom Sprecher ausgehende Wort)
חֲמָסִי	„das Unrecht gegen mich" (d.h. das den Sprecher treffende Unrecht)

A m f i n i t e n Verb haben Suffixe die Funktion eines pronominalen (Akkusativ-) **j**
Objekts (§ 51a). Sie sind nie reflexiv, da das Reflexivverhältnis durch die Verbalstämme
Niph'al (§ 34) und Hitpa'el (§ 37) oder durch eine präpositionale Wendung (לוֹ „ihm"/
„sich") ausgedrückt wird. Sie können damit die Nota accusativi (§ 15r) ersetzen:

בְּרָאָם	„er hat sie geschaffen" (= בָּרָא אֹתָם)
וַיִּשְׁלָחֵם	„und er sandte sie" (= וַיִּשְׁלַח אֹתָם)

Nur in der ersten Person Singular unterscheidet sich das Suffix des Verbs durch eine נ- **k**
Erweiterung grundsätzlich von dem des Nomens: סוּסִי „mein Pferd", aber: שְׁלָחַנִי „er
hat mich geschickt" (§ 51l).

Vor einem Suffix sind im Perfekt manchmal alte Afformative erhalten geblieben (*Bsp:* **l**
מְצָאַתְנוּ „sie hat uns gefunden" statt מָצְאָה, § 19a.51l-n). In der Präformativkonjugation findet sich oft ein bedeutungsloses Nun energicum (§ 12w) als Bindeglied (*Bsp:*
תִּזְכְּרֶנּוּ (< תִזְכֹּר+ֶנ+הוּ) „du gedenkst seiner", § 28q.51o).

Manchmal entsprechen Objektsuffixe am finiten Verb – der Rektion des deutschen **m**
Verbs folgend – einem Dativobjekt: יַעַבְדוּנִי „sie werden mir dienen" = „sie werden
mich ehren".

n *Am infiniten Verb*, also an den Verbalnomina des Partizips und Infinitivs, können Suffixe je nach Präposition, Semantik und Zusammenhang den sog. Genitivus subjectivus oder den Genitivus objectivus (§ 19i) bezeichnen. Im ersten Fall überwiegt die
nominale, im zweiten die verbale Rektionskraft der Verbform (§ 51b):

Inf.cstr	> Possessiv (= Subj.)	בְּשָׁפְטוֹ	„bei <u>seinem</u> Richten" > „als <u>er</u> richtete"
	> Akkusativ (= Obj.)	לְשָׁפְטוֹ	„um <u>ihn</u> zu richten"
Partizip	> Possessiv (= Subj.)	שֹׁפְטוֹ	„<u>sein</u> Richter" = der <u>von ihm</u> eingesetzte
	> Akkusativ (= Obj.)	שֹׁפְטוֹ	„<u>sein</u> Richter" = der, der <u>ihn</u> richtet

o *An Präpositionen und Partikeln* treten häufig Suffixe und zeigen so deren
weitgehend nominalen Ursprung (§ 14). Während die Suffixe sich nur durch die unter-
schiedliche Art der Verbindung unterscheiden, entsprechen ihnen im Deutschen die
Kasusformen, die zur Präposition oder Partikel gehören: לִי „in Bezug auf <u>mich</u>"/
„<u>mir</u>", בִּי „in <u>mir</u>"/„durch <u>mich</u>", כָּמֹונִי „wie <u>ich</u>" usw.

	בְּ	לְ	כְּ	מִן	אֶת־ I Präp.	אֶת־ II Nota acc.	עִם
Sg 1 c	בִּי	לִי	כָּמֹונִי	מִמֶּנִּי	אִתִּי	אֹתִי	עִמִּי/עִמָּדִי
2 m	בְּךָ	לְךָ	כָּמֹוךָ	מִמְּךָ	אִתְּךָ	אֹתְךָ	עִמְּךָ
f	בָּךְ	לָךְ		מִמֵּךְ	אִתָּךְ	אֹתָךְ	עִמָּךְ
3 m	בּוֹ	לוֹ	כָּמֹוהוּ	מִמֶּנּוּ	אִתּוֹ	אֹתוֹ	עִמּוֹ
f	בָּהּ	לָהּ	כָּמֹוהָ	מִמֶּנָּה	אִתָּהּ	אֹתָהּ	עִמָּהּ
Pl 1 c	בָּנוּ	לָנוּ	כָּמֹונוּ	מִמֶּנּוּ	אִתָּנוּ	אֹתָנוּ	עִמָּנוּ
2 m	בָּכֶם	לָכֶם	כָּכֶם	מִכֶּם	אֶתְכֶם	אֶתְכֶם	עִמָּכֶם
f	בָּכֶן	לָכֶנָה					
		לָכֶן					
3 m	בָּהֶם	לָהֶם	כְּמוֹהֶם	מֵהֶם	אֶתָם	אֶתְהֶם	עִמָּהֶם
	בָּם	לָהֵמָּה	כָּהֶם	מֵהֵמָּה		אֶתָם	עִמָּם
f	בָּהֵנָּה	לָהֵנָּה	כָּהֵנָּה	מֵהֵנָּה		אֶתְהֶן	
	בָּהֶן	לָהֶן	כָּהֶן			אֶתָן	

p Neben בְּךָ „in dir", לְךָ „für dich" (mit Suffix der 2 m Sg) usw. begegnen in pausa בָּךְ,
לָךְ usw. Diese Formen sind dann nicht von Suffixen der 2 f Sg zu unterscheiden.

q בְּ und לְ werden weithin analog gebildet. Die 2 f Pl ist selten und wird meist durch das
Maskulinum (mit-)vertreten. Einige Präpositionen weisen in der Verbindung mit
Suffixen Besonderheiten auf:

Anstelle von כְּ „wie" begegnet als Nebenform כְּמוֹ, wohl zur besseren Unterscheidung
von כִּי „ja," und כֹּה „so" (vor Suffix meist mit Vorton-Qámez: כָּמֹנִי „wie ich").

Bei מִן assimiliert sich nach § 7b-e regelmäßig das נ („regressive Assimilation"). Bei
Singularsuffixen tritt Reduplikation („Verdopplung") des Wortstammes ein, nach § 7j
Assimilation des Suffixes הוּ und הָ („progressive Assimilation"). Die Punktation
entspricht den Formen mit Nun energicum (§ 7k-m): מִמֶּנּוּ (< מִן+מִן+הוּ) „von ihm",
מִמֶּנָּה (< מִן+מִן+הָ(ה)) „von ihr" usw.

Bei der Präposition אֵת/אֶת־ I (< ʾitt, § 14k.s.8i) bleibt in den suffigierten Formen die
Verdopplung des ת bestehen (§ 23a), während sich bei der Nota accusativi אֵת/אֶת־ II
(< ʾāt) oft Bildungen mit langem ō finden (§ 15r).

Neben עִמִּי „mit/bei mir" (עִם < ʿimm, § 23a) begegnet oft als Nebenform bedeu-
tungsgleich עִמָּדִי.

Einige Präpositionen (§ 14g-q) wie עַל „auf/über", אֶל־ „zu/nach" und אַחֲרֵי „hinter
/nach", תַּחַת „unter/anstelle von/für", בֵּין „zwischen" und סָבִיב „um herum" bilden
vor dem Suffix echte oder scheinbare Plurale:

	עַל	אֶל־	אַחֲרֵי	תַּחַת	בֵּין	סָבִיב
Sg 1 c	עָלַי	אֵלַי	אַחֲרַי	תַּחְתַּי	בֵּינִי	סְבִיבֹתַי
2 m	עָלֶיךָ	אֵלֶיךָ	אַחֲרֶיךָ	תַּחְתֶּיךָ	בֵּינְךָ	סְבִיבֹתֶיךָ
f	עָלַיִךְ	אֵלַיִךְ	אַחֲרַיִךְ	usw.	בֵּינֵךְ	סְבִיבֹתַיִךְ
3 m	עָלָיו	אֵלָיו	אַחֲרָיו		בֵּינוֹ	סְבִיבָיו
f	עָלֶיהָ	אֵלֶיהָ	אַחֲרֶיהָ			usw.
Pl 1 c	עָלֵינוּ	אֵלֵינוּ	אַחֲרֵינוּ	בֵּינֵינוּ / בֵּינוֹתֵינוּ		
2 m	עֲלֵיכֶם	אֲלֵיכֶם	אַחֲרֵיכֶם		בֵּינֵיכֶם	
f	עֲלֵיכֶן	אֲלֵיכֶן	אַחֲרֵיכֶן			
3 m	עֲלֵיהֶם	אֲלֵיהֶם	אַחֲרֵיהֶם		בֵּינֵיהֶם	
f	עֲלֵיהֶן	אֲלֵיהֶן	אַחֲרֵיהֶן			

Sehr häufig begegnen suffigiert לִפְנֵי „vor" (לְפָנַי, לְפָנֶיךָ usw.), נֶגֶד „gegenüber"
(נֶגְדְּךָ, נֶגְדִּי usw.), הִנֵּה (הִנְנִי) „siehe ich/mich", הִנּוֹ „siehe er/ihn" usw.) und אַיִן
(אֵינֶנִּי „ich bin nicht", אֵינֶנּוּ „er ist nicht" usw.), die beiden letzten oft mit Nun
energicum (§ 7l.m.15s.12w).

In einigen Formen ist das Suffix erstarrt und bedeutungslos, so in אֲדֹנִי „(der) Herr"
(< „meine Herren", § 12k), יַחְדּוֹ „zusammen" (< „mit ihm zusammen"), לְבַדּוֹ
„allein" (< „für sich allein") und im sog. Waw compaginis (§ 12s).

§ 20 Nominalklassen

a Das hebräische Nomen (Substantiv und Adjektiv) kann nach der Zahl der Wurzel-konsonanten („Radikale") und veränderlichen Vokale, aber auch der präformativen oder afformativen Elemente in verschiedene „Klassen" eingeteilt werden. Dabei ist deren Bedeutung nicht immer so konsequent erkennbar wie beim Partizip aktiv (קֹטֵל „ein Tötender" < *qāṭil*) und Partizip passiv des Qal (קָטוּל „ein Getöteter" < *qaṭūl* , § 32a). Die Klassifizierung erfolgt auch beim Nomen nicht verbalen Ursprungs einheitlich nach den Grundformen anhand der Radikale des (Verbal-)Paradigmas קטל (§ 26a). Allerdings gibt es durch den Einfluss anderer Sprachen auf das Hebräische vielfältige Abweichungen und Sonderformen, die diesen Klassen nicht immer zuzuordnen sind.

b **Nomina mit nur einem Konsonanten** Die Klasse der Nomina mit nur einem Konsonanten ist überaus selten (vgl. אִי, Pl. אִיִּים „Küste/Insel").

c **Nomina mit zwei Konsonanten** Die Klasse der Nomina mit zwei Konsonanten ist häufig und geht auf verschiedene Grundformen zurück. Verdopplung des Konsonanten am Wortende (§ 23a) entfällt nach § 8f-i:

Gf		Singular			Plural / Dual		
		St.abs	St.cstr	St.suff	St.abs	St.cstr	St.suff
qal	„Hand"	יָד	יַד	יָדְךָ	יָדַיִם	יְדֵי	יָדֶיךָ
qil	„Baum"	עֵץ	עֵץ	עֵצְךָ	עֵצִים	עֲצֵי	עֵצֶיךָ
	„Name"	שֵׁם	שֵׁם/שֶׁם	שִׁמְךָ	שֵׁמוֹת	שְׁמוֹת	שְׁמוֹתָם
qul	„Taube"	תּוֹר	תּוֹר	תּוֹרְךָ	תּוֹרִים	תּוֹרֵי	תּוֹרֶיךָ
qāl	„gut"	טוֹב	טוֹב	טוֹבְךָ	טוֹבִים	טוֹבֵי	טוֹבֶיךָ
qīl	„Lied"	שִׁיר	שִׁיר	שִׁירְךָ	שִׁירִים	שִׁירֵי	שִׁירֶיךָ
qūl	„Hauch"	רוּחַ	רוּחַ	רוּחֲךָ	רוּחוֹת	רוּחוֹת	רוּחוֹתֶיךָ
qall	„Volk"	עַם/עָם	עַם	עַמְּךָ	עַמִּים	עַמֵּי	עַמֶּיךָ
qill	„Herz"	לֵב	לֵב/לֶב	לִבְּךָ	לִבּוֹת	לִבּוֹת	לִבּוֹתֶיךָ
qull	„Satzung"	חֹק	חָק־	חֻקּוֹ	חֻקִּים	חֻקֵּי	חֻקֶּיךָ

d Die Grundformen können durch die Feminin-Endung (§ 12h) erweitert werden: שָׁנָה „Jahr" (< *qal*), מֵאָה „hundert" (< *qil*), בִּינָה „Einsicht" (< *qīl*), שָׂרָה (< *śar-ra*) „Fürstin" (< *qall*), חֻקָּה „Bestimmung" (< *qull*) usw.

Nomina mit drei Konsonanten Die Klasse der Nomina mit drei Konsonanten ist am e
häufigsten. Dabei bilden die *e i n s i l b i g e n   N o m i n a* mit ursprünglicher Doppelkonsonanz am Silbenende oder -anfang aufgrund der im Hebräischen typischen Silbenaufsprengung (§ 11b) eine besondere Gruppe, die unter dem Begriff *S e g o l a t a* zu-
sammengefasst wird (§ 21.22). Einige Formen weisen aufgrund von Assimilation (§ 7b),
Kontraktion oder Elision (§ 8) schwache Bildungen auf, andere haben einen durch ein
sog. Dagesch forte dirimens (§ 4h) geschärften dritten Radikal:

Gf		Singular			Plural / Dual		
		St.abs	St.cstr	St.suff	St.abs	St.cstr	St.suff
qatl	„König"	מֶלֶךְ	מֶלֶךְ	מַלְכְּךָ	מְלָכִים	מַלְכֵי	מְלָכֶיךָ
	„Junge"	נַֽעַר	נַֽעַר	נַעֲרוֹ	נְעָרִים	נַעֲרֵי	נְעָרֶיךָ
	„Same"	זֶֽרַע	זֶֽרַע	זַרְעֲךָ	זְרָעִים	זַרְעֵי	זַרְעֲכֶם
	„Kopf"	רֹאשׁ	רֹאשׁ	רֹאשְׁךָ	רָאשִׁים	רָאשֵׁי	רָאשֶׁיךָ
	„Nase"	אַף	אַף	אַפְּךָ	אַפַּיִם	אַפֵּי	אַפֶּיךָ
	„Tod"	מָֽוֶת	מוֹת	מוֹתְךָ	מוֹתִים	מוֹתִי	מוֹתֶיךָ
	„Rind"	שׁוֹר	שׁוֹר	שׁוֹרְךָ	(שְׁוָרִים)		
	„Heer"	חַֽיִל	חֵיל	חֵילְךָ	חֲיָלִים	חֵילִי	חֲיָלֶיךָ
	„Brust"	חֵיק	חֵיק	חֵיקְךָ			
	„Bock"	גְּדִי	גְּדִי	גְּדִיְךָ	גְּדָיִים	גְּדָיֵי	גְּדָיֶיךָ
qitl	„Brief"	סֵֽפֶר	סֵֽפֶר	סִפְרְךָ	סְפָרִים	סִפְרֵי	סְפָרֶיךָ
	„Opfer"	זֶֽבַח	זֶֽבַח	זִבְחֲךָ	זְבָחִים	זִבְחֵי	זְבָחֶיךָ
	„Fehler"	חֵטְא	חֵטְא	חֶטְאוֹ	חֲטָאִים	חֲטָאֵי	חֲטָאֶיךָ
	„Ziege"	עֵז	עֵז	עִזְּךָ	עִזִּים	עִזֵּי	עִזֶּיךָ
	„Frucht"	פְּרִי	פְּרִי	פִּרְיוֹ			
qutl	„Ohr"	אֹֽזֶן	אֹֽזֶן	אָזְנְךָ	אָזְנַיִם	אָזְנֵי	אָזְנֶיךָ
	„Tun"	פֹּֽעַל	פֹּֽעַל	פָּעֳלוֹ	פְּעָלִים	פָּעֳלֵי	פְּעָלֶיךָ
	„Krankheit"	חֳלִי	חֳלִי	חָלְיוֹ	חֳלָיִים	חֳלָיֵי	חֳלָיֶיךָ
	„Chaos"	תֹּֽהוּ					
qtal	„Zeit"	זְמַן	זְמַן	זְמַנָּם	זְמַנִים	זְמַנֵי	זְמַנֵיהֶם
qtil	„Wolf"	זְאֵב	זְאֵב	זְאֵבְךָ	זְאֵבִים	זְאֵבֵי	זְאֵבֶיךָ
qtul	„Volk"	לְאֹם	לְאֹם	לְאֻמְּךָ	לְאֻמִּים	לְאֻמֵּי	לְאֻמֶּיךָ

Die Grundformen können durch die Feminin-Endung (§ 12h) erweitert werden: מַלְכָּה f
„Königin" (< *qatl*), תִּשְׁעָה „neun" (< *qitl*), חָכְמָה „Weisheit" (< *qutl*), אֲחֻזָּה
„Besitz" (< *qtul*) usw.

g Die meisten Bildungen gehen auf *zweisilbige Grundformen* mit zwei Vokalen zurück, die jeweils lang oder kurz sein können und je nach Stellung im Wort gedehnt oder reduziert sind (§ 9a-g):

Gf		Singular			Plural / Dual		
		St.abs	St.cstr	St.suff	St.abs	St.cstr	St.suff
qatal	„Wort"	דָּבָר	דְּבַר	דְּבָרְךָ	דְּבָרִים	דִּבְרֵי	דְּבָרֶיךָ
	„Feld"	שָׂדֶה	שְׂדֵה	שָׂדְךָ	שָׂדִים	שְׂדֵי	שָׂדֶיךָ
qatil	„alt"	זָקֵן	זְקַן	זְקֵנְךָ	זְקֵנִים	זִקְנֵי	זְקֵנֶיךָ
	„schön"	יָפֶה	יְפֵה				
qatul	„groß"	גָּדוֹל	גְּדָל-	גְּדוֹלְ	גְּדוֹלִים	גְּדוֹלֵי	גְּדוֹלֶיךָ
	„klein"	קָטֹן	קְטֹן	קְטַנָּם	קְטַנִּים	קְטַנֵּי	קְטַנְּךָ
qital	„Traube"	עֵנָב	עֵנַב	עֲנָבְךָ	עֲנָבִים	עִנְבֵי	עֲנָבֶיךָ
	„Inneres"	מֵעֶה			מֵעַיִם	מְעֵי	מֵעֶיךָ
qatāl	„Heil"	שָׁלוֹם	שְׁלוֹם	שְׁלוֹמְךָ	שְׁלוֹמִים	שְׁלוֹמֵי	שְׁלוֹמֶיךָ
qatīl	„treu"	חָסִיד	חָסִיד	חֲסִידְךָ	חֲסִידִים	חֲסִידֵי	חֲסִידֶיךָ
	„Herr"	גְּבִיר	גְּבִיר	גְּבִירְךָ	גְּבִירִים	גְּבִירֵי	גְּבִירֶיךָ
qatūl	„mächtig"	עָצוּם	עֲצוּם	עֲצוּמְךָ	עֲצוּמִים	עֲצוּמֵי	עֲצוּמֶיךָ
qitāl	„Arm"	זְרוֹעַ	זְרוֹעַ	זְרוֹעֲךָ	זְרוֹעוֹת	זְרוֹעוֹת	זְרוֹעוֹתֶיךָ
qutāl	„Platz"	רְחוֹב	רְחוֹב	רְחוֹבְךָ	רְחוֹבוֹת	רְחוֹבוֹת	רְחוֹבוֹתֶיךָ
qᵉtāl	„Schrift"	כְּתָב	כְּתָב	כְּתָבְךָ	כְּתָבִים	כְּתָבֵי	כְּתָבֶיךָ
qutūl	„Grenze"	גְּבוּל	גְּבוּל	גְּבוּלְךָ	גְּבוּלִים	גְּבוּלֵי	גְּבוּלֶיךָ
	„Krippe"	אֵבוּס	אֵבוּס	אֵבוּסְךָ			
qātal	„Ewigkeit"	עוֹלָם	עוֹלָם	עוֹלָמְךָ	עוֹלָמִים	עוֹלָמֵי	עוֹלָמֶיךָ
qātil	„Richter"	שֹׁפֵט	שֹׁפֵט	שֹׁפֶטְךָ	שֹׁפְטִים	שֹׁפְטֵי	שֹׁפְטֶיךָ
	„Hirte"	רֹעֶה	רֹעֵה	רֹעֲךָ	רֹעִים	רֹעֵי	רֹעֶיךָ
qūtal	„Lotos"	שׁוֹשַׁן	שׁוֹשַׁן	שׁוֹשַׁנְּךָ	שׁוֹשַׁנִּים	שׁוֹשַׁנֵּי	שׁוֹשַׁנֶּיךָ
qītāl	„Rauch"	קִיטוֹר	קִיטוֹר				

h Die Grundformen können durch die Feminin-Endung (§ 12h) erweitert werden: צְדָקָה „Gerechtigkeit" (< *qatal*), בְּהֵמָה „Vieh" (< *qatil*), סְלִיחָה „Vergebung" (< *qatīl*), אֱמוּנָה „Treue" (< *qatūl*), עֲבֹדָה „Arbeit" (< *qitāl*), חוֹמָה „Mauer" und קֹהֶלֶת „Kohelet" (< *qātil*) usw.

Nomina mit Reduplikation („Verdopplung") von einem oder zwei Wurzel- i
konsonanten sind weniger häufig und nicht immer in allen Formen belegt. Eine spezifi-
sche Bedeutung der Konsonantenverdopplung, etwa eine Steigerung bzw. Intensivierung des (Verbal-)Stammes, ist meist nicht zu erkennen. Auffallend ist jedoch die auf
die Grundform *qattal* zurückgehende Gruppe der sog. Gebrechlichkeitsadjektive wie
עִוֵּר „blind", אִלֵּם „stumm" und חֵרֵשׁ „taub":

Gf		Singular			Plural / Dual		
		St.abs	St.cstr	St.suff	St.abs	St.cstr	St.suff
qattạl	„Dieb"	גַּנָּב	גַּנַּב	גַּנָּבְךָ	גַּנָּבִים	גַּנָּבֵי	גַּנָּבֶיךָ
	„blind"	עִוֵּר	עִוֵּר	עִוֶּרְךָ	עִוְרִים	עִוְרֵי	עִוְרֶיךָ
qattil	Inf.cstr Pi	קַטֵּל		קַטֶּלְךָ			
quttạl	„Rampe"	סֹלָּם	סֹלַּם	סֹלְמְךָ	סֹלָּמִים	סֹלְמֵי	סֹלַּמֶיךָ
qattāl	„Held"	גִּבּוֹר	גִּבּוֹר	גִּבּוֹרְךָ	גִּבּוֹרִים	גִּבּוֹרֵי	גִּבּוֹרֶיךָ
	„eifernd"	קַנּוֹא					
qattīl	„stark"	אַבִּיר	אַבִּיר	אַבִּירְךָ	אַבִּירִים	אַבִּירֵי	אַבִּירֶיךָ
qattūl	„Säule"	עַמּוּד	עַמּוּד	עַמּוּדְךָ	עַמּוּדִים	עַמּוּדֵי	עַמּוּדֶיךָ
	„Entgeld"	שִׁלּוּם	שִׁלּוּם	שִׁלּוּמְךָ	שִׁלּוּמִים	שִׁלּוּמֵי	שִׁלּוּמֶיךָ
qatlal	„sorglos"	שַׁאֲנָן	שַׁאֲנַן	שַׁאֲנַנְךָ	שַׁאֲנַנִּים	שַׁאֲנַנֵּי	שַׁאֲנַנֶּיךָ
qutlal	„welk"	*אֻמְלָל	אֻמְלַל				
qatlīl	„Pfand"	עֲבָטִיט					
qatlūl	„Dornen"	נַעֲצוּץ	נַעֲצוּץ	נַעֲצוּצְךָ	נַעֲצוּצִים	נַעֲצוּצֵי	נַעֲצוּצֶיךָ
qataltal	„grün"	יְרַקְרַק	יְרַקְרַק	יְרַקְרַקִי	יְרַקְרַקוֹת	יְרַקְרַקוֹת	יְרַקְרַקְתִי
qataltul	„verdreht"	פְּתַלְתֹּל	פְּתַלְתֹּל	פְּתַלְתֹּלִי	פְּתַלְתֹּלִים	פְּתַלְתֹּלֵי	פְּתַלְתֹּלֶיךָ
qataltūl	„minderwertig"	אֲסַפְסוּף					
qalqal	„Rad"	גַּלְגַּל	גַּלְגַּל	גַּלְגַּלְךָ	גַּלְגַּלִים	גַּלְגַּלֵי	גַּלְגַּלֶיךָ
qulqul	„Scheitel"	קָדְקֹד	קָדְקֹד	קָדְקֹדְךָ			
qalqūl	„Flasche"	בַּקְבֻּק	בַּקְבֻּק	בַּקְבֻּקְךָ	בַּקְבֻּקִים	בַּקְבֻּקֵי	בַּקְבֻּקֶיךָ

Die Grundformen können durch die Feminin-Endung (§ 12h) erweitert werden: יַבָּשָׁה j
„Trockenes" und עַוֶּרֶת „Blindheit" (< *qattal*), חַבּוּרָה „Wunde" (< *qattūl*), טוֹטָפֹת
„Phylakterien" (< *qalqal*), גֻּלְגֹּלֶת „Schädel" (< *qulqul*) usw.

k **Nomina mit vier Konsonanten** Nomina mit vier Wurzelkonsonanten sind selten und meist Lehnworte aus anderen Sprachen. Nicht alle Formen sind im Alten Testament belegt. Die Klassifizierung ergänzt ר als vierten Buchstaben des Alphabets:

Gf		Singular			Plural / Dual		
		St.abs	St.cstr	St.suff	St.abs	St.cstr	St.suff
qaṭlad	„Skorpion"	עַקְרָב	עַקְרַב	עַקְרָבְךָ	עַקְרַבִּים	עַקְרְבֵי	עַקְרָבֶּיךָ
qaṭlud	„Safran"	כַּרְכֹּם	כַּרְכֹּם	כַּרְכָּמְךָ	כַּרְכָּמִים	כַּרְכְּמֵי	כַּרְכָּמֶּיךָ
qaṭlīd	„Szepter"	שַׁרְבִית	שַׁרְבִית	שַׁרְבִיתְךָ			
qaṭlūd	„Viper"	עַכְשׁוּב					

l Sehr selten sind *d r e i s i l b i g e F o r m e n* wie סְמָדַר „Knospe" und חַלָּמִישׁ „Kiesel".

m Die Grundformen können durch die Feminin-Endung (§ 12h) erweitert werden: אַלְמָנָה „Witwe" und אַמְתַּחַת „Sack" (< *qaṭlad*) usw.

n **Nomina mit fünf Konsonanten** Nomina mit fünf Wurzelkonsonanten sind Lehnworte und ebenfalls sehr selten: צְפַרְדֵּעַ „Frosch", עַכָּבִישׁ „Spinne" u.a.

o **Nomina mit präformativen Bildungselementen** Oft weisen Nomina die präformativen Bildungselemente מ, ת, י oder א auf. Dabei entsprechen die präformativen Bildungselemente nur noch teilweise typischen Bedeutungskategorien. So steht מ insbesondere bei Abstrakta, Orten, Werkzeugen oder Partizipien, ת für das Verbalnomen (Tabelle § 20p).

p Bei נ״פ-Bildungen (§ 43a) assimiliert sich nach § 7 der erste Radikal nach dem präformativen מ an den zweiten (מַתָּן „Gabe" von נתן). Bei פ״ו- und פ״י-Bildungen (§ 45a. j.44a.f) kontrahiert nach § 8j-q der erste Radikal mit dem Präformativvokal (מוֹשָׁב „Sitz" von ישׁב und מֵיטָב „Bestes" von יטב). Bei ל״ה-Bildungen (§ 46a.c) tritt Elision des dritten Radikals und sekundäres (vokalisches) ה auf (מַעֲשֶׂה „Tun" von עשׂה). In offener Silbe, insbesondere bei ע״ו, ע״י und ע״ע-Bildungen (§ 48c.49b) wird der Präformativvokal vor dem Ton zu Qámez bzw. Zere gedehnt (מָקוֹם „Ort" und מֵסַב „Runde"), sonst zu Schwa mobile verflüchtigt (St.cstr מְקוֹם). Auch doppelt schwache Bildungen sind nicht selten (מַטֶּה „Stab" von נטה, vgl. § 50b). Manchmal wechselt bei derselben Grundform der Präformativvokal *a* mit *i*. Einige Bildungen gehen auf den Einfluss anderer Sprachen zurück und lassen sich keiner der Grundformen zuordnen (z.B. מַלְבּוּשׁ „Kleid"):

Gf		Singular			Plural / Dual		
		St.abs	St.cstr	St.suff	St.abs	St.cstr	St.suff
maqtal	„Bote"	מַלְאָךְ	מַלְאַךְ	מַלְאָכְךָ	מַלְאָכִים	מַלְאֲכֵי	מַלְאָכֶיךָ
	„Gabe"	מַתָּן	מַתַּן	מַתָּנְךָ	מַתָּנִים	מַתְּנֵי	מַתָּנֶיךָ
	„Sitz"	מוֹשָׁב	מוֹשַׁב	מוֹשָׁבְךָ	מוֹשָׁבִים	מוֹשְׁבֵי	מוֹשָׁבֶיךָ
	„Bestes"	מֵיטָב	מֵיטַב	מֵיטָבְךָ	מֵיטָבִים	מֵיטְבֵי	מֵיטָבֶיךָ
	„Tun"	מַעֲשֶׂה	מַעֲשֵׂה	מַעֲשְׂךָ	מַעֲשִׂים	מַעֲשֵׂי	מַעֲשֶׂיךָ
	„Ort"	מָקוֹם	מְקוֹם	מְקוֹמְךָ	מְקוֹמוֹת	מְקוֹמוֹת	מְקוֹמוֹתֶיךָ
	„Stab"	מַטֶּה	מַטֵּה	מַטְּךָ	מַטּוֹת	מַטּוֹת	מַטּוֹתֶיךָ
maqtil	„Stütze"	מַשְׁעֵן	מִשְׁעַן				
	„Festzeit"	מוֹעֵד	מוֹעֵד	מוֹעַדְךָ	מוֹעֲדִים	מוֹעֲדֵי	מוֹעֲדֶיךָ
	„Altar"	מִזְבֵּחַ	מִזְבַּח	מִזְבַּחֲךָ	מִזְבְּחוֹת	מִזְבְּחוֹת	מִזְבְּחוֹתֶיךָ
miqtal	„Recht"	מִשְׁפָּט	מִשְׁפַּט	מִשְׁפָּטְךָ	מִשְׁפָּטִים	מִשְׁפְּטֵי	מִשְׁפָּטֶיךָ
	„Besitz"	מִקְנֶה	מִקְנֵה	מִקְנְךָ / מִקְנֶיךָ			
	„Runde"	מֵסַב	מֵסַב	מֵסִבְּךָ	מְסִבִּים	מְסִבֵּי	מְסִבָּי
	„Ferne"	מֶרְחָק	מֶרְחַק	מֶרְחָקְךָ	מֶרְחַקִּים	מֶרְחַקֵּי	מֶרְחַקֶּיךָ
maqtāl	„Leiden"	מַכְאוֹב	מַכְאוֹב	מַכְאוֹבְךָ	מַכְאוֹבִים	מַכְאוֹבֵי	מַכְאוֹבֶיךָ
miqtāl	„Anstoß"	מִכְשׁוֹל	מִכְשׁוֹל	מִכְשׁוֹלְךָ	מִכְשׁוֹלִים	מִכְשְׁלֵי	מִכְשֹׁלֶיךָ
maqtīl	Ptz Hi	מַקְטִיל	מַקְטִיל	מַקְטִילְךָ	מַקְטִילִים	מַקְטִילֵי	מַקְטִילֶיךָ
taqtal	„Beisasse"	תּוֹשָׁב	תּוֹשָׁב	תּוֹשָׁבְךָ	תּוֹשָׁבִים	תּוֹשָׁבֵי	תּוֹשָׁבֶיךָ
taqtil	„Muster"	תַּשְׁבֵּץ					
taqtulat	„Umkehr"	תְּשׁוּבָה	תְּשׁוּבַת	תְּשׁוּבָתְךָ	תְּשֻׁבֹת	תְּשֻׁבֹת	תְּשׁוּבֹתֶיךָ
taqtīl	„Schüler"	תַּלְמִיד	תַּלְמִיד	תַּלְמִידְךָ	תַּלְמִידִים	תַּלְמִידֵי	תַּלְמִידֶיךָ
taqtūl	„Wonne"	תַּעֲנוּג	תַּעֲנוּג	תַּעֲנוּגְךָ	תַּעֲנוּגִים	תַּעֲנוּגֵי	תַּעֲנוּגֶיךָ

Nomina mit präformativen Bildungselementen werden oft durch die Feminin-Endung **q** (§ 12h) erweitert: מְלָאכָה „Arbeit", מוֹלֶדֶת „Geburtsort", מְנוֹרָה „Leuchter" (< *maqtal*), מִלְחָמָה „Kampf", מִצְוָה „Gebot" (< *miqtal*), תּוֹרָה „Weisung" (< *taqtal*), תְּחִלָּה „Anfang" (< *taqtil*) usw. Die Grundform *taqtul** ist überhaupt nur als Femininum belegt. Außergewöhnlich sind einige Bildungen wie תַּעַר „Messer" (von ערה?) und תֹּאַר „Erscheinung" (von ראה?).

א findet sich als nominales Bildungselement fast nur der besseren Aussprache wegen als **r** sog. א-*prostheticum*, wie in אֶזְרוֹעַ „Arm" (neben זְרוֹעַ).

s יְ begegnet als nominales Bildungselement vor allem bei erstarrten Imperfektformen (§ 28c) wie יִצְהָר „Öl" (< „was glänzt") und insbesondere bei Eigennamen wie יִצְחָק „Isaak" (< „er lacht") und יַהְוֶה „Jahwe" (< „er ist/war/wird (mit) sein", § 6b).

t ה, הִת und נ begegnen bei Verbalnomina als präformative Bildungselemente, insbesondere bei Infinitiven und Partizipien (§ 34-39), die gelegentlich zu einem eigenständigen Nomen erstarrt sind (z.B. הַצָּלָה „Rettung" von נצל Hi und נְסִבָּה „Wendung" von סבב Ni).

u **Nomina mit afformativen Bildungselementen** Die Klasse der Nomina mit afformativen Bildungselementen ist eher selten. Relativ häufig findet sich noch die Endung ◌ָן bzw. ◌וֹן (< ◌ָן), insbesondere bei Adjektiven und Abstraktbegriffen. Die Bildungen nach der Grundform *qaṭalān* haben meist den zweiten (selten: dritten) Radikal verdoppelt. Dabei ist der ursprüngliche erste Vokal *a* regelmäßig zu *i* geworden. Bei der Grundform *quṭlān* ist ◌ָן erhalten geblieben (Dissimilation). Plurale sind wegen der Grundbedeutung der Endung sehr selten:

Gf		Singular			Plural / Dual		
		St.abs	St.cstr	St.suff	St.abs	St.cstr	St.suff
qaṭlān	„Hinterer"	אַחֲרוֹן	אַחֲרוֹן	אַחֲרוֹנְךָ	אַחֲרוֹנִים	אַחֲרוֹנֵי	אַחֲרוֹנֶיךָ
qiṭlān	„Gewinn"	יִתְרוֹן	יִתְרוֹן	יִתְרוֹנְךָ			
quṭlān	„Tisch"	שֻׁלְחָן	שֻׁלְחַן	שֻׁלְחָנְךָ	שֻׁלְחָנוֹת	שֻׁלְחֲנוֹת	שֻׁלְחֲנוֹתֶיךָ
qaṭalān	„Hunger"	רְעָבוֹן	רַעֲבוֹן	רַעֲבוֹנְךָ			
	„Mühsal"	עִצָּבוֹן	עִצְּבוֹן	עִצְּבוֹנְךָ			
	„Vision"	חָזוֹן	חֲזוֹן	חֲזוֹנְךָ			

v Gelegentlich bezeichnet die Endung ◌וֹן *Deminutive* wie אִישׁוֹן „Pupille" (< „Männlein [im Auge]") und שִׁמְשׁוֹן „Simson" (< „Sönnchen").

w Die *Nisbe-Endung* ◌ִי (§ 12u) bezeichnet die Zugehörigkeit und macht aus Substantiven Adjektive. Sie darf nicht mit dem Suffix der ersten Person Singular (§ 19d) verwechselt werden. Kardinalzahlen verwandelt sie in Ordinalzahlen (§ 25c), Orts-, Stammes- und Ländernamen in *Gentilizia* (= „Sippen- oder Volksangehörige"):

חָפְשִׁי	Pl חָפְשִׁים (< חָפְשִׁיִּים)	„frei/Freier"	חׇפְשָׁה	„Freilassung"
שְׁלִישִׁי	Pl שְׁלִשִׁים (< שְׁלִשִׁיִּים)	„dritter"	שָׁלוֹשׁ	„drei"
מוֹאָבִי	Pl מוֹאָבִים (< מוֹאָבִיִּים)	„moabitisch/Moabiter"	מוֹאָב	„Moab"

Die Nisbe-Endung kann durch die Femininendung (§ 12h) erweitert werden (שְׁלִישִׁיָה x und שְׁלִשִׁית, מוֹאֲבִיָה und מוֹאֲבִית, Pl. מוֹאֲבִיּוֹת); andererseits können Endungen vor ihr abgeworfen werden (vgl. יְהוּדִי von יְהוּדָה „Juda" und מִצְרִי von מִצְרַיִם „Ägypten"), oder sie tritt an die Endung ־וֹן (§ 20v) wie in אַדְמוֹנִי „rötlich".

Nur selten begegnen im biblischen Hebräisch die Endungen ־וּת und ־ית für feminine y *Abstraktbegriffe* wie מַלְכוּת „Königtum" und רֵאשִׁית „Anfang" (§ 12h). Ein affformatives ל scheint in einigen Worten wie כַּרְמֶל „Fruchtgarten" (< כֶּרֶם) vorzuliegen. Zu ־וּת als femininer Singularendung vgl. § 12v, zum *He lokale* und den adverbialen Bildungen mit der Endung ־ָם vgl. § 12r.q.

Als *K o m p o s i t a* sind Eigennamen zu deuten, die formal eine Constructus- z Verbindung (§ 12p-s) darstellen wie גַּבְרִיאֵל „Gabriel" (= „Mann Gottes", § 12q), oder Satznamen sind wie נְתַנְאֵל „Nathanael" (= „Gott hat gegeben") und יְחֶזְקֵאל „Ezechiel" (= „Gott stärke/stärkte"). Andere Komposita sind überaus selten oder verdanken sich späterer Wortbildungsdeutung wie צַלְמָוֶת „Finsternis" (< צַלְמוּת*, § 20y), das als „Schatten des Todes" (צֵל + מָוֶת) punktiert ist.

§ 21 Segolata (*qaṭl, qiṭl, quṭl*)

a   Als Segolata (Sg: „Segolatum") werden die in § 20e genannten ursprünglich einsilbigen dreiradikaligen Nomina bezeichnet, deren doppelter Silbenschluss in den endungslosen Formen regelmäßig mit Hilfe eines Segol aufgehoben („segoliert") wird (§ 11). Dabei bleibt der Akzent unverändert, so dass Segolata auf der scheinbar vorletzten, eigentlich aber einzigen Silbe betont sind (בֹּקֶר, סֵפֶר, דֶּרֶךְ). Nach den drei Grundformen, die sich im Status suffigatus des Singular erkennen lassen, unterscheidet man *qaṭl*-, *qiṭl*- und *quṭl*-Segolata (§ 20a). Dabei ist *u* meist zu *o* geworden. In den segolierten Formen tritt Dehnung (*a > ā*, *i > ē* und *u/ŏ > ō*, § 9j), bei den *qaṭl*-Formen zusätzlich Assimilation des Grundvokals an Segol ein. Nur in Pausa bleibt *ā* oft erhalten (דָּרֶךְ). Die Plurale der drei Grundformen werden regelmäßig nach Analogie des Nomens mit zwei veränderlichen Vokalen (דָּבָר Pl דְּבָרִים, § 9b-f.20g) gebildet (vgl. aber רַחֲמִים „Liebe", שִׁבְעִים „siebzig" u.a.). Dabei erhält sich im Status constructus und vor schweren Suffixen (§ 19e) meist der Grundvokal:

	Singular			Plural	
	St.abs/cstr	Grundform	St.suff	St.abs	St.cstr
qaṭl	דֶּרֶךְ „Weg"	← *dárk* →	דַּרְכּוֹ „sein Weg"	דְּרָכִים „Wege"	דַּרְכֵי
qiṭl	סֵפֶר „Brief"	← *sípr* →	סִפְרוֹ „sein Brief"	סְפָרִים „Briefe"	סִפְרֵי
quṭl	בֹּקֶר „Morgen"	← *búqr* →	בָּקְרוֹ* „sein Morgen"	בְּקָרִים „Morgende"	בָּקְרֵי*

(Links neben der Tabelle: **A / I / U**)

* mit Qámez chatuf (§ 4f.m)

b   Auch der Dual (§ 12l) bewahrt im St.abs die ursprünglich einsilbigen Grundformen:

	Singular			Dual	
	St.abs/cstr	Grundform	St.suff	St.abs	St.cstr
qaṭl	רֶגֶל „Fuß"	← *rágl* →	רַגְלוֹ „sein Fuß"	רַגְלַיִם „Füße"	רַגְלֵי
qiṭl	בֶּרֶךְ „Knie"	← *bírk* →	בִּרְכּוֹ „sein Knie"	בִּרְכַּיִם „Kniee"	בִּרְכֵּי
quṭl	אֹזֶן „Ohr"	← *ʾúzn* →	אָזְנוֹ* „sein Ohr"	אָזְנַיִם* „Ohren"	אָזְנֵי*

(Links neben der Tabelle: **A / I / U**)

* mit Qámez chatuf (§ 4f.m)

c   *qaṭl*- und *qiṭl*-Bildungen fallen oft zusammen (נֶדֶר und נֵדֶר „Gelübde", קֶרֶב „Mitte/Inneres", aber קִרְבּוֹ „sein Inneres"; שֶׁמֶשׁ „Sonne", aber שִׁמְשְׁךָ „deine Sonne").

Unter *L a r y n g a l e n* wird nach § 10a-e der Grundvokal *i* oft an den Laryngal **d**
assimiliert, so dass suffigierte Formen Segol erhalten (חֵפֶץ „Wollen", aber חֶפְצִי). Bei
Nomina mediae und tertiae laryngalis steht meist Pátach als Hilfsvokal (נַעַר, § 10a-e;
aber לֶחֶם „Brot"). Dennoch wird der Grundvokal wie bei den ‚normalen' Segolata oft
zu Segol (זֶרַע). Bei Nomina mediae laryngalis tritt nach § 10i vor allem im Status suffigatus des Singulars Silbenaufsprengung auf (פָּעֳלוֹ lies pŏ^{c°}-lô):

Singular				Plural	
	St.abs/cstr	Grundform	St.suff	St.abs	St.cstr
qaṭl	זֶרַע „Same"	← *zar^c* →	זַרְעוֹ „sein Same"	זְרָעִים „Saaten"	זַרְעֵי
	נַעַר „Junge"	← *na^cr* →	נַעֲרוֹ „sein Junge"	נְעָרִים „Jungen"	נַעֲרֵי
qiṭl	זֶבַח „Opfer"	← *zibḥ* →	זִבְחוֹ „sein Opfer"	זְבָחִים „Opfer"	זִבְחֵי
quṭl	פֹּעַל „Tun"	← *pu^cl* →	פָּעֳלוֹ „sein Tun"	פְּעָלִים „Taten"	פָּעֳלֵי

א im Wortauslaut quiesziert nach § 10f (פֶּרֶא „Wildesel"). **e**

He lokale (§ 12r) tritt wie ein Suffix meist an die Grundform, bleibt aber unbetont **f**
(אֶרֶץ „Erde", אַרְצָה „zu Boden").

Statt Schwa mobile steht unter Laryngalen und ר oft der entsprechende Langvokal oder **g**
der Grundvokal als Chatef-Laut (חֹדֶשׁ „Monat", Pl חֳדָשִׁים, שֹׁרֶשׁ „Wurzel" Pl שָׁרָשִׁים
„Wurzel", אֹהֶל „Zelt" Pl אֹהָלִים, gegenüber אָהֳלִי „Zelt", § 10g).

Viele feminine Nomina wie מַאֲכֶלֶת „Messer", בַּת „Tochter" (< *bint*) und Partizipien **h**
(ʒ.B. קֹטֶלֶת und שֹׁמַעַת, § 32b) erhalten ein segoliertes ת (§ 11d) und sind keine
ursprünglichen Segolata.

Selten finden sich (meist durch Einfluss des Aramäischen) *qṭal-*, *qṭil-* und *qṭul-* **i**
Bildungen mit Schwa mobile (sog. *u m g e k e h r t e S e g o l a t a*) wie זְמָן „Zeit", זְאָב
„Wolf" und לְאֹם „Volk", deren dritter (selten: zweiter) Radikal wie in לְאֻמִּים im
Plural oft durch ein Dagesch forte dirimens (§ 4h) verdoppelt ist (§ 20e). Gleiche
Formen kommen gelegentlich im Status constructus der ‚normalen' Segolata vor (vgl.
גֶּבֶר „Mann", St.cstr: גְּבַר und die Zahlworte, § 25a).

Sehr selten bleibt der doppelte Silbenschluss wie bei נֵרְדְּ „Narde" und קֹשְׁטְ **j**
„Wahrheit" bestehen. Nur hier am Wortende stehen zwei Schwa quiescens direkt
hintereinander (§ 4p).

§ 22 Segolata mit schwacher Wurzel

a *qaṭl*-Segolata mit einem *Halbvokal in der Mitte* (sog. ו"ע- und י"ע oder „hohle Wurzeln") sind in der Regel im Status absolutus des Singular „stark" und bewahren hier den Grundvokal *a* (bei Nomina ו"ע zu *ā* gedehnt, מָ֫וֶת „Tod"). Nomina י"ע segolieren dabei den doppelten Silbenschluss mit Chíreq (בַּ֫יִת „Haus"). Im Status constructus und Status suffigatus des Singulars findet Kontraktion statt (בֵּיתוֹ „sein Haus", מוֹתוֹ „sein Tod"):

Singular				Kontraktion (§ 8j.k.o):
ו"ע	*mawt*	→ מָ֫וֶת nur St.abs Sg		
		→ מוֹת St.cstr und St.suff		$aw \rightarrow \bar{o}$
י"ע	*bajt*	→ בַּ֫יִת nur St.abs Sg		
		→ בֵּית St.cstr und St.suff		$aj \rightarrow \bar{e}$

b Einige Worte wie שׁוֹר „Rind", יוֹם „Tag" (§ 24e) und חֵיק „Brust" sind immer kontrahiert.

c Die Duale sind in der Regel kontrahiert, die Plurale entweder kontrahiert (meist im St.abs, St.cstr und vor schweren Suffixen) oder wie die starken Formen gebildet (manchmal im St.abs und meist vor leichten Suffixen):

Dual	עַ֫יִן „Auge"	→ עֵינַ֫יִם „Augen"	עֵינַי	עֵינֶ֫יךָ	עֵינֵיהֶם
Plural	מָ֫וֶת „Tod"	→ מוֹתִים „Tod"	מוֹתַי	מוֹתֶ֫יךָ	מוֹתֵיהֶם
	חַ֫יִל „Heer"	→ חֲיָלִים „Heere"	חֵילַי	חֲיָלֶ֫יךָ	חֵילֵיהֶם
	אַ֫יִל „Widder"	→ אֵילִים „Widder"	אֵילַי	אֵילֶ֫יךָ	אֵילֵיהֶם

d Segolata mit einem *Halbvokal am Ende* des Wortes haben z.T. eigenartige Formen. Grundsätzlich werden jedoch י und ו nach § 8r.11c am Wortende Vokal (*ī* bzw. *ū*), bleiben aber vor einer Endung Konsonant:

ל"י	*qaṭl / qiṭl*	פְּרִי „Frucht" Sg	פִּרְיוֹ	פֶּרְיְךָ	פֶּרְיְהֶם	פְּרִיהֶם	Pl. *פְּרָיִים
	quṭl	עֳנִי „Elend" Sg	עָנְיוֹ	עָנְיְךָ			Pl. *עֲנָיִים
ל"ו	*quṭl*	תֹּ֫הוּ „Chaos"					

e Auch einsilbige Worte wie אַף „Nase/Zorn" (< *ʾanp*) gehören eigentlich zur Gruppe der Segolata, wie die suffigierten Formen und der Dual zeigen (אַפּוֹ < *ʾan-pō*, אַפַּ֫יִם < *ʾan-pajim* usw.). Unsicher ist, ob auch urspr. zweiradikalige Nomina wie עַם „Volk" (< *ʿamm*), אֵם „Mutter" (< *ʾimm*) und חֹק „Satzung" (< *ḥuqq*) „Segolata" sind (§ 23a).

§ 23 Nomina ע״ע und ל״ה

Nomina ע״ע Diese Gruppe der Grundformen *qall*, *qill* und *qull* (§ 20c) ist ursprüng- **a**
lich zweiradikalig und hat den zweiten Konsonanten verdoppelt (selten durch Wiederholung, meist durch Dagesch forte, vgl. die Verba ע״ע, § 49a). Sie gleicht den Segolata
mit assimiliertem Nun (§ 22e). Am Wortende entfällt Dagesch forte nach § 8f-i;
stattdessen wird der Vokal meist lang (sog. Quantitätsmetathese):

Singular			Plural		
St.abs	St.cstr	St.suff	St.abs	St.cstr	St.suff
הָעָם/עַם „Volk"	עַם	עַמְּךָ	עַמִּים (עֲמָמִים)	עַמֵּי (עֲמָמֵי)	עַמֶּיךָ (עֲמָמֶיךָ)
(לֵבָב) לֵב „Herz"	לֶב/לֵב (לְבַב)	לִבְּךָ (לְבָבְךָ)	לִבּוֹת (לְבָבוֹת)	לִבּוֹת (לְבָבוֹת)	לִבּוֹתֶיךָ
חֹק „Satzung"	חָק־ (חֹק)	חֻקּוֹ (חָקְּךָ)	חֻקִּים	חֻקֵּי	חֻקֶּיךָ

Bei Laryngalen und ר tritt nach § 10p Ersatzdehung (z.B. שַׂר Pl שָׂרִים „Fürst") oder **b**
virtuelle Verdopplung (z.B. פַּח Pl פַּחִים „Klappnetz") ein.

Nomina ל״ה Diese Gruppe geht meist auf Wurzeln zurück, die als dritten Radikal **c**
ursprünglich י oder ו hatten (vgl. Verba ל״ה, § 46a). Nach Schwund des dritten
Radikals steht ה als Vokalbuchstabe für den langen Vokal am Wortende. Dieser lautet
in der Regel הָ֫ im Status absolutus und הֵ֫ im Status constructus. Endungen treten
meist direkt an den zweiten Radikal, doch kommt vor Suffixen gelegentlich der ursprüngliche Halbvokal י wieder zum Vorschein, so dass einige Singularformen dem
Plural gleichen:

Singular			Plural		
St.abs	St.cstr	St.suff	St.abs	St.cstr	St.suff
שָׂדֶה „Feld"	שְׂדֵה (שְׂדֵי)	שָׂדְךָ	שָׂדוֹת *שָׂדִים	שְׂדוֹת שְׂדֵי	שְׂדוֹתֶיךָ שָׂדֶיךָ
מִקְנֶה „Besitz"	מִקְנֵה	מִקְנְךָ מִקְנֶיךָ			

Auch die Femininendung tritt direkt an den zweiten Radikal (יָפֶה f: יָפָה „schön"). **d**

Die Partizipien der Verba ל״ה (§ 46c) werden analog gebildet (St.abs עֹשֶׂה, St.cstr **e**
עֹשֵׂה „einer, der macht" usw.).

§ 24 Eigenartige Nomina

a Einige Nomina haben eigenartige Bildungen, die sich meist, aber nicht immer, lautge-
setzlich oder sprachgeschichtlich erklären lassen. Oft sind gerade Bildungsweisen der
häufigsten Worte älter als das Regelsystem der Sprache. Zu den wichtigsten Worten
gehören:

b **Verwandtschaftsbezeichnungen**

Singular			Plural			siehe
St.abs	St.cstr	St.suff	St.abs	St.cstr	St.suff	
אָב „Vater"	אֲבִי	אָבִי אָבִיךָ אֲבִיהֶם	אָבוֹת	אֲבוֹת	אֲבוֹתֶיךָ	§ 12i.q
אָח „Bruder"	אֲחִי	אָחִיךָ	אַחִים	אֲחֵי	אַחֶיךָ אֶחָיו אֲחֵיכֶם	§ 10p.12q § 10v
אָחוֹת „Schwester"	אֲחוֹת	אֲחוֹתְךָ			אַחוֹתֶיךָ אַחְיוֹתָיו	§ 12v (< ʾaḥ-t)
אֵם „Mutter"	אֵם	אִמְּךָ	אִמּוֹת	אִמּוֹת	אִמֹּתָם	§ 12i.23a (< ʾimm)
בֵּן „Sohn"	בֶּן בֶּן	בִּנְךָ בְּנוֹ	בָּנִים	בְּנֵי	בָּנֶיךָ בְּנֵיכֶם	§ 9g
בַּת „Tochter"	בַּת	בִּתְּךָ	בָּנוֹת	בְּנוֹת	בְּנוֹתֶיךָ	§ 7b.9b.21h (< bin-t)

c **Mann und Frau**

Singular			Plural			siehe
St.abs	St.cstr	St.suff	St.abs	St.cstr	St.suff	
אִישׁ „Mann"	אִישׁ	אִישֵׁךְ	אֲנָשִׁים (אִישִׁים)	אַנְשֵׁי	אֲנָשֶׁיךָ אַנְשֵׁיהֶם	vgl. אֱנוֹשׁ „Mensch"
אִשָּׁה „Frau"	אֵשֶׁת	אִשְׁתְּךָ	נָשִׁים	נְשֵׁי	נָשֶׁיךָ נְשֵׁיכֶם	§ 7b.9b. 12i.21h

Erde, Wasser und Himmel   d

Singular			Plural			siehe
St.abs	St.cstr	St.suff	St.abs	St.cstr	St.suff	
אֶ֫רֶץ (הָאָ֫רֶץ) „Erde/Land"	אֶ֫רֶץ	אַרְצְךָ	אֲרָצוֹת	אַרְצוֹת	אַרְצוֹתָם	§ 12i.13d
(*מַי) „Wasser"			מַ֫יִם	מֵי מֵימֵי	מֵימֶ֫יךָ	§ 12l.11d. 22a (kein Dual)
(*שָׁמַי) „Himmel"			שָׁמַ֫יִם	שְׁמֵי	שָׁמֶ֫יךָ	§ 12l.11d. 22a (kein Dual)

Worte mit eigenartiger Singular- oder Pluralbildung   e

Singular			Plural			siehe
St.abs	St.cstr	St.suff	St.abs	St.cstr	St.suff	
אָמָה „Magd"	אֲמַת	אֲמָתְךָ	אֲמָהוֹת	אַמְהוֹת	אַמְהֹתֶ֫יךָ	vgl. אֵל, Pl: אֱלֹהִים
בַּ֫יִת „Haus"	בֵּית	בֵּיתְךָ	בָּתִּים lies: bā-tîm	בָּתֵּי lies: bā-tē	בָּתֶּ֫יךָ	§ 22a
יוֹם „Tag"	יוֹם	יוֹמְךָ	יָמִים	יְמֵי (יְמוֹת)	יָמֶ֫יךָ יְמֵיכֶם	§ 22b (Du יוֹמַ֫יִם)
כְּלִי „Gerät"	כְּלִי	כֶּלְיְךָ	כֵּלִים	כְּלֵי	כֵּלֶ֫יךָ כְּלֵיכֶם	§ 22d
פֶּה „Mund"	פִּי	פִּי פִּ֫יךָ	(פֵּיוֹת) (פִּיּוֹת)			
עִיר „Stadt"	עִיר	עִירְךָ	עָרִים	עָרֵי	עָרֶ֫יךָ עָרֵיכֶם	
רֹאשׁ „Kopf"	רֹאשׁ	רֹאשְׁךָ	רָאשִׁים	רָאשֵׁי	רָאשֶׁ֫יךָ (רֹאשָׁיו)	§ 20e
שֶׂה „Schaf"	שֶׂה	שֵׂיוֹ שֵׂ֫יֵהוּ				§ 23c

§ 25 Zahlen

a Zahlen von 1 - 10 Das Zahlwort für „eins" ist ein Adjektiv, die anderen Zahlworte sind Substantive. Alle Zahlen von 1 - 10 bilden ein Maskulinum und ein Femininum, einen Status absolutus und einen Status constructus. Nur die Zahlen von 1 - 10 bilden spezielle Ordinalzahlen:

	Kardinalia					Ordinalia
	m		f			m
	St.abs	St.cstr	St.abs	St.cstr		
1	אֶחָד	אַחַד	אַחַת	אַחַת	1.	רִאשׁוֹן
2	שְׁנַיִם	שְׁנֵי	שְׁתַּיִם	שְׁתֵּי	2.	שֵׁנִי
3	שָׁלֹשׁ	שְׁלֹשׁ	שְׁלֹשָׁה	שְׁלֹשֶׁת	3.	שְׁלִישִׁי
4	אַרְבַּע	אַרְבַּע	אַרְבָּעָה	אַרְבַּעַת	4.	רְבִיעִי
5	חָמֵשׁ	חֲמֵשׁ	חֲמִשָּׁה	חֲמֵשֶׁת	5.	חֲמִישִׁי
6	שֵׁשׁ	שֵׁשׁ	שִׁשָּׁה	שֵׁשֶׁת	6.	שִׁשִּׁי
7	שֶׁבַע	שְׁבַע	שִׁבְעָה	שִׁבְעַת	7.	שְׁבִיעִי
8	שְׁמֹנֶה	שְׁמֹנֶה	שְׁמֹנָה	שְׁמֹנַת	8.	שְׁמִינִי
9	תֵּשַׁע	תְּשַׁע	תִּשְׁעָה	תִּשְׁעַת	9.	תְּשִׁיעִי
10	עֶשֶׂר	עֶשֶׂר	עֲשָׂרָה	עֲשֶׂרֶת	10.	עֲשִׂירִי

b Die *Kardinalia* gehen auf verschiedene Nominalbildungen zurück (§ 20-23). Die femininen Formen sind meist regulär gebildet (§ 12h). Das Femininum אַחַת ist aus *ʾaḥ-hadt* entstanden (§ 7p). Bei שְׁנַיִם ist ein Dual erhalten (§ 12l). Das Femininum שְׁתַּיִם (< *šin-tájim*) stellt entweder eine Mischform aus שְׁתַּיִם (*šit-tájim*) und שְׁנַיִם (*šᵉ-tájim* analog שְׁנַיִם) dar, oder erzwingt die harte Aussprache des ת, um eine Verwechslung mit שֵׁשׁ zu vermeiden; üblich ist die Lesung *štájim* (mit Doppelkonsonanz am Wortanfang!). Dasselbe gilt von שְׁתֵּי. Das א in אַרְבַּע ist prosthetisch (§ 20r, vgl. רְבִיעִי). שֵׁשׁ geht sprachgeschichtlich auf *šidš* > *šišš* (§ 7p) zurück, bildet daher שִׁשָּׁה und שֵׁשׁ mit Dagesch forte. חֲמִשָּׁה ist Analogiebildung zu שִׁשָּׁה. שְׁמֹנֶה gehört zu den wenigen Worten mit vier Wurzelkonsonanten (§ 20k). Als Nebenform zu אֶחָד begegnet im Zahlwort für „elf" עַשְׁתֵּי, als Nebenform zu עֶשֶׂר, je nach zugehörigem Einer, עֶשֶׂר und עֲשָׂרָה (§ 25e).

c Die *Ordinalia* sind Adjektive der Nominalklasse *qaṭīl* (§ 20g), werden bis auf רִאשׁוֹן „erster" durch die Nisbe-Endung ִי– gebildet (§ 12u) und können die Femininendung tragen (שֵׁנִית „zweite", שְׁלִישִׁית „dritte" usw., § 12h.20w.x). Sie stehen auch für Bruchzahlen (שְׁלִישִׁית „ein Drittel" usw.) oder adverbial (שֵׁנִית „zum zweiten Mal").

Genuskongruenz und Genusdisgruenz Die Kardinalzahlen bilden entweder (1) den **d** Status constructus einer Constructus-Verbindung (§ 12p) mit dem Gezählten oder stehen als Apposition vor (2) oder hinter (3) ihm. Dabei *k o n g r u i e r e n* nur die Zahlen „eins" und „zwei", während die Zahlen von „drei" bis „zehn" *d i s g r u i e r e n*, also im gegensätzlichen Genus zum Bezugswort stehen. Sprachgeschichtlich verbirgt sich hinter der Femininendung hier vielleicht ein – grundsätzlich einfach gesetztes – numeratives Element zur Anzeige eines sog. „Nomen unitatis" (§ 12g): שְׁלוֹשָׁה בָנִים „drei (f = einzelne) Söhne" bzw. שְׁלוֹשׁ בָּנוֹת „drei Töchter (f = einzelne)". Ist das Gezählte determiniert, erhalten Zahlworte auch dann oft keinen Artikel, wenn sie als Apposition zu ihm stehen (שִׁבְעָה הַכֹּהֲנִים „die sieben Priester", § 55d):

(1)	Cstr.-Verb	> vorher	שְׁלֹשֶׁת יָמִים	„drei Tage"
			שְׁלֹשׁ מֵאוֹת	„dreihundert"
(2)	Apposition	> vorher	שְׁלוֹשָׁה בָנִים	„drei Söhne"
			שְׁלוֹשׁ בָּנוֹת	„drei Töchter"
(3)	Apposition	> nachher	יָמִים שְׁלֹשָׁה	„drei Tage"
			בָּנוֹת שָׁלוֹשׁ	„drei Töchter"

Zahlen von 11 – 19 Die Zählweise des Hebräischen beruht auf dem Dezimalsystem. **e** Daher werden die Zahlworte von 11 - 19 durch Kombination der Einer (im St.abs oder St.cstr) mit einer Nebenform von עָשָׂר „zehn" gebildet. Dabei steht עָשָׂר, wenn das Gezählte ein Maskulinum, עֶשְׂרֵה, wenn das Gezählte ein Femininum ist:

	beim Maskulinum	beim Femininum
11	אַחַד עָשָׂר / עַשְׁתֵּי עָשָׂר	אַחַת עֶשְׂרֵה / עַשְׁתֵּי עֶשְׂרֵה
12	שְׁנֵי(ם) עָשָׂר	שְׁתֵּי(ם) עֶשְׂרֵה
13	שְׁלֹשָׁה עָשָׂר	שְׁלֹשׁ עֶשְׂרֵה
14	אַרְבָּעָה עָשָׂר	אַרְבַּע עֶשְׂרֵה
15	חֲמִשָּׁה עָשָׂר	חֲמֵשׁ עֶשְׂרֵה
16	שִׁשָּׁה עָשָׂר	שֵׁשׁ עֶשְׂרֵה
17	שִׁבְעָה עָשָׂר	שְׁבַע עֶשְׂרֵה
18	שְׁמֹנָה עָשָׂר	שְׁמֹנֶה עֶשְׂרֵה
19	תִּשְׁעָה עָשָׂר	תְּשַׁע עֶשְׂרֵה

Die für semitische Sprachen typische Genuskongruenz bzw. -disgruenz (§ 25d) richtet **f** sich allein nach dem Einer (אַרְבָּעָה עָשָׂר יוֹם „vierzehn Tage" usw.).

g Zahlen ab 20 Die Zehner werden mit Ausnahme von עֶשְׂרִים „zwanzig" (< Du עֶשְׂרַיִם) durch den erstarrten Plural der Einer gebildet, die höheren Zahlen stehen im Status absolutus oder Status constructus meist vor dem Gezählten. Bei מָאתַיִם „zweihundert" und אַלְפַּיִם „zweitausend" sind Duale erhalten geblieben (§ 12k):

10	עֶשֶׂר
20	עֶשְׂרִים
30	שְׁלֹשִׁים
40	אַרְבָּעִים
50	חֲמִשִּׁים
60	שִׁשִּׁים
70	שִׁבְעִים
80	שְׁמֹנִים
90	תִּשְׁעִים

_) Pl._

100	(St.cstr: מְאַת)	מֵאָה
200		מָאתַיִם
300	usw.	שְׁלֹשׁ מֵאוֹת

) Dual

1.000		אֶלֶף
2.000		אַלְפַּיִם
3.000	usw.	שְׁלֹשֶׁת אֲלָפִים

) Dual

10.000	(= עֲשֶׂרֶת אֲלָפִים) רְבָבָה

h Zusammengesetzte Zahlen Meist stehen die größeren Zahlen vor den kleineren Zahlen (אַלְפַּיִם שְׁמֹנֶה מֵאוֹת וּשְׁנֵים עָשָׂר „2812 (Männer)", אַרְבָּעִים וּשְׁמֹנֶה עָרִים „48 Städte (f)"). Das Gezählte steht in der Regel im Plural, nur häufig gezählte Dinge (vgl. das deutsche „tausend Mann" und „zehn Euro") gerne im Singular (חֲמִשִּׁים חֲמֵשׁ „250 Mann", שְׁלֹשִׁים וּמְאַת שָׁנָה „130 Jahre"). In Fällen wie וּמָאתַיִם אִישׁ שָׁנִים וּמְאַת שָׁנָה „105 Jahre" scheint bewusste Numerusdisgruenz vorzuliegen.

i Weitere Verwendungen אֶחָד „eins/einer" wird gelegentlich als unbestimmter Artikel verwendet (אִישׁ אֶחָד „ein Mann") oder als Ordinalzahl (יוֹם אֶחָד „ein erster Tag"), אֲחָדִים im Sinne von „ein und dieselben". _Multiplikativa_ können durch den Dual (שִׁבְעָתַיִם „7-fach") oder durch Zusammenstellung mit פַּעַם „Schritt" שֶׁבַע פְּעָמִים „siebenmal") oder רֶגֶל „Fuß" (שָׁלֹשׁ רְגָלִים „dreimal") ausgedrückt sein, _Distributiva_ durch Wiederholung (שְׁנַיִם שְׁנַיִם „je zwei"), _Entsprechungen_ durch כְּ (כִּשְׁלֹשֶׁת אֲלָפִים אִישׁ „ungefähr/genau (?) 3000 Mann"), _Bruchzahlen_ durch feminine Ordinalia (שְׁלִישִׁית „ein Drittel", § 25c).

B. Verbum

§ 26 Allgemeines

a **Wurzel** Das Hebräische Verbum besteht aus einer *W u r z e l* (*lat. radix, hebr.* שֹׁרֶשׁ), die nach Person, Genus, Numerus, Tempus und Stamm konjugiert ist. Neben den konjugierten Verbformen kennt das Hebräische den Infinitiv und das Partizip als Verbalnomina. Eine Verbalwurzel besteht in der Regel aus drei, selten zwei Konsonanten, die als *R a d i k a l e* (= Wurzelkonsonanten) bezeichnet werden. In dieser Grammatik wird als Paradigma („Beispiel") die – im Hebräischen selten bezeugte – Wurzel קטל „töten" gewählt, weil sie keinerlei Besonderheiten aufweist. Das Wörterbuch bietet in der Regel die 3 m Sg des Perfekt als lexikalische Form. Sie ist dann meist wie קָטַל (3 m Sg Pf: „er hat getötet"), selten wie in כָּבֵד (3 m Sg Pf: „er ist schwer", § 29c) zu punktieren.

b **Starkes und schwaches Verbum** Beim starken Verbum sind die drei Radikale in allen Formen erhalten, beim schwachen Verbum kommt es teilweise zu Assimilation (§ 7), Kontraktion oder Elision (§ 8) eines oder zweier Radikale (*Bsp:* שֵׁב „setz dich!" √ ישב). Die wenigen zweiradikaligen Verben werden grundsätzlich wie schwache Verben behandelt und im Lexikon unter drei Buchstaben geführt (*Bsp:* קָם „er erhob sich." √ קום, lies *qûm*). Verba laryngalia (§ 41) zählen zum starken Verbum, da sie zwar Vokalisationsbesonderheiten, nicht aber den Schwund eines Radikals aufweisen. Die Klassifikation der schwachen Verben erfolgt nach dem älteren Paradigma von פעל („tun"). Danach werden Verben mit einem schwachen נ als erstem Radikal (z.B. נפל „fallen") als Verba פ"נ bezeichnet usw. (§ 42-49).

c **Person, Genus und Numerus** Das Hebräische kennt eine erste, zweite und dritte Person im Singular und Plural, unterscheidet dabei nur in der zweiten und dritten Person ein Maskulinum und Femininum. Die Konjugationstabellen gehen grundsätzlich von der dritten zur ersten Person, da die 3 m Sg meist die häufigste, einfachste und charakteristischste Form bietet.

d **Tempora** Das Hebräische kennt zwei Konjugationen. Beide bestehen aus einer Verschmelzung der Wurzel mit einem – meist aus dem Pronomen separatum verkürzten (§ 19a) – Personzeichen. Bei der *P r ä f o r m a t i v k o n j u g a t i o n* (= PK) steht das Personzeichen vor, bei der *A f f o r m a t i v k o n j u g a t i o n* (= AK) nach der Wurzel (Paradigma in § 28c.29c). Jede finite Verbform ist grammatisch ein vollständiger Satz (§ 53a). Als Beispiel dient die 2 m Sg mit dem aus אַתָּה „du" verkürzten Personzeichen:

PK	→ Imperfekt	תִּקְטֹל	„du wirst/sollst töten"/„du tötetest dauernd"
AK	→ Perfekt	קָטַלְתָּ	„du hast/hattest getötet"

Die einfachen Tempora der beiden Konjugationen spiegeln keine festen Zeitstufen, sondern einen entgegengesetzten *A s p e k t* wider: Die Präformativkonjugation hat einen „imperfektiven", die Afformativkonjugation einen „perfektiven" Aspekt. (Imperfekt = „unabgeschlossen/nicht-perfekt/durativ"; Perfekt = „abgeschlossen/konstativ /perfekt"). Die üblichen Bezeichnungen „Perfekt" und „Imperfekt" sind also wörtlich und nicht von der lateinischen Grammatik her zu verstehen. Näheres siehe § 28e.29e.

Konsekutivtempora Neben den beiden einfachen Konjugationen des Perfekts und Imperfekts kennt das Hebräische zwei zusammengesetzte Tempora als Konsekutivtempora („Folgetempora"). Hier tritt vor die Verbform ein וְ, das über die kopulative Funktion hinaus (vgl. das Waw copulativum, § 15a) ein eigenständiges Tempus der zeitlichen oder sachlichen „Konsequenz" bildet. Dabei gleicht das וְ im Falle des *P e r f e c t u m   c o n s e c u t i v u m* (Pf.cons) formal dem Waw copulativum (וְ bzw. וּ, וָ oder וִ), während es im Falle des *I m p e r f e c t u m   c o n s e c u t i v u m* (Impf.cons) eine eigenständige Punktation trägt (וַ֑ bzw. וַ). Zu Besonderheiten der Punktation und Veränderungen des Worttons siehe § 15b.29g.

e

	Narrativ		
PK	→ Impf.cons	וַתִּקְטֹל	„und du hast/hattest getötet/tötetest"
AK	→ Pf.cons	וְקָטַלְתָּ	„und du wirst/sollst töten/tötetest dauernd"

waw-AK

Consecutio temporum Eigenartigerweise wird ein Perfekt (AK) in der Regel durch ein Imperfectum consecutivum, ein Imperfekt oder Imperativ (PK) dagegen durch ein Perfectum consecutivum fortgesetzt, ohne dass sich der einmal eröffnete Aspekt („perfektiv" oder „imperfektiv") ändert. D.h. das Perfectum consecutivum hat einen imperfektiven, das Imperfectum consecutivum einen perfektiven Aspekt, allerdings unter dem Gedanken des *E r z ä h l -* bzw. *R e d e p r o g r e s s e s* : Die Konsekutivtempora treiben die Rede oder Erzählung voran und bilden oft lange Satzfolgen. Sie stehen ihrem Wesen nach (fast) nur in der Spitzenstellung von Verbalsätzen (§ 53k-o). *Bsp*: וּבְנֵיהֶם יִרְאוּ וְשָׂמֵחוּ „und ihre Söhne werden's sehen (Impf) und sich freuen (Pf.cons)"; וּפְלִשְׁתִּים לָקְחוּ אֶת אֲרוֹן הָאֱלֹהִים וַיְבִאֻהוּ „die Philister aber nahmen (Pf) die Lade Gottes und brachten sie (Impf.cons)". Tritt ein Nomen (Tabelle unten = X) an den Anfang des Satzes (sog. Invertierter Verbalsatz, § 54c), oder die Negation לֹא (§ 53j), kommt wieder das einfache ‚Ursprungstempus' zum Vorschein. Konsekutivtempora sind ihrem Wesen nach (Folgetempora = „Erzählprogress") nie verneint. Schematische Übersicht am Beispiel der 2 m Sg der Wurzel קטל „töten" (von rechts nach links):

f

Consecutio temporum („Tempus-Folge")					Aspekt
תִּקְטֹל X וְ ←... ← וְקָטַלְתָּ ← וְקָטַלְתָּ ← תִּקְטֹל X					„imperfektiv"
קָטַלְתָּ X וְ ←... ← וַתִּקְטֹל ← וַתִּקְטֹל ← קָטַלְתָּ X					„perfektiv"

g Da das ·וַ vor dem Impf bzw. das וְ vor dem Perfekt das Tempus scheinbar ins Gegenteil verkehrt, haben alte Grammatiken von einem „Waw inversivum" gesprochen. In Wirklichkeit verbirgt sich hinter den Konsekutivtempora eher das Phänomen, dass zwei Präformativkonjugationen nach dem Wegfall der ursemitischen Endungen im Biblischen Hebräisch zu einer einzigen zusammengefallen sind: eine *Langform* mit imperfektivem Aspekt (= Impf.LF) und eine *Kurzform* mit perfektiv-präteritalem Aspekt (= Impf.KF). Letztere hat sich im Impf.cons erhalten. Einige schwache Verben unterscheiden noch sichtbar Lang- und Kurzform (§ 46m.48e), das starke Verb nur im Hiph'il (§ 38h). Die oben unter „imperfektiv" beschriebene erste Sequenz mit Pf.cons als Folgetempus ist dann vielleicht nur eine Analogiebildung zur perfektiven:

PK – LF	→ Impf	יִקְטֹל	„er wird/soll töten"
– KF	→ Impf.cons	וַיִּקְטֹל	„und er tötete/hat getötet"
AK	→ Pf	קָטַל	„er hat/hatte getötet"
	→ Pf.cons	וְקָטַל	„und er wird/soll töten"

h **Bezeichnungen** Die häufigsten Bezeichnungen der vier Tempora:

Impf	⇔	Imperfekt	PK (LF + KF)	future	yiqtol
Impf.cons	⇔	Waw-Impf	Waw-PK	Narrativ	wayyiqtol
Pf	⇔	Perfekt	AK	Suffixkonjugation	qatal
Pf.cons	⇔	Waw-Perfekt	Waw-AK		weqatal

i Perfectum consecutivum mit perfektivem Aspekt begegnet fast nur zum Zwecke der unmittelbaren Koordination (*Bsp:* בָּנִים גִּדַּלְתִּי וְרוֹמַמְתִּי וְהֵם פָּשְׁעוּ בִי „Söhne habe ich groß gezogen (Pf) und erwachsen werden lassen (Pf.cons), sie aber haben sich gegen mich aufgelehnt."), vor allem aber in späten aramaisierenden Texten und im Neuhebräischen (= Ivrit), das die Konsekutivtempora zugunsten dreier Zeitstufen (Pf = Vergangenheit, Ptz = Gegenwart, Impf = Zukunft) aufgegeben hat.

j **Jussiv** Der Jussiv drückt eine *Aufforderung* oder Bitte gegenüber einer zweiten oder dritten Person aus. Meist ist er nur durch den Kontext vom Indikativ als Aussagemodus zu unterscheiden. Allein im Hiph'il des starken Verbs (§ 38h) und bei Verba ל״ה und ע״ו/י ist er an *Kurzformen* (KF) zu erkennen, wie sie auch im Impf.cons begegnen (§ 26g): יָקוּם (Impf.LF = Indikativ) „er wird aufstehen"; יָקֹם (Impf.KF = Jussiv) „er soll/möge aufstehen/er stehe auf!" (vgl. וַיָּקָם „und er stand auf").

Impf	Modus	Qal	Hiph'il	ל״ה	ע״ו/י
LF →	Indikativ	יִקְטֹל	יַקְטִיל	יִגְלֶה	יָקוּם
KF →	Jussiv	יִקְטֹל	יַקְטֵל	יִגֶל	יָקֹם

Prohibitiv und Vetitiv Eine negierte Aufforderung heißt *V e t i t i v* und wird durch   k
den Jussiv (Impf.KF) und אַל (§ 17a) gebildet: אַל־תַּעַשׂ (√ עשׂה) „tue nicht!", eine
negierte Aussage durch den Indikativ (Impf.LF bzw. Pf) und לֹא: לֹא עָשָׂה „er hat
nicht getan", לֹא יַעֲשֶׂה „er wird nicht tun". Im Sinne eines apodiktischen Verbots steht
gelegentlich לֹא mit Impf.LF und wird *P r o h i b i t i v* genannt, vgl. לֹא תִרְצָח „du
wirst nicht töten!" = „töte nicht!" (§ 17b).

Kohortativ Eine Selbstaufforderung („Kohortativ") kann durch ein *He cohorta-*   l
t i v u m (הָ-) ausgedrückt werden, das an die (reduzierte) Form der 1 Sg und Pl des Imperfekts tritt: אֶשְׁמֹר „ich werde/will bewahren", אֶשְׁמְרָה „ich will bewahren"/„laß
mich bewahren!" (§ 28h). Selten begegnet ein He cohortativum ohne kohortative („auf-
fordernde") Funktion und bedeutungslos an Formen des Impf.cons, insbesondere an
der 1 c Sg (*Bsp:* וָאֶשְׁלְחָה „und ich sandte"). Solche Formen werden auch als
„Pseudokohortativ" bezeichnet. Manchmal tritt an das He cohortativum die Partikel
נָא bzw. ־נָא (§ 26o): נַעְבְּרָה־נָּא „wir wollen hindurch ziehen", נֵלְכָה־נָּא (√ הלך)
„wir wollen gehen".

Imperativ Imperative sind Aufforderungen einer zweiten Person. Sie entsprechen im   m
wesentlichen den Formen der Präformativkonjugation, besitzen aber kein Präformativ:
תִּשְׁמֹר „du wirst/sollst bewahren" (2 m Sg Impf Q), שְׁמֹר „bewahre!" (2 m Sg Imp Q,
§ 28n). *Merke*: „Imperativ = PK minus P." Imperative werden nie verneint; stattdessen
steht אַל (selten לֹא) mit Impf.KF (selten Impf.LF, § 17a.b.26k.28o.53j).

Adhortativ Die (endungslose) 2 m Sg des Imperativs wird ohne deutlichen Bedeu-   n
tungsunterschied oft um ein *He adhortativum* (הָ-) erweitert: קָטְלָה = קְטֹל
(lies: *qŏt-lâ*) „töte!" (§ 28p). Manchmal tritt an das He adhortativum zusätzlich die Partikel נָא- bzw. ־נָּא (§ 26o): לְכָה־נָּא „nun geh!" (mit sog. Dagesch forte conjunctivum,
§ 4h), הוֹשִׁיעָה נָּא „hilf doch!" (> „Hosianna").

Nun paragogicum Vokalisch endende Imperfektformen können um ein sog. Nun   o
paragogicum erweitert werden: תִּשְׁמְרוּן (= תִּשְׁמְרוּ) „ihr sollt/werdet beachten". Das
Nun paragogicum ist seinem Ursprung nach wahrscheinlich mit dem vor Suffixen
stehenden Nun energicum (§ 26p) und der enklitischen (= „angehängten") Partikel ־נָ
bzw. ־נָּא (שִׁפְטוּ־נָא „richtet doch!") verwandt, in der Sprachentwicklung aber bedeutungslos geworden (§ 28r). Es trägt immer den Wortton.

Nun energicum Zwischen den endungslosen Formen des Imperfekts und Imperativs   p
und den Suffixen נִי, ךָ, הוּ und הָ steht oft ein – stets betontes – Nun energicum (<
an/ann) mit dem Vokal *a* (nur bei נִי) oder *æ* als Bindeglied. Es geht wahrscheinlich auf
eine weitere alte Präformativkonjugation („Energicus") zurück, ist aber bedeutungslos
geworden. Fast immer tritt regressive oder progressive Assimilation ein: תִּשְׁמָרְךָ (<
תִּשְׁמֹר+ֶן+ךָ) „sie wird dich bewahren", תִּזְכְּרֶנּוּ (< תִּזְכֹּר+ֶן+הוּ) „du gedenkst
seiner"(§ 7h.k.51o).

q **Infinitiv** Das Hebräische besitzt zwei Infinitive als sog. Verbalnomina:

Der *Infinitivus constructus* entspricht weithin der Verwendung des Infinitivs im Deutschen und wird oft durch לְ erweitert (z.B. לִשְׁמֹר „um zu bewahren"). Als Verbalnomen kann er die Femininendung (§ 12h) tragen (z.B. לְאַהֲבָה „um zu lieben"), so insbesondere bei einigen schwachen Verben (z.B. ידע √ לָדַעַת „um zu wissen"). Er kann eine Präpositionen und ein Suffix tragen (§ 19n.30.51b) und ein Objekt regieren (עֵץ הַדַּעַת טוֹב וָרָע „der Baum der Erkenntnis von Gut und Schlecht").

r Der *Infinitivus absolutus* hat keine Entsprechung im Deutschen. Er dient dem Nachdruck oder der Präzisierung einer Aussage, oder vertritt, einem Joker gleich, gänzlich eine finite Verbform, insbesondere den Imperativ (z.B. זָכוֹר אֶת־יוֹם הַשַּׁבָּת „an den Sabbattag denken!" > „gedenke des Sabbattages!"). Er findet sich insbesondere in einer *Figura etymologica* (z.B. כִּי מָלֹךְ תִּמְלוֹךְ „ja, du wirst bestimmt König werden", § 60). Er kann nicht durch eine Präposition oder ein Suffix, wohl aber durch ein He interrogativum erweitert sein (§ 31).

s **Partizip** Das Partizip wird wie jedes andere Nomen gebildet, hat jedoch verbale Eigenschaften bewahrt. Es bezeichnet den, der eine Handlung ausführt (Partizip aktiv) oder erleidet (Partizip passiv) und ist nicht auf eine Zeit festgelegt: נֹתֵן (Ptz.akt Q) „ein Geber" = „einer, der gibt/gegeben hat/geben wird", נָתוּן (Ptz.pass) „ein Gegebener" = „einer der gegeben ist/gegeben wurde/gegeben sein wird". Als Verbalnomina können Partizipien die Funktion eines jeden nominalen Satzgliedes (Subjekt, Prädikat, Objekt, Apposition) übernehmen und in allen drei Status (§ 12a.b.p) stehen, verlieren dabei aber nicht die verbale Rektionskraft. Partizipien können z.B. durch ein Konsekutivtempus fortgesetzt werden oder ein Objekt regieren, wie in הַנֹּתֵן גֶּשֶׁם „der den Regen gibt" (< „der Regengeber"). Außer in den Stämmen Qal und Niph'al (§ 27. 32.34l) werden Partizipien durch das präformative Nominalelement מ (§ 20p) gebildet, vgl. מַשְׂבִּיעַ (Ptz Hi von שׂבע) „einer, der sättigt" (§ 32).

t

Übersicht über das Verbalsystem						
konjugierte Verbformen	AK		PK			
	Pf	Pf.cons	Impf	Impf.cons	Jussiv	Imp	Koh
	3 m+f*	3 m+f*	3 m+f	3 m+f	3 m+f		
	2 m+f	2 m+f	2 m+f	2 m+f	2 m+f	2 m+f	
	1 c	1 c	1 c	1 c			1 c
Verbalnomina	Infinitivus	constructus	mit+ohne Suffix		mit+ohne Präposition		
		absolutus					
	Partizip	aktiv	m + f	Sg + Pl	St.abs St.cstr St.suff		
		passiv	m + f	Sg + Pl	St.abs St.cstr St.suff		

* Die 3 m und f sind im Plural des Perfekt zusammengefallen und gleich.

§ 27 **Stämme** (Konjugationen)

Durch Modifikation des einfachen Verbalstammes Qal (*hebr:* קַל „einfach") bildet das **a**
Hebräische die Aktionsarten Reflexiv, Passiv, Faktitiv und Kausativ. Wie im Deutschen
z.B. das Verb „fallen" in das Kausativ „fällen" umgelautet werden kann, kann im
Hebräischen נָפַל „fallen" (Qal) zu הִפִּיל (Hiph'il) „fallen lassen" werden. Neben dem
Grundstamm kommen sechs „Stämme" (*hebr:* בִּנְיָנִים; andere: Stammformen, Konjugationen) häufig vor, die traditionell nach der ersten Form (= 3 m Sg Pf) des alten
Grammatikparadigmas פָּעַל „tun" bezeichnet werden. Die Modifikationen erfolgen
durch Veränderung der Vokalisation, Verdopplung eines Konsonanten (Dagesch forte)
oder präformative Bildungselemente. Anstelle des komplizierten Paradigmas von פָּעַל
verwendet diese Kurzgrammatik קטל als Beispiel (§ 26a). Näheres siehe § 33-39.

Stamm und Bezeichnung		Bedeutung	Paradigma	
Grundstamm	Qal	Handlung	קָטַל	„töten"
		(oder Zustand)	(כָּבֵד)	(„schwer sein")
N-Stamm	Niph'al	reflexiv	נִקְטַל	„sich töten"
		passiv		„getötet werden"
D-Stamm	Pi'el	faktitiv	קִטֵּל	„tot machen"
		resultativ		
	Pu'al	passiv	קֻטַּל	„tot gemacht werden"
		zum Pi'el		
	Hitpa'el	reflexiv	הִתְקַטֵּל	„sich tot machen"
		zum Pi'el		
H-Stamm	Hiph'il	kausativ	הִקְטִיל	„jmd zum töten
				veranlassen"
	Hoph'al	passiv	הָקְטַל	„zum töten
		zum Hiph'il		veranlasst werden"

Nur wenige Verben sind wie פקד „sich kümmern um" in allen Stämmen belegt; die **b**
meisten kommen nur in einigen, andere wie הלל Pi: „loben" gar nicht im Qal vor.

Neben diesen Stämmen begegnen – insbesondere bei Verba ע״וי und ע״ע – Polel, **c**
Polal, Pilpel, Hitpolel und ähnlich klingende Formen als „Parallelstämme" bzw. Modifi-
kationen des D-Stammes (§ 35-37). Ein Hištaph'el ist im Hebräischen nur bei der
Wurzel חוה erhalten geblieben (הִשְׁתַּחֲוָה „sich ehrfurchtsvoll niederwerfen", § 46q).

Viele Verben haben sich in den abgeleiteten Stämmen eigenständig entwickelt und sind **d**
hier gleichsam zur eigenen Vokabel geworden (*z.*B. קלל Qal: „gering sein", Pi'el: „ver-
fluchen" < „geringachten"), andere kommen in zwei Stämmen ohne erkennbaren Bedeutungsunterschied vor.

§ 28 Präformativkonjugation Qal

a   Die Präformativkonjugation stellt die erste der beiden Konjugationen (§ 26d) dar. Anders als bei der Afformativkonjugation (§ 29) stehen die Personzeichen *v o r* der Verbwurzel. Sie bestehen bei der ersten und zweiten Person aus verkürzten Formen des
Pronomen separatum (§ 19a) und bei der dritten Person Femininum aus dem Femininzeichen ת (§ 12h). Einige Formen haben zusätzlich Afformative zur Genus- und Nu-
merusunterscheidung.

b   Handlungsverben (sog. fientische Verben) weisen meist die Vokalfolge *i – o* (< *a – u*)
auf, während bei Zustandsverben (sog. stativische Verben) und Verba mediae und
tertiae laryngalis (§ 10a.b.41a.b) meist die Vokalfolge *i – a* auftritt. So ergibt sich als
Grundform der Präformativkonjugation יִקְטֹל (< *jaq-ṭul* bzw. *jaq-ṭú-lu*) und יִכְבַּד
(< *jiq-ṭal* bzw. *jiq-ṭá-lu*, § 26g). Nur bei wenigen schwachen Verben kommt die
Vokalfolge *i – e* (< *a – i*) vor (יֵשֵׁב < *jaq-ṭil*, § 45e).

c   **Imperfekt**   Die einfache Form der Präformativkonjugation findet sich im Imperfekt.
Beim starken Verbum sind dabei Impf.LF und Impf.KF (§ 26g) zusammengefallen. Als
Übersetzung des Paradigmas dient hier – vorläufig – das deutsche Futur (§ 28e):

Impf		o – Imperfekt (Gf *jaq-ṭúl/u*) Handlungsverb		a – Imperfekt (Gf *jiq-ṭál/u*) Zustandsverb
Sg 3 m		יִקְטֹל	„er wird töten"	יִכְבַּד	„er wird schwer sein"
f		תִּקְטֹל	„sie wird töten"	תִּכְבַּד	„sie wird schwer sein"
2 m		תִּקְטֹל	„du wirst töten"	תִּכְבַּד	„du wirst schwer sein"
f		תִּקְטְלִי	„du wirst töten"	תִּכְבְּדִי	„du wirst schwer sein"
1 c		אֶקְטֹל	„ich werde töten"	אֶכְבַּד	„ich werde schwer sein"
Pl 3 m		יִקְטְלוּ	„sie werden töten"	יִכְבְּדוּ	„sie werden schwer sein"
f		תִּקְטֹלְנָה	„sie werden töten"	תִּכְבַּדְנָה	„sie werden schwer sein"
2 m		תִּקְטְלוּ	„ihr werdet töten"	תִּכְבְּדוּ	„ihr werdet schwer sein"
f		תִּקְטֹלְנָה	„ihr werdet töten"	תִּכְבַּדְנָה	„ihr werdet schwer sein"
1 c		נִקְטֹל	„wir werden töten"	נִכְבַּד	„wir werden schwer sein"

d   Die *P r ä f o r m a t i v s i l b e n* sind beim starken Verbum geschlossen und unbetont.
Sie bieten in der Regel den Vokal *i* , der bei der 1 c Sg aufgrund des Laryngaleinflusses
(§ 10b) zu *æ* geworden ist. Der ursprüngliche Vokal *a* ist noch bei Verba primae
laryngalis und einigen schwachen Verben zu erkennen (§ 41b.42c.48d.49c). Nur hier
kommen Silbenaufsprengung und offene Silben vor. Der *T h e m a v o k a l* (*ō* bzw. *a*)
ist in der Regel betont, wird jedoch bei vokalischer Endung zu Schwa mobile
verflüchtigt. In pausa ist er meist als betonter Langvokal erhalten: יִקְטֹ֫לוּ, יִכְבָּ֫דוּ, mit
Nun paragogicum (§ 26o) aber: יִקְטֹלוּן (gegenüber יִקְטְלוּן).

Das Imperfekt hat einen *i m p e r f e k t i v e n A s p e k t* (§ 26d.g). Zur Wiedergabe **e** bietet sich eine futurische, präsentische, modale oder durativ-iterative Übersetzung an:

Impf (יִקְטֹל)	→ Futur	„er wird töten"
	→ Präsens	„er tötet"
	→ modal	„er will/soll/möchte/darf töten"
	→ durativ/iterativ	„er tötet/tötete dauernd/immer wieder"

Vor ein Imperfekt kann die Kopula וְ treten. Dann liegt meist ein Finalsatz vor: **f**

PK

Impf + וְ (וְיִקְטֹל)	→ final	„und er wird töten" > „dass/damit er töte" (§ 15a.62k)

Bei Verba ל"ה, ע"ו und ע"י ist im Qal der Modus des *J u s s i v s* (Impf.KF) vom **g** Indikativ (Impf.LF) zu unterscheiden (יַעַשׂ „er soll tun/möge tun", יַעֲשֶׂה „er wird tun/tat dauernd", יָשֹׁב „er kehre um!", יָשׁוּב „er wird umkehren", § 26j.46m.48e).

Formen mit *H e c o h o r t a t i v u m* (§ 26l) dienen der Selbstaufforderung und entspre- **h** chen in der Vokalfolge den Formen mit vokalischen Endungen: אֶקְטְלָה „ich will töten", נִקְטְלָה „wir wollen töten"/„lasst uns töten!" (m. Reduktion des Themavokals).

Imperfectum consecutivum Als zusammengesetztes Tempus begegnet das Imperfec- **i** tum consecutivum (= Waw-Imperfekt oder Narrativ, § 26e-h). Es unterscheidet sich vom einfachen Imperfekt mit וְ (f) formal dadurch, dass die Kopula ein Pátach und das Präformativ ein Dagesch forte erhält (bei א nach § 10p Ersatzdehnung, bei י nach § 4i Ausfall des Dagesch). Als Übersetzung des Paradigmas dient das dt. Präteritum (§ 28k):

Impf. cons		o – Imperfekt (Gf *jaq-túl/u*) Handlungsverb		a – Imperfekt (Gf *jiq-tál/u*) Zustandsverb
Sg	3 m	וַיִּקְטֹל „und er tötete"	וַיִּכְבַּד	„und er wurde schwer"
	f	וַתִּקְטֹל „und sie tötete"	וַתִּכְבַּד	„und sie wurde schwer"
	2 m	וַתִּקְטֹל „und du tötetest"	usw.	
	f	וַתִּקְטְלִי „und du tötetest"		
	1 c	וָאֶקְטֹל „und ich tötete"		
Pl	3 m	וַיִּקְטְלוּ „und sie töteten"		
	f	וַתִּקְטֹלְנָה „und sie töteten"		
	2 m	וַתִּקְטְלוּ „und ihr tötetet"		
	f	וַתִּקְטֹלְנָה „und ihr tötetet"		
	1 c	וַנִּקְטֹל „und wir töteten"		

j Bei Verba ל"ה und ע"ו"י haben sich im Imperfectum consecutivum, vor allem bei der zweiten und dritten Person Singular, *K u r z f o r m e n* erhalten (וַיַּעַשׂ „und er tat", וַיָּקָם „und er erhob sich" gegenüber Impf.LF יַעֲשֶׂה „er wird tun", יָקוּם „er wird sich erheben", § 26j.46m.48e). Hier, bei anderen schwachen Verbformen und gelegentlich sonst (wo immer möglich) tritt der Akzent in den endungslosen Formen des Impf.cons auf die vorletzte Silbe. Die letzte Silbe wird dann reduziert (vgl. וַיֵּשֶׁב „und er wohnte" mit יֵשֵׁב „er wird wohnen"). Selten tritt ein He cohortativum an ein Impf.cons, jedoch ohne Bedeutung (z.B. וָאֶשְׁלְחָה „und ich schickte", § 26l).

k Das Imperfectum consecutivum hat einen *p e r f e k t i v e n A s p e k t* (§ 26d-g), treibt aber – anders als das Perfekt – die Erzählung oder Aussage zeitlich oder sachlich voran (Konsekutivtempus = „Folgetempus"). Es steht (fast) immer am Anfang des Satzes und deutet einen Progress an. Da es sehr häufig eine Erzählung fortschreiten lässt, wird es auch „Narrativ" oder „Erzähltempus" genannt (§ 26h). Als typisches Folgetempus setzt es aber auch Rückblicke fort. Zur Wiedergabe bieten sich im Deutschen eine präteritale, perfektische oder plusquamperfektische Übersetzung und neben der Kopula „und" Adverbien wie „dann", „danach" oder „deshalb" an:

Impf.cons (וַיִּקְטֹל)	→ Präteritum	„und er tötete" / „dann tötete er"
	→ Perfekt	„und er hat getötet" / „dann hat er getötet"
	→ Plusquamperfekt	„und er hatte getötet" / „dann hatte er getötet"

l Das Imperfectum consecutivum ist ein eigenständiges Tempus geworden und kann (ohne sein ‚Ursprungstempus' Perfekt, § 26f) eine Erzähleinheit eröffnen.

m Das Impf.cons ist nie verneint, an seine Stelle tritt das Perfekt (§ 26f.53j).

n **Imperativ** Bei den Imperativen fehlen die Präformative der Präformativkonjugation. *Merke:* „Imperativ = PK minus P" (§ 26m). So gewinnt die Aufforderung gegenüber der zweiten Person Nachdruck. Aufgrund der fehlenden Präformative treten nach § 9b Vokalveränderungen ein:

Imp	o – Imperfekt (Gf *qu-ṭul*) Handlungsverb		a – Imperfekt (Gf *qa-ṭal*) Zustandsverb	
Sg 2 m	קְטֹל	„töte!"	כְּבַד	„sei schwer!"
f	קִטְלִי	„töte!"	כִּבְדִי	„sei schwer!"
Pl 2 m	קִטְלוּ	„tötet!"	כִּבְדוּ	„seid schwer!"
f	קְטֹלְנָה	„tötet!"	כְּבַדְנָה	„seid schwer!"

o Der Imperativ kann nicht verneint werden. Stattdessen wird der Vetitiv oder Prohibitiv verwandt (vgl. אַל־תִּשְׁלַח יָדְךָ „strecke deine Hand nicht aus!", § 17a.b.26k.53j).

Beim *A d h o r t a t i v* (Imperativ mit He adh, § 26n) ist meist das zu ŏ verdünnte **p**
ursprüngliche *u* oder das zu *i* verdünnte *a* in der ersten Silbe erhalten: שָׁמְרָה (lies:
šŏm-rā) „bewahre!", שִׁמְעָה „höre!".

Treten *S u f f i x e* (§ 19d) an den Imperativ, finden ebenfalls Vokalveränderungen statt:
Bei Verben mit dem Themavokal ō (Gf *qu-ṭul*, § 28n) geht das *o* oft auf die erste Silbe
zurück. Vgl. כָּתְבֵם (mit Qámez chatuf!) „Schreib sie!". Bei Verben mit dem Themavokal *a* (Gf *qa-ṭal*) wird der Vokal lang. Vgl. שְׁמָעֵנִי „höre mich!" (statt שְׁמַע).

Nun energicum Als Rest einer weiteren alten Präformativkonjugation ist in einigen **q**
suffigierten Imperfekt- und Imperativformen ein – stets betontes – Nun energicum
(< *an/ann*, § 26p.51o) mit dem Vokal *a* (nur bei נִי) oder *æ* als Bindeglied erhalten geblieben. Es ist völlig bedeutungslos. Fast immer tritt eine regressive oder progressive
Assimilation ein: תִּשְׁמָרֶךָ (< נ+ךָ + תִּשְׁמֹר) „sie wird dich bewahren", תִּזְכְּרֶנּוּ
(< תִּזְכֹּר + נ+הוּ) „du gedenkst seiner" (§ 7h.k).

Nun paragogicum Vokalisch endende Imperfektformen tragen manchmal ein bedeu- **r**
tungsloses, aber stets betontes Nun paragogicum (תִּשְׁמְרוּן = תִּשְׁמְרוּ „ihr sollt/werdet
beachten", § 26o) oder die damit vielleicht verwandte enklitische Partikel –נָא bzw. –נָ
(שִׁפְטוּ־נָא „richtet doch!", § 26o).

Passivformen Sehr selten begegnen die Reste einer passiven Präformativkonjugation **s**
des Qal, die am Präformativvokal zu erkennen sind und schon massoretisch oft als Pu'al
(§ 36) oder Hoph'al (§ 39) verstanden wurden (vgl. הֻיֻקַּח „wird er genommen werden?", √ לקח, 16a.43g).

Altes Präteritum Vor allem in poetischen Texten begegnen manchmal Formen der **t**
Präformativkonjugation mit perfektiv-präteritalem Aspekt (ursprünglich: Impf.KF)
ohne Waw consecutivum (§ 26g) als sog. *p o e t i s c h e   A o r i s t e* (תַּמְשִׁילֵהוּ
בְּמַעֲשֵׂי יָדֶיךָ „du machtest ihn zum Herrscher über das Werk deiner Hände").

Schwache Formen Schwache Verben unterscheiden sich grundsätzlich nicht an den **u**
Präformativen, sondern lediglich an der Schwäche eines oder mehrerer Wurzelkonsonanten (Assimilation, Kontraktion oder Elision) von den Formen der starken Verben
(§ 26b).

§ 29 Afformativkonjugation Qal AK

a Bei der Afformativkonjugation stehen die Personzeichen *n a c h* der Verbwurzel. Sie bestehen meist aus verkürzten Formen des Pronomen separatum (§ 19a). Dabei ist die dritte Person des maskulinen und femininen Plurals zu einer Form zusammengefallen, während die dritte Person des maskulinen Singulars (nach Schwund der ursemitischen Endvokale) endungslos ist und kein Afformativ trägt.

b Handlungsverben (sog. fientische Verben, 28b) weisen meist den Themavokal *a* und die Vokalfolge *a – a* auf (sog. Verba mediae a), Zustandsverben (sog. stativische Verben) den Themavokal *e* und die Vokalfolge *a – e* (sog. Verba mediae e), so dass sich als Grundform קָטַל (< *qa-tal*) und כָּבֵד (< *qa-til*) ergibt. Selten kommt wie bei קָטֹן (< *qa-tul*) der Themavokal *o* vor (sog. Verba mediae o). Verba mediae e und Verba mediae o sind meist intransitiv und können als „konjugierte Adjektive" angesehen werden (כָּבֵד „schwer" = „er (ist) schwer", כָּבַדְתָּ „du (bist) schwer"; קָטֹן „klein" = „er (ist) klein", קָטֹנְתְּ „du bist) klein"). Verba mediae a sind meist transitiv.

c **Perfekt** Die einfachste Form der Afformativkonjugation findet sich im Perfekt. Als Übersetzung des Paradigmas dient hier – vorläufig – das deutsche Perfekt (§ 29e):

Pf		a – Perfekt (Gf *qa-tal*) Handlungsverb		e – Perfekt (Gf *qa-til*) Zustandsverb
Sg	3 m	קָטַל	„er hat getötet"	כָּבֵד „er ist/war schwer"
	f	קָטְלָה	„sie hat getötet"	כָּבְדָה „sie ist/war schwer"
	2 m	קָטַלְתָּ	„du hast getötet"	כָּבַדְתָּ „du bist/warst schwer"
	f	קָטַלְתְּ	„du hast getötet"	כָּבַדְתְּ „du bist/warst schwer"
	1 c	קָטַלְתִּי	„ich habe getötet"	כָּבַדְתִּי „ich bin/war schwer"
Pl	3 c	קָטְלוּ	„sie haben getötet"	כָּבְדוּ „sie sind/waren schwer"
	2 m	קְטַלְתֶּם	„ihr habt getötet"	כְּבַדְתֶּם „ihr seid/wart schwer"
	f	קְטַלְתֶּן	„ihr habt getötet"	כְּבַדְתֶּן „ihr seid/wart schwer"
	1 c	קָטַלְנוּ	„wir haben getötet"	כָּבַדְנוּ „wir sind/waren schwer"

d Das Qámez der ersten Silbe (< *a*) wird nach § 9b in entsprechender Entfernung von der Tonsilbe verflüchtigt, bleibt bei vokalischen Endungen aber als Gegenton erhalten (§ 9i). Der *T h e m a v o k a l a* bzw. *e* ist bei der 3 f Sg und 3 c Pl wegen der langen Endung zu Schwa mobile verflüchtigt und in Pausa oft zu Qámez gedehnt (קָטָלוּ, כָּבָדוּ, auch קָטָלְתָּ usw.). Der Themavokal *e* ist (außer bei der 3 m Sg und den Pausalformen) i.d.R. zu *a* geworden. Verba mediae o werden analog gebildet: קָטֹן „er ist klein", קָטְנָה „sie ist klein", קָטֹנְתְּ „du bist klein" usw.

Das Perfekt hat einen *p e r f e k t i v – k o n s t a t i v e n   A s p e k t* (§ 26d). Zur Wieder- e
gabe bietet sich je nach Redeform und Kontext eine perfektische, präteritale oder plusquamperfektische, seltener eine präsentische oder futurische Übersetzung an:

Pf (קָטַל)	→ Perfekt	„er hat getötet"
	→ Präteritum	„er tötete"
	→ Plusquamperfekt	„er hatte getötet"
	→ Präsens	„er tötet"
	→ Futur	„er wird töten" (sog. Perfectum propheticum)

Insbesondere bei Verben der Wahrnehmung, des Erkennens, des Liebens und Hassens f
steht das Perfekt für ein konstatives Präsens: יָדַעְתִּי „ich habe erkannt" = „ich weiss",
שָׂנֵאתִי „ich hasse" usw.

Perfectum consecutivum Als zusammengesetztes Tempus begegnet das Perfectum g
consecutivum (= Waw-Perfekt, § 26e-h). Es unterscheidet sich vom einfachen Perfekt
formal nur durch die proklitische Kopula וְ (bzw. וּ, וָ oder וַ, § 15a), meist auch durch
die Verlagerung des Tons bei den Afformativen der 2 m Sg und 1 c Sg auf die Endung
(אָמַרְתָּ „du hast gesagt", aber וְאָמַרְתָּ „und du wirst/sollst sagen"):

Pf.cons		a – Perfekt (Gf *qa-ṭal*) Handlungsverb		e – Perfekt (Gf *qa-ṭil*) Zustandsverb
Sg	3 m	וְקָטַל	„und er wird töten"	וְכָבֵד „und er wird schwer w."
	f	וְקָטְלָה	„und sie wird töten"	וְכָבְדָה „und sie wird schwer w."
	2 m	וְקָטַלְתָּ	„und du wirst töten"	usw.
	f	וְקָטַלְתְּ	„und du wirst töten"	
	1 c	וְקָטַלְתִּי	„und ich werde töten"	
Pl	3 c	וְקָטְלוּ	„und sie werden töten"	
	2 m	וּקְטַלְתֶּם	„und ihr werdet töten"	
	f	וּקְטַלְתֶּן	„und ihr werdet töten"	
	1 c	וְקָטַלְנוּ	„und wir werden töten"	

Das Perfectum consecutivum hat einen imperfektiven Aspekt (§ 26d-g.28e), treibt aber h
– anders als das Imperfekt – die Aussage zeitlich oder sachlich voran („Konsekutivtempus"). Es steht immer am Anfang des Satzes und deutet einen Progress an (§ 53k.n.o) .
Als Folgetempus führt es meist ein Imperfekt oder einen Imperativ (§ 26f), seltener einen Infinitiv oder eine nominale Wendung fort. Zur Wiedergabe bieten sich im Deutschen eine futurische, modale oder durativ-iterative Übersetzung und neben der Kopula
„und" Adverbien wie „dann", „danach" oder „deshalb" an:

Pf.cons (וְקָטַל)	→ Futur	„und er wird töten" / „dann wird er töten"
	→ modal	„und er soll töten" / „dann soll er töten"
	→ durativ/iterativ	„und er tötete dauernd/immer wieder"

i Wie das Imperfectum consecutivum ist auch das Perfectum consecutivum ein eigenständiges Tempus geworden und kann (ohne sein ‚Ursprungstempus') eine Redeeinheit eröffnen.

j **Perfectum copulativum** Ein Perfectum consecutivum mit perfektivem Aspekt (oft als „Perfectum copulativum" bezeichnet) begegnet gelegentlich in poetischen Texten (*Bsp:* אֵלֶיךָ זָעֲקוּ וְנִמְלָטוּ „zu dir schrien sie und <u>wurden</u> errettet"), zum Zwecke der unmittelbaren Koordination (*Bsp:* בָּנִים גִּדַּלְתִּי וְרוֹמַמְתִּי וְהֵם פָּשְׁעוּ בִי „Söhne <u>habe ich</u> groß gezogen [Pf] und erwachsen werden lassen [Pf.cons], sie aber haben sich gegen mich aufgelehnt."), vor allem in späten aramaisierenden Texten (*Bsp:* שֶׁהִכָּה גוֹיִם רַבִּים וְהָרַג מְלָכִים עֲצוּמִים „der viele Völker geschlagen und mächtige Könige <u>erschlagen</u> <u>hat</u>") und im Neuhebräischen (= Ivrit), das die Konsekutivtempora zugunsten dreier Zeitstufen (Pf = Vergangenheit, Ptz = Gegenwart, Impf = Zukunft) aufgegeben hat. Manche Vorkommen des sog. Perfectum copulativum sind vielleicht nur Textfehler.

k Das Perfectum consecutivum ist nie verneint. An seine Stelle tritt das Imperfekt (vgl. וְלֹא־יָקוּמוּ עוֹד „und sie werden nicht mehr aufstehen", § 26f.53j).

l **Passivformen** Sehr selten begegnen die Reste einer passiven Afformativkonjugation des Qal, die am Themavokal *u* zu erkennen sind und schon massoretisch oft als Pu'al (§ 36) oder Hoph'al (§ 39) verstanden wurden (vgl. לֻקְחָה „sie ist genommen worden", √לקח, 16a.43g, יֻלַּד „er ist geboren worden" √ילד, § 45e).

m **Alte Afformative** Vor Suffixen begegnen gelegentlich sprachgeschichtlich ältere Afformative als Perfektendungen (§ 19a.51l.m). Manchmal findet sich die alte Endung der 2 f Sg (תִּי– statt תְּ–) auch ohne Suffix; das Qere (§ 6a) gleicht sie jedoch regelmäßig an die übliche Form an (וְיָרַדְתִּי „dann geh hinab!").

n **Schwache Formen** Schwache Verben unterscheiden sich grundsätzlich nicht an den Afformativen, sondern lediglich an der Schwäche eines oder mehrerer Wurzelkonsonanten (Assimilation, Kontraktion oder Elision) von den Formen der starken Verben (§ 26b).

§ 30 Infinitivus constructus Qal

Der Infinitivus constructus (§ 26q) geht im Qal meist auf die Grundform *quṭul* > קְטֹל **a** zurück, bei Verben mit a-Imperfekt (§ 28b) manchmal auf *qaṭal* > קְטַל. In den endungslosen Formen ist der erste Vokal zu Schwa mobile verflüchtigt. Der Infinitiv entspricht damit meist der 2 m Sg des Imperativs:

Inf.cstr (קְטֹל)	o – Imperfekt (Gf *qu-ṭul*) Handlungsverb		a – Imperfekt (Gf *qa-ṭal*) Zustandsverb	
	קְטֹל	„töten"	שְׁכַב	„liegen/sich legen"

Der Infinitivus constructus ist oft mit einer *Präposition* verbunden, insbesondere **b** mit proklitischem בְּ, כְּ oder (sehr häufig) mit finalem לְ (§ 14b-f.65a-g):

Inf.cstr + Präp	לִקְטֹל	„fürs Töten" > „um zu töten"
	בִּקְטֹל	„beim Töten" > „als ... tötete" / „wenn ... tötet"
	כִּקְטֹל	„entsprechend dem Töten" > „sowie ... tötet"

Ein mittlerer Begadkefat erhält dabei (entgegen § 9b) im Falle von לְ meist ein Dagesch **c** lene: לִכְתֹּב „um zu schreiben", לִשְׁכַּב „um zu liegen" / „um sich zu legen", vgl. aber: בִּנְפֹל „beim Fallen" und כִּנְפֹל „entsprechend dem Fallen" (§ 9b).

Als Verbalnomen erhält der Infinitivus constructus zuweilen eine *Femininendung* **d** (insbesondere bei einigen Verba ו"פ, נ"פ und ה"ל) oder ein *Suffix* (§ 19n.51b.f). Solche Endungen bewirken oft Formen, die femininen Segolata (§ 20f) entsprechen. Oft entstehen dabei *quṭl*-Bildungen mit Qámez chatuf (*u > ŏ*, § 11b) in der ersten Stammsilbe. *Merke*: „Tritt ein Suffix an den Infinitiv Qal, geht der Vokal *o* nach vorn."

Inf.cstr + Präp.	+ Fem.-Endung	לְאַהֲבָה	„um zu lieben" (§ 26q.12h)
		לְמָשְׁחָה	„um zu salben" (lies: *lᵉ-mŏš-ḥâ*)*
		לָשֶׁבֶת	„um zu wohnen" (√ ישׁב, § 9h.45h)
	+ Suff.	לְשָׁמְרוֹ	„für sein Bewachen" > „um ihn zu bewachen"*
		בְּכָתְבוֹ	„bei seinem Schreiben" > „als er schrieb"*
		כְּשָׁמְעוֹ	„entsprechend seinem Hören" > „sowie er hörte"*

* mit Qámez chatuf

Bei einigen Formen tritt statt Umkehrung der Vokalfolge nur eine Verkürzung des **e** Chólem zu Qámez chatuf ein (לִשְׁמָרְךָ lies: *liš-mŏr-ḥā* „um dich zu bewahren").

Der Infinitivus constructus entspricht weithin der Verwendung des Infinitivs im Deut- **f** schen. Zu den sog. Infinitiv-Konstruktionen siehe § 65.

§ 31 Infinitivus absolutus Qal

a Der Infinitivus absolutus (§ 26r) geht im Qal auf die Grundform *qaṭāl* > קָטֹל zurück und wird in seiner Funktion nur durch Situation oder Kontext bestimmt:

Inf.abs	קָטוֹל/קָטֹל	„töten"/„Töten"/„töte!"/„tötet!"/„tötend" usw.

b Der Infinitivus absolutus kann weder eine Präposition, noch ein Suffix oder den Artikel tragen, wohl aber ein He interrogativum (§ 16a) oder ein Waw copulativum (§ 15a) (הֲמָלֹךְ „König werden?", וְגָנֹב וְנָאֹף „und Stehlen und Ehebrechen").

c Der Infinitivus absolutus kann (als unbestimmtes Verbalnomen und gleichsam wie ein *J o k e r*) jede finite Verbform vertreten, insbesondere den Imperativ:

als Imperativ	זָכוֹר אֶת־יוֹם הַשַּׁבָּת	„an den Sabbattag denken!"
		> „gedenke des Sabbattages!"

d Der Infinitivus absolutus dient manchmal als *a d v e r b i a l e   U m s t a n d s b e s t i m - m u n g* (§ 57l.m.60d, dt.: „indem"/„wobei"/„während"):

als adverbiale	מוֹת יוּמַת הָאִישׁ	„der Mann soll unbedingt getötet
Umstandsbestimmung	רָגוֹם אֹתוֹ	werden, indem (man) ihn steinigt"

e Der Infinitivus absolutus dient oft dem *N a c h d r u c k* oder der *P r ä z i s i e r u n g* einer Verbalaussage. Er findet sich hier vor allem in einer Wendung mit einer finiten Verbform der gleichen Wurzel (sog. Figura etymologica, § 60). Der Nachdruck kann im Deutschen oft durch Adverbien wie „genau", „sicher", „ganz und gar", „etwa" o.ä. wiedergegeben werden. Eine Präzisierung ist meist an der Erweiterung der Figura etymologica um einen zweiten Infinitivus absolutus (§ 60d) zu erkennen:

	שִׁמְעוּ שָׁמוֹעַ	„hört ein Hören!"
		> „hört genau hin!"
in einer	כִּי מָלֹךְ תִּמְלוֹךְ	„ja, als König Werden wirst du König"
Figura etymologica		> „du wirst bestimmt König werden"
	וַיֵּלֶךְ הָלוֹךְ וְאָכֹל	„und er ging, ein Gehen und Essen"
		> „und er ging und aß dabei"

f Einige Infinitivformen (bes. des Hiph'il) sind dabei zu festen *A d v e r b i e n* erstarrt (z.B. הַרְבֵּה „viel" und הַשְׁכֵּם „früh", § 57k).

§ 32 Partizip Qal

Das Hebräische kennt im Qal ein *Partizip aktiv* und ein *Partizip passiv* **a**
(§ 26s). Das Partizip aktiv geht auf die Grundform *qā-til* > קֹטֵל, das Partizip passiv
auf die Grundform *qa-tūl* > קָטוּל zurück (§ 20g.9b-g).

Ptz.akt	קֹטֵל	„ein Tötender" / „einer, der tötet/getötet hat/töten wird"
Ptz.pass	קָטוּל	„ein Getöteter" / „einer, der getötet wird/wurde"

Als Verbalnomen ist das Partizip wie jedes andere Nomen (§ 12) in Determination, **b**
Genus, Numerus und Status unterschieden. Dabei bleiben in allen Formen Chólem
bzw. Schúreq als unwandelbares Merkmal erhalten, während Zere und (Vorton-)Qámez
je nach Tonverschiebung oder Endung der Veränderung unterliegen. Vor einem Laryngal (§ 10a-d) tritt Pátach furtivum oder *a* auf (z.B. שֹׁמֵעַ, רֹקֵעַ: Ptz.akt). Im Ptz.akt f Sg
bleibt meist das ת erhalten und wird im St.abs und St.cstr segoliert (§ 11d):

		Singular			Plural		
		St.abs	St.cstr	St.suff	St.abs	St.cstr	St.suff
Ptz.akt	m	קֹטֵל	קֹטֵל	קֹטְלְךָ	קֹטְלִים	קֹטְלֵי	קֹטְלֶיךָ
	f	קֹטֶלֶת / קֹטְלָה	קֹטֶלֶת / קֹטְלַת	קֹטַלְתְּךָ	קֹטְלוֹת	קֹטְלוֹת	קֹטְלוֹתֶיךָ
Ptz.pass	m	קָטוּל	קְטוּל	קְטוּלְךָ	קְטוּלִים	קְטוּלֵי	קְטוּלֶיךָ
	f	קְטוּלָה	קְטוּלַת	קְטוּלָתְךָ	קְטוּלוֹת	קְטוּלוֹת	קְטוּלוֹתֶיךָ

Die *Partizipien der Zustandsverben* (Verba mediae e und o, § 29b) sind **c**
Adjektive: כָּבֵד „schwer" = „ein Schwerer", קָטֹן „klein" = „ein Kleiner" usw.

Partizipien können die Funktion eines jeden *nominalen Satzgliedes* **d**
übernehmen und sind in der Zeitstufe nicht festgelegt:

Prädikat	וְהוּא יֹשֵׁב פֶּתַח־הָאֹהֶל	„er aber <u>saß</u> am Eingang des Zelts"
	הִנֵּה אָנֹכִי כֹּרֵת בְּרִית	„siehe, ich <u>werde</u> einen Bund <u>schließen</u>"
Subjekt	כָּל־הַשֹּׁמֵעַ יִצְחַק־לִי	„jeder, <u>der es hört</u>, wird über mich lachen"
Objekt	וַיָּקֶם יְהוָה שֹׁפְטִים	„da ließ JHWH <u>Richter</u> auftreten"
Apposition	אֵשׁ אֹכְלָה	„ein <u>fressendes</u> (= verzehrendes) Feuer"

Trotzdem behalten Partizipien *verbale Rektionskraft*, d.h. sie können z.B. ein **e**
Objekt regieren (§ 26s), wie in הַנֹּתֵן גֶּשֶׁם „der den Regen gibt" (< „der Regengeber").

§ 33 Qal (Grundstamm)

a **Bedeutung** Der Grundstamm Qal (*hebr.* קַל = „einfach") steht für eine Handlung oder einen Zustand. Handlungsverben (sog. fientische Verben) haben im Perfekt meist den Themavokal *a* (sog. Verba mediae *a*) und sind oft transitiv. Zustandsverben (sog. stativische Verben) haben meist den Themavokal *e* oder *o* (sog. Verba mediae *e* oder *o*) und sind oft intransitiv. Dabei entspricht – wenn kein Laryngal vorliegt – dem *a*-Perfekt ein *o*-Imperfekt und dem *e*- bzw. *o*-Perfekt ein *a*-Imperfekt (§ 28b-c.29b-c):

Themavokal des Perfekts		Perfekt	Imperfekt	
Handlung	*a*	קָטַל	יִקְטֹל	„töten"
		שָׁמַע	יִשְׁמַע	„hören"
Zustand	*e*	כָּבֵד	יִכְבַּד	„schwer sein"
	o	קָטוֹן	יִקְטַן	„klein sein"

b **Afformativkonjugation (§ 29)** Das *a*-Perfekt überwiegt beim starken Verb, insbesondere bei Verba laryngalia. Bei Verba ל"א quiesziert א nach § 10f regelmäßig am Silbenende unter Dehnung des Vokals (מָצָא „er hat gefunden"). Bei den ursprünglich zweiradikaligen ע-Verben ist in der Regel nicht die Endung, sondern der Themavokal betont (§ 48c.49b). Verba ע"ע haben (außer am Wortende, § 4i) den zweiten Radikal verdoppelt. Insbesondere bei Verba ל"ה und den ע-Verben treten vor konsonantischen Endungen Bindevokale auf (סַבּוֹתָ, גָּלִיתָ, § 46f.48d.49c).

c **Präformativkonjugation (§ 28)** Bei Verba primae laryngalis ist der ursprüngliche Präformativvokal *a* erhalten geblieben oder *i* zu *æ* geworden (§ 10b). Die Präformativsilben sind dabei oft aufgesprengt (§ 10i). Verba tertiae laryngalis haben i.d.R. *a*-Imperfekt. Bei schwachen Verben sind die Präformativsilben meist offen: Bei den ע-Verben wird ursprüngliches (§ 28b) kurzes *a* zu (Vorton-)Qámez (יָקוּם, יָסֹב), bei Verba פ"י bzw. פ"ו *i* zu langem Chíreq (§ 8q) bzw. Zere (§ 9j) gedehnt (יֵשֵׁב, יֵיטַב). Bei Verba פ"נ assimiliert sich Nun nach § 7g wo immer möglich (יִפֹּל) und fällt bei Verben mit *a*-Impf im Imp (גַּשׁ) ganz weg (§ 8b). Bei Verba פ"א ist das *a* nach Quieszieren des א zu *o* getrübt (יֹאכַל). Nur Verba ל"ה und ל"א haben ‚starke' Präformativsilben. *Merke:* „ל–Verben sind vorne stark." Bei Verba ל"ה und ע-Verben treten vor konsonantischen Endungen (betonte) „Binde-Vokale" auf (תְּסֻבֶּינָה, תִּגְלֶינָה § 46f.48d.49c). Bei Verba ע"ו ist der ursprüngliche Themavokal *u* (§ 28b) in den Langformen erhalten (יָקוּם). Kurzformen für Jussiv und Impf.cons (§ 26gj.28g) finden sich im Qal nur bei Verba ל"ה und ע"ו/ע"י (יִגֶל, וַיָּקָם usw.). Selten kommen bei ע-Verben „aramaisierende" Formen (יִסֹּב statt יָסֹב, mit Dagesch forte, § 48j.49l) vor.

d **Infinitivus constructus** Der Inf.cstr der Verba ל"ה und einiger פ"ו und פ"נ wird durch eine Femininendung (§ 12h) erweitert (גֶּשֶׁת, שֶׁבֶת, גְּלוֹת).

			Starkes Verb		Verba laryngalia	
			(a-Perfekt)	(e/o-Perfekt)	(עבד)	(חזק)
Pf	Sg	3 m	קָטַל	כָּבֵד קָטֹן	עָבַד	חָזַק
		3 f	קָטְלָה	כָּבְדָה קָטְנָה	עָבְדָה	חָזְקָה
		2 m	קָטַ֫לְתָּ	כָּבַ֫דְתָּ קָטֹ֫נְתָּ	עָבַ֫דְתָּ	חָזַ֫קְתָּ
		2 f	קָטַלְתְּ	usw.	עָבַדְתְּ	usw.
		1 c	קָטַ֫לְתִּי	כָּבַ֫דְתִּי	עָבַ֫דְתִּי	
	Pl	3 c	קָטְלוּ	כָּבְדוּ	עָבְדוּ	
		2 m	קְטַלְתֶּם	כְּבַדְתֶּם	עֲבַדְתֶּם	
		2 f	קְטַלְתֶּן	כְּבַדְתֶּן	עֲבַדְתֶּן	
		1 c	קָטַ֫לְנוּ	כָּבַ֫דְנוּ	עָבַ֫דְנוּ	
Impf	Sg	3 m	יִקְטֹל	יִכְבַּד	יַעֲבֹד / יַחְמֹד	יֶחֱזַק / יֶחְסַר
		3 f	תִּקְטֹל	תִּכְבַּד	תַּעֲבֹד	תֶּחֱזַק
		2 m	תִּקְטֹל	תִּכְבַּד	תַּעֲבֹד	תֶּחֱזַק
		2 f	תִּקְטְלִי	תִּכְבְּדִי	תַּעַבְדִי	תֶּחֶזְקִי
		1 c	אֶקְטֹל (”טְלָה)	אֶכְבַּד (”בְּדָה)	אֶעֱבֹד	אֶחֱזַק
	Pl	3 m	יִקְטְלוּ	יִכְבְּדוּ	יַעַבְדוּ	יֶחֶזְקוּ
		3 f	תִּקְטֹ֫לְנָה	תִּכְבַּ֫דְנָה	תַּעֲבֹ֫דְנָה	תֶּחֱזַ֫קְנָה
		2 m	תִּקְטְלוּ	תִּכְבְּדוּ	תַּעַבְדוּ	תֶּחֶזְקוּ
		2 f	תִּקְטֹ֫לְנָה	תִּכְבַּ֫דְנָה	תַּעֲבֹ֫דְנָה	תֶּחֱזַ֫קְנָה
		1 c	נִקְטֹל (”טְלָה)	נִכְבַּד (”בְּדָה)	נַעֲבֹד	נֶחֱזַק
Impf KF (Juss)			יִקְטֹל	יִכְבַּד	יַעֲבֹד	יֶחֱזַק
Impf.cons			וַיִּקְטֹל	וַיִּכְבַּד	וַיַּעֲבֹד	וַיֶּחֱזַק
Imp	Sg	2 m	קְטֹל (קָטְלָה)	כְּבַד	עֲבֹד	חֲזַק
		2 f	קִטְלִי	כִּבְדִי	עִבְדִי	חִזְקִי
	Pl	2 m	קִטְלוּ	כִּבְדוּ	עִבְדוּ	חִזְקוּ
		2 f	קְטֹ֫לְנָה	כְּבַ֫דְנָה	עֲבֹ֫דְנָה	חֲזַ֫קְנָה
Inf.cstr			קְטֹל	כְּבַד / כְּבֹד	עֲבֹד	חֲזַק
Inf.abs			קָטוֹל	כָּבוֹד	עָבוֹד	חָזוֹק
Ptz.akt	m		קֹטֵל	כָּבֵד	עֹבֵד	חָזֵק
	f		קֹטְלָה / קֹטֶ֫לֶת	כְּבֵדָה	עֹבְדָה / עֹבֶ֫דֶת	חָזֵקָה / חָזְקָה
Ptz.pass	m		קָטוּל		עָבוּד	
	f		קְטוּלָה		עֲבוּדָה	

	פ"א (אכל)	פ"ן (נפל / נגש)	פ"ו (ישב / יבש)	פ"י (ינק / יטב)
Pf Sg 3 m	אָכַל	נָגַשׁ נָפַל	יָבֵשׁ יָשַׁב	יָנַק
3 f	אָכְלָה	usw. נָפְלָה	usw. יָשְׁבָה	יָנְקָה
2 m	אָכַ֫לְתָּ	נָפַ֫לְתָּ	יָשַׁ֫בְתָּ	יָנַ֫קְתָּ
2 f	אָכַלְתְּ	נָפַלְתְּ	יָשַׁבְתְּ	usw.
1 c	אָכַ֫לְתִּי	נָפַ֫לְתִּי	יָשַׁ֫בְתִּי	
Pl 3 c	אָכְלוּ	נָפְלוּ	יָשְׁבוּ	
2 m	אֲכַלְתֶּם	נְפַלְתֶּם	יְשַׁבְתֶּם	
2 f	אֲכַלְתֶּן	נְפַלְתֶּן	יְשַׁבְתֶּן	
1 c	אָכַ֫לְנוּ	נָפַ֫לְנוּ	יָשַׁ֫בְנוּ	
Impf Sg 3 m	יֹאכַל	יִגַּשׁ יִפֹּל	יִיבַשׁ יֵשֵׁב	יִיטַב
3 f	תֹּאכַל	תִּגַּשׁ תִּפֹּל	usw. תֵּשֵׁב	תִּיטַב
2 m	תֹּאכַל	תִּגַּשׁ תִּפֹּל	תֵּשֵׁב	תִּיטַב
2 f	תֹּאכְלִי	usw. תִּפְּלִי	תֵּשְׁבִי	תִּיטְבִי
1 c	אֹכַל ("כְלָה)	אֶפֹּל ("לָה)	אֵשֵׁב	אִיטַב
Pl 3 m	יֹאכְלוּ	יִפְּלוּ	יֵשְׁבוּ	יִיטְבוּ
3 f	תֹּאכַ֫לְנָה	תִּפֹּ֫לְנָה	תֵּשַׁ֫בְנָה	תִּיטַ֫בְנָה
2 m	תֹּאכְלוּ	תִּפְּלוּ	תֵּשְׁבוּ	תִּיטְבוּ
2 f	תֹּאכַ֫לְנָה	תִּפֹּ֫לְנָה	תֵּשַׁ֫בְנָה	תִּיטַ֫בְנָה
1 c	נֹאכַל	נִפֹּל ("לָה)	נֵשֵׁב	נִיטַב
Impf KF (Juss)	יֹאכַל	יִגַּשׁ יִפֹּל	יִיבַשׁ יֵשֵׁב	יִיטַב
Impf.cons	וַיֹּ֫אכַל ("כַל)	וַיִּגַּשׁ וַיִּפֹּל	וַיִּיבַשׁ וַיֵּ֫שֶׁב	וַיִּיטַב
Imp Sg 2 m	אֱכֹל (אָכְלָה)	נְפֹל גַּשׁ	יְבַשׁ שֵׁב	יְטַב
2 f	אִכְלִי	נִפְלִי גְּשִׁי	usw. שְׁבִי	יִטְבִי
Pl 2 m	אִכְלוּ	נִפְלוּ גְּשׁוּ	שְׁבוּ	יִטְבוּ
2 f	אֲכֹ֫לְנָה	נְפֹ֫לְנָה גַּ֫שְׁנָה	שֵׁ֫בְנָה	יְטַ֫בְנָה
Inf.cstr	אֱכֹל	נְפֹל גֶּ֫שֶׁת	יְבַשׁ שֶׁ֫בֶת	יְטַב
Inf.abs	אָכוֹל	נָפוֹל נָגוֹשׁ	יָבוֹשׁ יָשׁוֹב	יָטוֹב
Ptz.akt m	אֹכֵל	נֹפֵל נֹגֵשׁ	יָבֵשׁ יֹשֵׁב	
f	אֹכְלָה אֹכֶ֫לֶת	נֹפְלָה נֹגְשָׁה נֹפֶ֫לֶת נֹגֶ֫שֶׁת	יְבֵשָׁה יֹשְׁבָה יֹשֶׁ֫בֶת	
Ptz.pass m	אָכוּל	נָגוּשׁ	יָשׁוּב	
f	אֲכוּלָה	נְגוּשָׁה	יְשׁוּבָה	

לייה (גלה)	לייא (מצא)	עייע (סבב)	עייו (קום / בוש)	עייי (שים)
גָּלָה	שָׂנֵא מָצָא	סָבַב סַב	בּוֹשׁ קָם	שָׂם
גָּלְתָה	usw. מָצְאָה	סָבְבָה סַבָּה	בּוֹשָׁה קָמָה	שָׂמָה
גָּלִיתָ	מָצָאתָ	usw. סַבּוֹתָ	usw. קַמְתָּ	שַׂמְתָּ
גָּלִית	מָצָאת	סַבּוֹת	קַמְתְּ	שַׂמְתְּ
גָּלִיתִי	מָצָאתִי	סַבּוֹתִי	קַמְתִּי	שַׂמְתִּי
גָּלוּ	מָצְאוּ	סַבּוּ	קָמוּ	שָׂמוּ
גְּלִיתֶם	מְצָאתֶם	סַבּוֹתֶם	קַמְתֶּם	שַׂמְתֶּם
גְּלִיתֶן	מְצָאתֶן	סַבּוֹתֶן	קַמְתֶּן	שַׂמְתֶּן
גָּלִינוּ	מָצָאנוּ	סַבּוֹנוּ	קַמְנוּ	שָׂמְנוּ
יִגְלֶה	יִמְצָא	יָסֹב / יִסֹּב / יֵקַל	יְבוֹשׁ יָקוּם	יָשִׂים
תִּגְלֶה	תִּמְצָא	usw. תָּסֹב	usw. תָּקוּם	תָּשִׂים
תִּגְלֶה	תִּמְצָא	תָּסֹב	תָּקוּם	תָּשִׂים
תִּגְלִי	תִּמְצְאִי	תָּסֹבִּי	תָּקוּמִי	תָּשִׂימִי
אֶגְלֶה	אֶמְצָא	אָסֹב	אָקוּם	אָשִׂים
יִגְלוּ	יִמְצְאוּ	יָסֹבּוּ	יָקוּמוּ	יָשִׂימוּ
תִּגְלֶינָה	תִּמְצֶאנָה	תְּסֻבֶּינָה	תְּקוּמֶינָה	תְּשִׂמְנָה
תִּגְלוּ	תִּמְצְאוּ	תָּסֹבּוּ	תָּקוּמוּ	תָּשִׂימוּ
תִּגְלֶינָה	תִּמְצֶאנָה	תְּסֻבֶּינָה	תְּקוּמֶינָה	תְּשִׂמְנָה
נִגְלֶה	נִמְצָא	נָסֹב	נָקוּם	נָשִׂים
יִגַל	יִמְצָא	יָסֹב	יָקֹם	יָשֵׂם
וַיִּגֶל / וַיִּגֶל וַיִּגֶל / וַיִּגֶל	וַיִּמְצָא	וַיָּסָב	וַיָּקָם	וַיָּשֶׂם
גְּלֵה	מְצָא	סֹב	בּוֹשׁ קוּם	שִׂים
גְּלִי	מִצְאִי	סֹבִּי	usw. קוּמִי	שִׂימִי
גְּלוּ	מִצְאוּ	סֹבּוּ	קוּמוּ	שִׂימוּ
גְּלֶינָה	מְצֶאנָה	סֹבֶּינָה	קֹמְנָה	שֵׂמְנָה
גְּלוֹת	מְצֹא	סֹב / סְבֹב / סַב	קוּם	שִׂים / שׂוֹם
גָּלֹה	מָצוֹא	סָבוֹב	קוֹם	שִׂים / שׂוֹם
גֹּלֶה / גָּלֶה	מֹצֵא	סֵב סָבַב	קָם	שָׂם
גָּלֶה (גָּלְיָה)	(מֹצָא) מֹצֵאת	סַבָּה סָבְבָה	קָמָה	שָׂמָה
גָּלוּי	מָצוּא	סָבוּב	קוּם	
גְּלוּיָה	מְצוּאָה	סְבוּבָה	קוּמָה	

§ 34 Niph'al (N-Stamm)

a Das Niph'al (נִפְעַל) ist *reflexiv—passiv* gegenüber dem Grundstamm Qal. Es drückt ein Tun oder Geschehen als Handlung am selben Subjekt aus. Wesentliches Merkmal ist das präformative נ in den Formen der Afformativkonjugation („N-Stamm") bzw. das Dagesch forte im ersten Radikal in den Formen der Präformativkonjugation.

קָטַל (Q) „er hat getötet" >	נִקְטַל (Ni) „er hat sich getötet / ist getötet worden"

b **Bedeutung** Meist ist die Bedeutung von Verben im Niph'al vom Grundstamm ableitbar, indem die Grundbedeutung ins *Reflexiv* oder *Passiv* gewandelt wird:

שָׁמַר (Q) „er hat gehütet"	נִשְׁמַר (Ni) „er hat sich gehütet / ist behütet worden"
שָׁמַע (Q) „er hat gehört"	נִשְׁמַע (Ni) „er ist gehört worden"
רָאָה (Q) „er hat gesehen"	נִרְאָה (Ni) „er ist gesehen worden / hat sich gezeigt"
יָלַד (Q) „er hat geboren"	נוֹלַד (Ni) „er ist geboren worden"

c Neben der reflexiven und passiven Funktion kommt dem Niph'al zuweilen auch eine *tolerative* (Bsp: דרשׁ Ni „sich erfragen lassen") oder eine *reziproke* (Bsp: דבר Ni „sich besprechen") Bedeutung zu.

d Nicht alle Verben, die ein Niph'al bilden, begegnen auch im Qal. Oft haben sich Verben im Niph'al semantisch eigenständig entwickelt und sind gleichsam zur neuen Vokabel geworden. Dabei ist die reflexiv-passive Funktion nicht immer erkennbar:

לחם Ni: „kämpfen"	< „sich selbst in den Kampf (מִלְחָמָה) begeben"
שׁבע Ni: „schwören"	< „sich (Gott gegenüber, durch einen Eid) verpflichten"

e Selten wandelt das Niph'al ein Pi'el oder Hiph'il ins Passiv oder Reflexiv (Bsp: כבד Pi „ehren", Ni „geehrt werden", סתר Hi „verbergen", Ni „sich verbergen/verborgen sein").

f **Afformativkonjugation** Im Perfekt bildet das präformative נ eine geschlossene Silbe mit dem ersten Radikal. Dabei ist die Grundform *naq-ṭal* regelmäßig zu נִקְטַל geworden. Nur bei den ע-Verben erhält sich der ursprüngliche Präformativvokal *a* nach § 9a-d als langes, aber wandelbares Qámez in der offenen Vortonsilbe (נָסַב: 3 m Sg Pf Ni von סבב, נָקוֹם: 3 m Sg Pf Ni von קום), während er bei Verba פ״ו nach § 8j-m zu unwandelbarem langem o kontrahiert (נוֹשַׁב 3 m Sg Pf Ni von ישׁב). Verba laryngalia (§ 41) erhalten nach § 10i-k meist Segol und Silbenaufsprengung (נֶעֱבַד).

Präformativkonjugation Im Imperfekt und Imperativ assimiliert sich נ grundsätzlich **g**
an den ersten Radikal, so dass dieser meist ein Dagesch forte erhält (§ 7f). Die Grundform *jan-qa-ṭil* ist dabei über *jaq-qa-ṭil* zu יִקָּטֵל geworden. Bei Verba laryngalia
(§ 41) tritt nach § 10p-u Ersatzdehnung ein (Impf: יֵעָבֵד „er wird bearbeitet werden",
Imp: הֵעָבֵד usw.). Unter dem Schutz der Verdopplung bleibt der ursprüngliche
Radikal ו bei Verba ו"פ (§ 45a-b) erhalten (Impf: יִוָּשֵׁב „es wird bewohnt sein", Imp:
הִוָּשֵׁב). Die Imperative erhalten das Dagesch forte durch ein sog. He prostheticum
(הִקָּטֵל) und dürfen nicht mit Hiph'il-Formen (§ 38) verwechselt werden.

Die typische Vokalfolge des Stammes ($\bar{a} - \bar{e}$) unterliegt der Veränderung. Während das **h**
Qámez unter dem ersten Radikal (außer bei den zweiradikaligen ע-Verben, § 48.49)
unveränderlich ist, wird das Zere bei Afformativen reduziert und in pausa gelegentlich
zu Pátach. ל"ה haben nur bis zur Wortmitte „starke" Bildungen und sind am Ende
schwach (§ 46). *Merke:* „Verba ל"ה sind vorne stark."

Der Ton weicht oft im Imperfectum consecutivum, vor einer direkt folgenden Tonsilbe **i**
und gelegentlich sonst, zurück (sog. „Nesiga"), § 5g, wobei Zere zu Segol reduziert wird
(*Bsp:* הִשָּׁמֶר „hüte dich!" statt הִשָּׁמֵר und וַיִּלָּחֶם „und er kämpfte" statt וַיִּלָּחֵם).

Infinitive Der Infinitivus constructus ist meist dem Imperativ gleich (הִקָּטֵל, √ הִקּוֹם, **j**
√ קוּם usw.), während der Infinitivus absolutus teils wie das Perfekt (mit נ), teils wie das
Imperfekt (mit Dagesch forte und He prostheticum) gebildet wird (נִקְטֹל/הִקָּטֵל/
הִקָּטֹל). Verba ל"ה haben im Inf.cstr die Femininendung ת (הִגָּלוֹת, § 46g). Die ע-
Verben (§ 48.49) gehen aufgrund ihrer Zweiradikalität eigene Wege, aber auch hier ist
der Stamm Niph'al am Dagesch forte im ersten Radikal zu erkennen (הִסֵּב, הִסַּב,
√ סבב usw.).

Selten wird das He prostheticum wie in וּבְכָשְׁלוֹ („und wenn er strauchelt" < **k**
וּבְהִכָּשְׁלוֹ) elidiert (§ 8a).

Partizip Das Partizip gleicht bis auf das ‚nominale' Qámez (vgl. דָּבָר „Wort" gegen- **l**
über קָטַל „er hat getötet", § 9a-c) dem Perfekt: נִקְטָל (m) und נִקְטָלָה (f). Nur die
Verba ל"ה (§ 46d-e) weichen hierin ab, indem die Nominalendung direkt an den
zweiten Radikal tritt: נִגְלֶה (m) und נִגְלָה (f). Die Nominalendungen der Partizipien
sind – auch bei den ע–Verben – betont (vgl. סבב Ptz f Sg: נְסַבָּה mit Pf 3 f Sg נָסַבָּה).

Nicht immer ist das präformative Niph'al-Merkmal נ vom Präformativ der ersten Per- **m**
son Plural Qal formal unterscheidbar. Es gibt Formen, die nur durch den Kontext
eindeutig sind, insbesondere bei Verba laryngalia (z.B. נִשְׁמַע: 1 c Pl Impf Q „wir
werden hören" und 3 m Sg Pf Ni „er ist gehört worden").

n

		Starkes Verb (קטל)	Verba lar. (עבד)	פ"נ (נגש)	פ"י (ישב)
Pf	Sg 3 m	נִקְטַל	נֶעֱבַד / נֶחְמַד	נִגַּשׁ	נוֹשַׁב
	3 f	נִקְטְלָה	נֶעֶבְדָה	נִגְּשָׁה	נוֹשְׁבָה
	2 m	נִקְטַּלְתָּ	נֶעֱבַדְתָּ	נִגַּשְׁתָּ	נוֹשַׁבְתָּ
	2 f	נִקְטַלְתְּ	נֶעֱבַדְתְּ	נִגַּשְׁתְּ	נוֹשַׁבְתְּ
	1 c	נִקְטַּלְתִּי	נֶעֱבַדְתִּי	נִגַּשְׁתִּי	נוֹשַׁבְתִּי
	Pl 3 c	נִקְטְלוּ	נֶעֶבְדוּ	נִגְּשׁוּ	נוֹשְׁבוּ
	2 m	נִקְטַלְתֶּם	נֶעֱבַדְתֶּם	נִגַּשְׁתֶּם	נוֹשַׁבְתֶּם
	2 f	נִקְטַלְתֶּן	נֶעֱבַדְתֶּן	נִגַּשְׁתֶּן	נוֹשַׁבְתֶּן
	1 c	נִקְטַּלְנוּ	נֶעֱבַדְנוּ	נִגַּשְׁנוּ	נוֹשַׁבְנוּ
Impf	Sg 3 m	יִקָּטֵל	יֵעָבֵד	יִנָּגֵשׁ	יִוָּשֵׁב
	3 f	תִּקָּטֵל	תֵּעָבֵד	תִּנָּגֵשׁ	תִּוָּשֵׁב
	2 m	תִּקָּטֵל	תֵּעָבֵד	תִּנָּגֵשׁ	תִּוָּשֵׁב
	2 f	תִּקָּטְלִי	תֵּעָבְדִי	תִּנָּגְשִׁי	תִּוָּשְׁבִי
	1 c	אֶקָּטֵל ("טָלָה)	אֵעָבֵד	אֶנָּגֵשׁ	אִוָּשֵׁב
	Pl 3 m	יִקָּטְלוּ	יֵעָבְדוּ	יִנָּגְשׁוּ	יִוָּשְׁבוּ
	3 f	תִּקָּטַלְנָה	תֵּעָבַדְנָה	תִּנָּגַשְׁנָה	תִּוָּשַׁבְנָה
	2 m	תִּקָּטְלוּ	תֵּעָבְדוּ	תִּנָּגְשׁוּ	תִּוָּשְׁבוּ
	2 f	תִּקָּטַלְנָה	תֵּעָבַדְנָה	תִּנָּגַשְׁנָה	תִּוָּשַׁבְנָה
	1 c	נִקָּטֵל	נֵעָבֵד	נִנָּגֵשׁ	נִוָּשֵׁב
Impf KF (Juss)		יִקָּטֵל	יֵעָבֵד	יִנָּגֵשׁ	יִוָּשֵׁב
Impf.cons		וַיִּקָּטֵל / וַיִּקָּטֵל	וַיֵּעָבֵד	וַיִּנָּגֵשׁ	וַיִּוָּשֵׁב
Imp	Sg 2 m	הִקָּטֵל ("טָלָה)	הֵעָבֵד	הִנָּגֵשׁ	הִוָּשֵׁב
	2 f	הִקָּטְלִי	הֵעָבְדִי	הִנָּגְשִׁי	הִוָּשְׁבִי
	Pl 2 m	הִקָּטְלוּ	הֵעָבְדוּ	הִנָּגְשׁוּ	הִוָּשְׁבוּ
	2 f	הִקָּטַלְנָה	הֵעָבַדְנָה	הִנָּגַשְׁנָה	הִוָּשַׁבְנָה
Inf.cstr		הִקָּטֵל	הֵעָבֵד	הִנָּגֵשׁ	הִוָּשֵׁב
Inf.abs		הִקָּטֹל/נִקְטֹל	הֵעָבֹד/נַעֲבֹד	הִנָּגֵשׁ/נִגּוֹשׁ	הִוָּשֵׁב
Ptz	m	נִקְטָל	נֶעֱבָד	נִגָּשׁ	נוֹשָׁב
	f	נִקְטָלָה נִקְטֶּלֶת	נֶעֱבָדָה	נִגָּשָׁה	נוֹשֶׁבֶת

לי"ה (גלה)	לי"א (מצא)	עי"ע (סבב)	עי"ו (קום)	עי"י (בין)
נִגְלָה	נִמְצָא	נָסַב / נָקַל	נָקוֹם	נָבוֹן
נִגְלְתָה	נִמְצְאָה	נָסַבָּה	נָקוֹמָה	usw.
נִגְלֵיתָ	נִמְצֵאתָ	נְסַבּוֹתָ	נְקוּמּוֹתָ	
נִגְלֵית	נִמְצֵאת	נְסַבּוֹת	נְקוּמוֹת	
נִגְלֵיתִי	נִמְצֵאתִי	נְסַבּוֹתִי	נְקוּמוֹתִי	
נִגְלוּ	נִמְצְאוּ	נָסַבּוּ	נָקוֹמוּ	
נִגְלֵיתֶם	נִמְצֵאתֶם	נְסַבּוֹתֶם	נְקוּמוֹתֶם	
נִגְלֵיתֶן	נִמְצֵאתֶן	נְסַבּוֹתֶן	נְקוּמוֹתֶן	
נִגְלֵינוּ	נִמְצֵאנוּ	נְסַבּוֹנוּ	נְקוּמוֹנוּ	
יִגָּלֶה	יִמָּצֵא	יִסַּב / יֵרוֹעַ	יִקּוֹם	יִבּוֹן
תִּגָּלֶה	תִּמָּצֵא	תִּסַּב	תִּקּוֹם	usw.
תִּגָּלֶה	תִּמָּצֵא	תִּסַּב	תִּקּוֹם	
תִּגָּלִי	תִּמָּצְאִי	תִּסַּבִּי	תִּקּוֹמִי	
אֶגָּלֶה / אִגָּלֶה	אֶמָּצֵא	אֶסַּב	אֶקּוֹם	
יִגָּלוּ	יִמָּצְאוּ	יִסַּבּוּ	יִקּוֹמוּ	
תִּגָּלֶינָה	תִּמָּצֶאנָה	תִּסַּבֶּינָה	תִּקּוֹמֶינָה	
תִּגָּלוּ	תִּמָּצְאוּ	תִּסַּבּוּ	תִּקּוֹמוּ	
תִּגָּלֶינָה	תִּמָּצֶאנָה	תִּסַּבֶּינָה	תִּקּוֹמֶינָה	
נִגָּלֶה	נִמָּצֵא	נִסַּב	נִקּוֹם	
יִגָּל	יִמָּצֵא	יִסַּב	יִקּוֹם	יִבּוֹן
וַיִּגָּל	וַיִּמָּצֵא	וַיִּסַּב	וַיִּקּוֹם	וַיִּבּוֹן
הִגָּלֵה / הִגָּל	הִמָּצֵא	הִסַּב	הִקּוֹם	הִבּוֹן
הִגָּלִי	הִמָּצְאִי	הִסַּבִּי	הִקּוֹמִי	usw.
הִגָּלוּ	הִמָּצְאוּ	הִסַּבּוּ	הִקּוֹמוּ	
הִגָּלֶינָה	הִמָּצֶאנָה	הִסַּבֶּינָה	הִקֹּמְנָה	
הִגָּלוֹת	הִמָּצֵא	הִסַּב	הִקּוֹם	הִבּוֹן
נִגְלֹה / הִגָּלֵה	נִמְצֹא	הִסַּב / הִסֹּב	הִקּוֹם / נָכוֹן	הִבּוֹן
נִגְלֶה	נִמְצָא	נָסַב	נָקוֹם	נָבוֹן
נִגְלָה	נִמְצָאָה	נְסַבָּה	נְקוֹמָה	נְבוֹנָה

§ 35 Pi'el (D-Stamm aktiv)

a   Das Pi'el (פָּעֵל) ist *f a k t i t i v – r e s u l t a t i v* gegenüber dem Grundstamm Qal. Wesentliches Merkmal des Pi'el als erstem der drei sog. Dopplungsstämme (Pi, Pu und Hitp) ist die Verdopplung des mittleren Radikals („D-Stamm") und Schwa mobile in den Präformativen des Imperfekts und Partizips.

קָטַל (Q) „er hat getötet"	>	קִטֵּל (Pi) „er hat tot gemacht"

b   **Bedeutung**   Das Pi'el zielt auf das Ergebnis der Handlung und ist gegenüber dem Grundstamm *f a k t i t i v* (bei intransitivem Qal oder Zustandsverben) oder *r e s u l – t a t i v* (bei transitivem Qal oder Handlungsverben). Oft ist die Bedeutung von Verben im Pi'el leicht vom Grundstamm ableitbar, wenn man es als „machen" des Zustandes oder Ergebnisses der Aussage versteht:

כָּבֵד (Q) „er ist schwer (geworden)"	כִּבֵּד (Pi) „er hat schwer gemacht" > „er hat geehrt"
שָׁבַר (Q) „er hat zerbrochen"	שִׁבַּר (Pi) „er hat zerbrochen gemacht" > „er hat in Stücke zerschlagen"

c   Manchmal werden durch das Pi'el Zustand oder Ergebnis einer Aussage nur „erklärt" (sog. *d e k l a r a t i v e s   P i ' e l*):

גדל (Q) „groß sein"	גִּדֵּל (Pi) „für groß erklären" > „(groß)preisen"

d   Das Pi'el begegnet gelegentlich auch bei der Ableitung eines Verbs von einem Nomen (sog. *d e n o m i n a t i v e s   P i ' e l*). Es kann dabei auch negative Funktion haben (sog. *p r i v a t i v e s   P i ' e l*):

רֶגֶל „Fuß"	רגל Pi „Füße/Schritte machen" > „auskundschaften"
שֹׁרֶשׁ „Wurzel"	שרשׁ Pi „gewurzelt machen" > „entwurzeln"

e   Bei vielen Verben ist ein Qal zum Pi'el nicht oder nur selten belegt (sog. *P i ' e l – V e r b e n*) und die faktitiv-resultative Bedeutung nicht mehr erkennbar, wie in צוה Pi „befehlen" (< „Befehl geben") und דבר Pi „reden" (< „Worte machen").

f   **Verdopplung des mittleren Radikals**   Die Verdopplung des mittleren Radikals erfolgt i.d.R. durch Dagesch forte. Bei Verba mediae laryngalis (und ר) findet nach § 10p-u stattdessen virtuelle Verdopplung oder Ersatzdehnung statt, bei Schwa mobile entfällt sie nach § 4i oft ganz.

Po'el, Polel, Pilel und Pilpel Bei den zweiradikaligen **ע**-Verben (§ 48.49) ist der zweite Radikal verdoppelt; die so entstandenen Bildungen werden wegen ihrer besonderen Vokalfolge auch Po'el oder Polel (andere: Pilel) genannt (סוֹבֵב: Pi von סבב, כּוֹנֵן: Pi von כון). Gelegentlich treten im Pi'el vollständige Wurzel-Reduplikationen auf (sog. Pilpel), so z.B. im Pi'el von כול „aushalten/versorgen" (Pf: כִּלְכֵּל, Impf: יְכַלְכֵּל usw., 48l.n.49n.p). Starke Bildungen wie bei הלל „loben" sind selten, oder – wie bei קִיֵּם (Pi von קום) – aramaisierend.

Afformativkonjugation Das Perfekt ist meist durch die Vokalfolge $i – e$ gekennzeichnet und lautet beim starken Verb קִטֵּל (< *qat-til*). Bei Verba mediae laryngalis (und ר) wird i meist zu $\bar{e}$ gedehnt (בֵּרֵךְ Pi „segnen", § 10p). Neben קִטֵּל begegnet auch קִטַּל (< *qat-tal*), vor allem bei Verba tertiae laryngalis (לִמַּד Pi „lehren", שִׁלַּח Pi „entlassen" u.a., § 10c), oder קִטֶּל (nur bei דִּבֶּר „reden", כִּפֶּר „Sühne erwirken" und כִּבֶּס „waschen"). Der zweite Vokal ist wandelbar und wird bei vokalischen Endungen zu Schwa mobile (bei Laryngalen und ר: Chatef pátach, § 10g) reduziert. Bei Verba ל"ה treten vokalische Afformative direkt an den zweiten Radikal (גִּלָּה √ גִּלּוּ), während vor konsonantischen Afformativen der (betonte) Bindevokal $\bar{i}$ (selten $\bar{e}$) steht (גִּלִּיתָ). *Merke:* „Verba ל"ה sind bis zur Mitte stark." (§ 46d-f). Bei Verba ל"א quiesziert א nach § 10f am Silbenende. Einige Formen gleichen sich an Verba ל"ה an.

Präformativkonjugation Imperfekt und Imperativ haben meist die Vokalfolge $a – e$, so dass das starke Verb meist יְקַטֵּל bzw. קַטֵּל lautet (< *ju-qat-til* bzw. *qat-til*). Während das a immer erhalten bleibt (vor Laryngalen und ר oft zu Qámez gedehnt), wird das e bei vokalischen Endungen zu Schwa mobile (bei Laryngalen und ר: Chatef pátach) reduziert. Der ursprüngliche Präformativvokal u (oder a?) ist zu Schwa (bzw. Chatef pátach) geworden. *Merke:* „Schwa mobile im Präformativ weist auf Pi'el (oder Pu'al)." Bei Verba ל"ה treten vokalische Afformative direkt an den zweiten Radikal (יְגַלּוּ), während vor konsonantische Afformative der Bindevokal $\bar{æ}$ tritt (תְּגַלֶּינָה). *Merke:* „Verba ל"ה sind bis zur Mitte stark." Im Jussiv (יְגַל), Impf.cons (וַיְגַל) und Imp (גַּל) begegnen bei Verba ל"ה Kurzformen (nach § 4i ohne Dagesch forte), der Inf.cstr (גַּלּוֹת) hat die Femininendung ת (§ 46g). Bei Verba ל"א quiesziert א nach § 10f am Silbenende. Einige Formen der Verba ל"א gleichen sich an Verba ל"ה an. Verba פ"נ, פ"ו und פ"י haben im Pi'el starke Bildungen und keine Besonderheiten.

Im *Imperfectum consecutivum* weicht der Ton gelegentlich unter Kürzung der letzten Silbe auf die vorletzte Silbe zurück. Dagesch forte im Präformativ entfällt nach § 4i (יְבָרֵךְ, aber: וַיְבָרֶךְ).

Infinitive Die Infinitive entsprechen grundsätzlich der Vokalfolge der Präformativkonjugation: קַטֵּל (Inf.cstr) bzw. קַטּוֹל (Inf.abs).

Partizip Das Partizip ist um das präformative Nominalbildungselement מ (vgl. § 20o-q) erweitert und entspricht in der Vokalfolge der Präformativkonjugation (מְקַטֵּל < *mu-qat-til*, מְסוֹבֵב usw.).

m

			Starkes Verb		**Verba laryngalia und ר**	
			(קְטֹל)	(גָּדֹל)	(בָּרֵךְ)	(מִהַר)
Pf	**Sg**	**3 m**	קִטֵּל	גִּדֵּל	בֵּרֵךְ	מִהַר
		3 f	קִטְּלָה	גִּדְּלָה	בֵּרְכָה	מִהֲרָה
		2 m	קִטַּּלְתָּ	גִּדַּּלְתָּ	בֵּרַּכְתָּ	מִהַּרְתָּ
		2 f	קִטַּלְתְּ	usw.	בֵּרַכְתְּ	מִהַרְתְּ
		1 c	קִטַּּלְתִּי		בֵּרַּכְתִּי	מִהַּרְתִּי
	Pl	**3 c**	קִטְּלוּ		בֵּרְכוּ	מִהֲרוּ
		2 m	קִטַּלְתֶּם		בֵּרַכְתֶּם	מִהַרְתֶּם
		2 f	קִטַּלְתֶּן		בֵּרַכְתֶּן	מִהַרְתֶּן
		1 c	קִטַּּלְנוּ		בֵּרַּכְנוּ	מִהַּרְנוּ
Impf	**Sg**	**3 m**	יְקַטֵּל	יְגַדֵּל	יְבָרֵךְ	יְמַהֵר
		3 f	תְּקַטֵּל	תְּגַדֵּל	תְּבָרֵךְ	תְּמַהֵר
		2 m	תְּקַטֵּל	usw.	תְּבָרֵךְ	תְּמַהֵר
		2 f	תְּקַטְּלִי		תְּבָרְכִי	תְּמַהֲרִי
		1 c	אֲקַטֵּל (יְטַלֶּה)		אֲבָרֵךְ	אֲמַהֵר
	Pl	**3 m**	יְקַטְּלוּ		יְבָרְכוּ	יְמַהֲרוּ
		3 f	תְּקַטֵּּלְנָה		תְּבָרֵּכְנָה	תְּמַהֵּרְנָה
		2 m	תְּקַטְּלוּ		תְּבָרְכוּ	תְּמַהֲרוּ
		2 f	תְּקַטֵּּלְנָה		תְּבָרֵּכְנָה	תְּמַהֵּרְנָה
		1 c	נְקַטֵּל		נְבָרֵךְ	נְמַהֵר
Impf KF (Juss)			יְקַטֵּל		יְבָרֵךְ	יְמַהֵר
Impf.cons			וַיְקַטֵּל		וַיְבָרֶךְ	וַיְמַהֵר
Imp	**Sg**	**2 m**	קַטֵּל (יְטַלֶּה)		בָּרֵךְ	מַהֵר
		2 f	קַטְּלִי		בָּרֲכִי	מַהֲרִי
	Pl	**2 m**	קַטְּלוּ		בָּרֲכוּ	מַהֲרוּ
		2 f	קַטֵּּלְנָה		בָּרֵּכְנָה	מַהֵּרְנָה
Inf.cstr			קַטֵּל		בָּרֵךְ	מַהֵר
Inf.abs			קַטֵּל / קַטֹּל		בָּרֵךְ / בָּרֹךְ	מַהֵר
Ptz	**m**		מְקַטֵּל		מְבָרֵךְ	מְמַהֵר
	f		מְקַטְּלָה		מְבָרֶֽכֶת	מְמַהֲרָה
			מְקַטֶּּלֶת			

לי״ה (גלה)	לי״א (מלא)	עי״ע (הלל)	עי״ע (סבב)	עי״וי (כון / שיר)
גִּלָּה	מִלֵּא	הִלֵּל	סוֹבֵב	שׁוֹרֵר כּוֹנֵן
גִּלְּתָה	מִלְּאָה	הִלְּלָה	סוֹבְבָה	כּוֹנְנָה usw.
גִּלִּיתָ	מִלֵּאתָ	הִלַּלְתָּ	סוֹבַבְתָּ	כּוֹנַנְתָּ
גִּלִּית	מִלֵּאת	הִלַּלְתְּ	סוֹבַבְתְּ	כּוֹנַנְתְּ
גִּלִּיתִי	מִלֵּאתִי	הִלַּלְתִּי	סוֹבַבְתִּי	כּוֹנַנְתִּי
גִּלּוּ	מִלְּאוּ	הִלְּלוּ	סוֹבְבוּ	כּוֹנְנוּ
גִּלִּיתֶם	מִלֵּאתֶם	הִלַּלְתֶּם	סוֹבַבְתֶּם	כּוֹנַנְתֶּם
גִּלִּיתֶן	מִלֵּאתֶן	הִלַּלְתֶּן	סוֹבַבְתֶּן	כּוֹנַנְתֶּן
גִּלִּינוּ	מִלֵּאנוּ	הִלַּלְנוּ	סוֹבַבְנוּ	כּוֹנַנּוּ
יְגַלֶּה	יְמַלֵּא	יְהַלֵּל	יְסוֹבֵב	יְכוֹנֵן
תְּגַלֶּה	תְּמַלֵּא	תְּהַלֵּל	תְּסוֹבֵב	תְּכוֹנֵן
תְּגַלֶּה	תְּמַלֵּא	תְּהַלֵּל	תְּסוֹבֵב	תְּכוֹנֵן
תְּגַלִּי	תְּמַלְּאִי	תְּהַלְּלִי	תְּסוֹבְבִי	תְּכוֹנְנִי
אֲגַלֶּה	אֲמַלֵּא	אֲהַלֵּל	אֲסוֹבֵב	אֲכוֹנֵן
יְגַלּוּ	יְמַלְּאוּ	יְהַלְּלוּ	יְסוֹבְבוּ	יְכוֹנְנוּ
תְּגַלֶּינָה	תְּמַלֶּאנָה	תְּהַלֵּלְנָה	תְּסוֹבֵבְנָה	תְּכוֹנֵנָּה
תְּגַלּוּ	תְּמַלְּאוּ	תְּהַלְּלוּ	תְּסוֹבְבוּ	תְּכוֹנְנוּ
תְּגַלֶּינָה	תְּמַלֶּאנָה	תְּהַלֵּלְנָה	תְּסוֹבֵבְנָה	תְּכוֹנֵנָּה
נְגַלֶּה	נְמַלֵּא	נְהַלֵּל	נְסוֹבֵב	נְכוֹנֵן
יְגַל	יְמַלֵּא	יְהַלֵּל	יְסוֹבֵב	יְכוֹנֵן
וַיְגַל	וַיְמַלֵּא	וַיְהַלֵּל	וַיְסוֹבֵב	וַיְכוֹנֵן
גַּלֵּה / גַּל	מַלֵּא	הַלֵּל	סוֹבֵב	כּוֹנֵן
גַּלִּי	מַלְּאִי	הַלְּלִי	סוֹבְבִי	כּוֹנְנִי
גַּלּוּ	מַלְּאוּ	הַלְּלוּ	סוֹבְבוּ	כּוֹנְנוּ
גַּלֶּינָה	מַלֶּאנָה	הַלֵּלְנָה	סוֹבֵבְנָה	כּוֹנֵנָּה
גַּלּוֹת	מַלֵּא / מַלֹּאת	הַלֵּל	סוֹבֵב	כּוֹנֵן
גַּלֵּה / גַּלֹּה	מַלֵּא	הַלֵּל	סוֹבֵב	כּוֹנֵן
מְגַלֶּה	מְמַלֵּא	מְהַלֵּל	מְסוֹבֵב	מְכוֹנֵן
מְגַלָּה	מְמַלְּאָה	מְהַלְלָה	מְסוֹבְבָה	מְכוֹנְנָה

§ 36 Pu'al (D-Stamm passiv)

a Das Pu'al (פֻּעַל) ist *passiv zum Pi'el*. Wesentliche Merkmale des Pu'al sind die Verdopplung des mittleren Radikals („D-Stamm passiv"), das Schwa mobile in den Formen mit Präformativ (Impf und Ptz) und der dunkle Passiv-Vokal *u* (bzw. *ō*) in der ersten Stammsilbe.

קִטֵּל (Pi) „er hat tot gemacht"	>	קֻטַּל (Pu) „er ist tot gemacht worden"		

b **Bedeutung** Das Pu'al ist das passive Gegenstück zum Pi'el. Die Bedeutung von Verben im Pu'al ist daher über das Pi'el (§ 35b-d) zu erschließen:

סָפַר	(Q)	„er hat gezählt"
סִפֵּר	(Pi)	„er hat aufgezählt" > „er hat erzählt"
סֻפַּר	(Pu)	„er ist erzählt worden"

כָּבֵד	(Q)	„er ist schwer (geworden)"
כִּבֵּד	(Pi)	„er hat schwer gemacht" > „er hat geehrt"
כֻּבַּד	(Pu)	„er ist geehrt worden"

בִּקֵּשׁ	(Pi)	„er hat gesucht"
בֻּקַּשׁ	(Pu)	„er ist gesucht worden"

c **Verdopplung des mittleren Radikals** Die Verdopplung des mittleren Radikals erfolgt wie beim Pi'el i.d.R. durch Dagesch forte. Bei Verba mediae laryngalis (und ר) findet nach § 10p-u virtuelle Verdopplung oder Ersatzdehnung statt, bei Schwa mobile entfällt sie nach § 4i oft ganz.

d **Po'al, Polal, Pulal und Polpal** Bei den zweiradikaligen ע-Verben ist (wie im Pi'el) der zweite Radikal verdoppelt; die so entstandenen Bildungen werden wegen ihrer besonderen Vokalfolge auch Po'al, Polal (andere: Pilel pass) oder Pulal genannt (כון: Pu √ כּוֹנַן „fest gegründet sein", § 48m.n.49o.p). Sehr selten treten im Pu'al vollständige Wurzel-Reduplikationen auf (sog. Polpal), wie bei כול „versorgt sein" (Pf: כָּלְכָּל, mit Qámez chatuf). Starke Bildungen wie bei הֻלַּל „gelobt sein/werden" sind selten.

e Einige eigenartige Bildungen gehen vielleicht auf ein verloren gegangenes Passiv des Qal zurück (§ 28s.29l), insbesondere manche Partizipien, die ohne das präformative מְ (§ 35l.36j) gebildet sind (z.B. אֻכָּל „verzehrt", statt: מְאֻכָּל).

Afformativkonjugation Das Perfekt ist meist durch die Vokalfolge *u – a* gekenn- $\quad$ f
zeichnet und lautet beim starken Verb קֻטַּל (< *qut-tal*). Bei Verba mediae laryngalis
(und ר) bleibt das *u* erhalten (רֻחַם Pu „geliebt sein", sog. virtuelle Verdopplung, § 10p-
u) oder es wird zu *ō* gedehnt (בֹּרַךְ Pu „gesegnet sein"). Der zweite Vokal ist wandelbar und wird bei vokalischen Endungen zu Schwa mobile (bei Laryngalen und ר:
Chatef pátach) reduziert. Bei Verba ל"ה treten vokalische Afformative direkt an den
zweiten Radikal (גֻּלּוּ √ גלה), während vor konsonantischen Afformativen der betonte
Bindevokal *ē* steht (גֻּלֵּיתָ). *Merke:* „Verba ל"ה sind bis zur Mitte stark." Bei Verba
ל"א quiesziert א nach § 10f am Silbenende. Einige Formen gleichen sich an Verba
ל"ה an.

Präformativkonjugation Das Imperfekt hat meist die Vokalfolge *u – a* und lautet $\quad$ g
beim starken Verb יְקֻטַּל (< *ju-qut-tal*). Während das (aus dem Perfekt stammende) *u*
beim starken Verb immer erhalten bleibt (vor Laryngalen und ר oft zu Chólem
gedehnt, § 9j.10p-u), wird das *a* bei vokalischen Endungen zu Schwa mobile (bei
Laryngalen: Chatef pátach, § 10g) reduziert. Der ursprüngliche Präformativvokal *u* ist
wie im Pi'el zu Schwa (bzw. Chatef pátach) geworden. *Merke:* „Schwa mobile im
Präformativ weist auf (Pi'el oder) Pu'al." Bei Verba ל"ה treten vokalische Afformative
direkt an den zweiten Radikal (יְגֻלּוּ √ גלה), während vor konsonantische Afformative
der (betonte) Bindevokal *æ* tritt (תְּגֻלֶּינָה). *Merke:* „Verba ל"ה sind bis zur Mitte
stark." Kurzformen sind selten. Bei Verba ל"א quiesziert א nach § 10f am Silbenende.
Einige Formen der Verba ל"א gleichen sich an Verba ל"ה an. Verba פ"נ, פ"ו und
פ"י haben im Pi'el starke Bildungen und keine Besonderheiten.

Imperativ Als Passiv zum Pi'el kann das Pu'al keinen Imperativ bilden. $\quad$ h

Infinitive Infinitive kommen im Pu'al nicht vor (Ausnahme: גֻּנֹּב Inf.abs „gestohlen"). $\quad$ i

Partizip Das Partizip ist um das präformative Nominalbildungselement מ (vgl. § 20o- $\quad$ j
q) erweitert und entspricht in der Vokalfolge wieder genau der Präformativkonjugation
(מְקֻטָּל < *mu-qut-tal*, מְסוֹבָב usw.).

k

			Starkes Verb		Verba laryngalia und ר	
			(קטל)	(גדל)	(ברך)	(רחם)
Pf	Sg	3 m	קֻטַּל	גֻּדַּל	בֹּרַךְ	רֻחַם
		3 f	קֻטְּלָה	גֻּדְּלָה	בֹּרְכָה	רֻחֲמָה
		2 m	קֻטַּ֫לְתָּ	usw.	בֹּרַ֫כְתָּ	רֻחַ֫מְתָּ
		2 f	קֻטַּלְתְּ		בֹּרַכְתְּ	רֻחַמְתְּ
		1 c	קֻטַּ֫לְתִּי		בֹּרַ֫כְתִּי	רֻחַ֫מְתִּי
	Pl	3 c	קֻטְּלוּ		בֹּרְכוּ	רֻחֲמוּ
		2 m	קֻטַּלְתֶּם		בֹּרַכְתֶּם	רֻחַמְתֶּם
		2 f	קֻטַּלְתֶּן		בֹּרַכְתֶּן	רֻחַמְתֶּן
		1 c	קֻטַּ֫לְנוּ		בֹּרַ֫כְנוּ	רֻחַ֫מְנוּ
Impf	Sg	3 m	יְקֻטַּל		יְבֹרַךְ	יְרֻחַם
		3 f	תְּקֻטַּל		תְּבֹרַךְ	תְּרֻחַם
		2 m	תְּקֻטַּל		תְּבֹרַךְ	תְּרֻחַם
		2 f	תְּקֻטְּלִי		תְּבֹרְכִי	תְּרֻחֲמִי
		1 c	אֲקֻטַּל (יְטֻלָּה)		אֲבֹרַךְ	אֲרֻחַם
	Pl	3 m	יְקֻטְּלוּ		יְבֹרְכוּ	יְרֻחֲמוּ
		3 f	תְּקֻטַּ֫לְנָה		תְּבֹרַ֫כְנָה	תְּרֻחַ֫מְנָה
		2 m	תְּקֻטְּלוּ		תְּבֹרְכוּ	תְּרֻחֲמוּ
		2 f	תְּקֻטַּ֫לְנָה		תְּבֹרַ֫כְנָה	תְּרֻחַ֫מְנָה
		1 c	נְקֻטַּל		נְבֹרַךְ	נְרֻחַם
Impf KF (Juss)			יְקֻטַּל		יְבֹרַךְ	יְרֻחַם
Impf.cons			וַיְקֻטַּל		וַיְבֹרַךְ	וַיְרֻחַם
Imp	Sg	2 m	---		---	---
		2 f	---		---	---
	Pl	2 m	---		---	---
		2 f	---		---	---
Inf.cstr			---		---	---
Inf.abs			---		---	---
Ptz		m	מְקֻטָּל		מְבֹרָךְ	מְרֻחָם
		f	מְקֻטָּלָה מְקֻטֶּ֫לֶת		מְבֹרֶ֫כֶת	מְרֻחָמָה

לי״ה (גלה)	לי״א (מלא)	ע״ע (הלל)	(סבב)	ע״ו/י (כון)
גֻּלָּה	מֻלָּא	הֻלַּל	סוֹבַב	כּוֹנַן
גֻּלְּתָה	מֻלְּאָה	הֻלְּלָה	סוֹבְבָה	כּוֹנְנָה
גֻּלֵּיתָ	מֻלֵּאתָ	הֻלַּלְתָּ	סוֹבַּבְתָּ	כּוֹנַנְתָּ
גֻּלֵּית	מֻלֵּאת	הֻלַּלְתְּ	סוֹבַבְתְּ	כּוֹנַנְתְּ
גֻּלֵּיתִי	מֻלֵּאתִי	הֻלַּלְתִּי	סוֹבַּבְתִּי	כּוֹנַנְתִּי
גֻּלּוּ	מֻלְּאוּ	הֻלְּלוּ	סוֹבְבוּ	כּוֹנְנוּ
גֻּלֵּיתֶם	מֻלֵּאתֶם	הֻלַּלְתֶּם	סוֹבַבְתֶּם	כּוֹנַנְתֶּם
גֻּלֵּיתֶן	מֻלֵּאתֶן	הֻלַּלְתֶּן	סוֹבַבְתֶּן	כּוֹנַנְתֶּן
גֻּלֵּינוּ	מֻלֵּאנוּ	הֻלַּלְנוּ	סוֹבַּבְנוּ	כּוֹנַנּוּ
יְגֻלֶּה	יְמֻלָּא	יְהֻלַּל	יְסוֹבַב	יְכוֹנַן
תְּגֻלֶּה	תְּמֻלָּא	תְּהֻלַּל	תְּסוֹבַב	תְּכוֹנַן
תְּגֻלֶּה	תְּמֻלָּא	תְּהֻלַּל	תְּסוֹבַב	תְּכוֹנַן
תְּגֻלִּי	תְּמֻלְּאִי	תְּהֻלְּלִי	תְּסוֹבְבִי	תְּכוֹנְנִי
אֲגֻלֶּה	אֲמֻלָּא	אֲהֻלַּל	אֲסוֹבַב	אֲכוֹנַן
יְגֻלּוּ	יְמֻלְּאוּ	יְהֻלְּלוּ	יְסוֹבְבוּ	יְכוֹנְנוּ
תְּגֻלֶּינָה	תְּמֻלֶּאנָה	תְּהֻלַּלְנָה	תְּסוֹבַבְנָה	תְּכוֹנַנָּה
תְּגֻלּוּ	תְּמֻלְּאוּ	תְּהֻלְּלוּ	תְּסוֹבְבוּ	תְּכוֹנְנוּ
תְּגֻלֶּינָה	תְּמֻלֶּאנָה	תְּהֻלַּלְנָה	תְּסוֹבַבְנָה	תְּכוֹנַנָּה
נְגֻלֶּה	נְמֻלָּא	נְהֻלַּל	נְסוֹבַב	נְכוֹנַן
---	---	יְהֻלַּל	---	---
---	---	וַיְהֻלַּל	וַיְסוֹבַב	וַיְכוֹנַן
---	---	---	---	---
---	---	---	---	---
---	---	---	---	---
---	---	---	---	---
---	---	---	---	---
---	---	---	---	---
מְגֻלֶּה	מְמֻלָּא	מְהֻלָּל	מְסוֹבָב	מְכוֹנָן
מְגֻלָּה	מְמֻלָּאָה	מְהֻלָּלָה	מְסוֹבָבָה	מְכוֹנָנָה

§ 37 Hitpa'el (D-Stamm reflexiv)

a Das Hitpa'el (הִתְפַּעֵל) ist meist *r e f l e x i v* gegenüber dem Pi'el. Wesentliches Merkmal des Hitpa'el ist neben der Verdopplung des mittleren Radikals („D-Stamm reflexiv") ein ת vor dem ersten Radikal, das in den präformativlosen Formen durch ein sog. He prostheticum lautbar gemacht wird.

קִטֵּל (Pi) „er hat tot gemacht" >	הִתְקַטֵּל (Hitp) „er hat sich tot gemacht"

b **Bedeutung** Weil das Hitpa'el i.d.R. reflexiv gegenüber dem Pi'el ist, ist die Bedeutung von Verben im Hitpa'el meist über das Pi'el (§ 35b) zu erschließen:

הִלֵּל	(Pi)	„er hat gelobt/gerühmt"
הִתְהַלֵּל	(Hitp)	„er hat sich selbst gerühmt"

כָּבֵד	(Q)	„er ist schwer (geworden)"
כִּבֵּד	(Pi)	„er hat schwer gemacht" > „er hat geehrt"
הִתְכַּבֵּד	(Hitp)	„er hat sich schwer gemacht" > „er hat sich gross getan"

c Nicht immer hat das Hitpa'el eine Pi'el-Entsprechung. Zuweilen hat es eine reflexive oder *r e z i p r o k e* Bedeutung gegenüber dem Qal oder Hiph'il:

רָאָה	(Q)	„er hat gesehen"
הִתְרָאוּ	(Hitp)	„sie haben sich (gegenseitig) angesehen"

d Selten ist das Hitpa'el (wie oft im Aramäischen) passiv (הִשְׁתַּכַּח „vergessen werden").

e **Verdopplung des mittleren Radikals** Die Verdopplung des mittleren Radikals erfolgt i.d.R. durch Dagesch forte. Bei Verba mediae laryngalis und ר findet nach § 10p-u stattdessen virtuelle Verdopplung oder Ersatzdehnung statt, bei Schwa mobile entfällt es nach § 4i oft ganz.

f **Hitpo'el, Hitpolel und Hitpalpel** Bei den zweiradikaligen Verben ist der zweite Radikal verdoppelt. Die so entstandenen Bildungen werden wegen ihrer besonderen Vokalfolge auch Hitpo'el oder Hitpolel genannt (הִתְקוֹמֵם: Hitp von קום „sich erheben", הִתְרוֹעֵעַ: Hitp von רעע II „zerschlagen werden", § 48l-m.49n-o). Selten treten im Hitpa'el vollständige Wurzel-Reduplikationen auf (sog. Hitpalpel, § 48n.49p), so z.B. bei קלל Hitp „geschüttelt werden" (Pf: הִתְקַלְקַל) und bei מהה Hitp „zögern" (Pf: הִתְמַהְמַהּ). Starke Bildungen wie bei הִתְהַלֵּל „sich rühmen" (§ 37b) sind selten.

bei Sibilanten

Metathese und Assimilation des ת Ist der erste Radikal ein Zischlaut (ז, ס, צ, שׁ   **g**
oder שׂ), so tauscht er mit dem Reflexivmerkmal ת seine Stellung (= „Metathese"); in
einigen Formen tritt partielle oder totale Assimilation des ת (§ 7a.n-q) ein:

וְיִשְׁתַּמֵּר	<	וְיִתְשַׁמֵּר	von שׁמר	„bewahren"	Hitp: „und er hüte sich"
נִצְטַדֵּק	<	נִתְצַדֵּק	von צדק	„Recht haben"	Hitp: „wir rechtfertigen uns"
הִטַּהֲרוּ	<	הִתְטַהֲרוּ	von טהר	„rein sein"	Hitp: „sie haben sich gereinigt"
מִדַּבֵּר	<	מִתְדַּבֵּר	von דבר	„reden"	Hitp: „einer, der sich bespricht"
וַיִּנַּשֵּׂא	<	וַיִּתְנַשֵּׂא	von נשׂא	„heben"	Hitp: „und er erhob sich"

Afformativ- und Präformativkonjugation Perfekt und Imperfekt haben in der Regel   **h**
die gleiche Vokalfolge. Das Perfekt des starken Verbs lautet הִתְקַטֵּל oder (seltener)
הִתְקַטַּל (< *t-qat-til* < *ta-qat-til* bzw. *ta-qat-tal*) und wird der Aussprache wegen mit
(sekundärem) He prostheticum gebildet. Das Imperfekt lautet יִתְקַטֵּל oder (seltener)
יִתְקַטַּל (< *jat-qat-til* bzw. *jat-qat-tal*). Bei Verba mediae laryngalis (und ר) tritt nach
§ 10p-u virtuelle Verdopplung oder Ersatzdehnung (§ 9j) ein. Der zweite Stammvokal ist
wandelbar und wird bei vokalischen Endungen zu Schwa mobile (bei Laryngalen und ר:
Chatef pátach, § 10g) reduziert. Bei Verba ל"ה treten vokalische Afformative direkt an
den zweiten Radikal (הִתְגַּלּוּ √ גלה), während vor konsonantischen Afformativen im
Perfekt der (betonte) Bindevokal *î* oder *ē* (הִתְגַּלִּיתִי, הִתְגַּלִּיתָ) und im Imperfekt *æ*
steht (תִּתְגַּלֶּינָה). *Merke:* „Verba ל"ה sind bis zur Mitte stark."(§ 46). Im Jussiv (יִתְגַּל)
und Impf.cons (וַיִּתְגַּל) begegnen bei Verba ל"ה Kurzformen (nach § 4i ohne Dagesch
forte, § 46m), der Inf.cstr (הִתְגַּלּוֹת) hat die Femininendung ת (§ 46g). Bei Verba ל"א
quiesziert א nach § 10f am Silbenende. Verba פ"נ, פ"ו und פ"י haben im Hitpa'el
starke Bildungen und keine Besonderheiten. In einigen Formen der פ"ו ist sogar das
ursprüngliche ו am Silbenanfang (§ 45a) erhalten geblieben (z.B. הִתְוַדַּע „sich zu
erkennen geben" √ ידע).

Imperativ und Infinitive Imperativ und Infinitive entsprechen der Vokalfolge des   **i**
Perfekts und sind ebenfalls mit He prostheticum gebildet: הִתְקַטֵּל usw. Nur der Kontext ermöglicht hier eine Unterscheidung.

Partizip Das Partizip ist um das präformative Nominalbildungselement מ (vgl. § 20o-   **j**
q) erweitert (מִתְקַטֵּל).

k

	Starkes Verb		Verba laryngalia und ר	
	(קְטֹל)	(חכם)	(ברך)	(טהר)
Pf Sg 3 m	הִתְקַטֵּל	הִתְחַכַּם	הִתְבָּרֵךְ	הִטַּהֵר (”הר)
3 f	הִתְקַטְּלָה	הִתְחַכְּמָה	הִתְבָּרְכָה	הִטַּהֲרָה
2 m	הִתְקַטַּלְתָּ	usw.	הִתְבָּרַכְתָּ	הִטַּהַרְתָּ
2 f	הִתְקַטַּלְתְּ		הִתְבָּרַכְתְּ	הִטַּהַרְתְּ
1 c	הִתְקַטַּלְתִּי		הִתְבָּרַכְתִּי	הִטַּהַרְתִּי
Pl 3 c	הִתְקַטְּלוּ		הִתְבָּרְכוּ	הִטַּהֲרוּ
2 m	הִתְקַטַּלְתֶּם		הִתְבָּרַכְתֶּם	הִטַּהַרְתֶּם
2 f	הִתְקַטַּלְתֶּן		הִתְבָּרַכְתֶּן	הִטַּהַרְתֶּן
1 c	הִתְקַטַּלְנוּ		הִתְבָּרַכְנוּ	הִטַּהַרְנוּ
Impf Sg 3 m	יִתְקַטֵּל	יִתְחַכַּם	יִתְבָּרֵךְ	יִטַּהַר (”הר)
3 f	תִּתְקַטֵּל	תִּתְחַכַּם	תִּתְבָּרֵךְ	תִּטַּהַר
2 m	תִּתְקַטֵּל	usw.	תִּתְבָּרֵךְ	תִּטַּהַר
2 f	תִּתְקַטְּלִי		תִּתְבָּרְכִי	תִּטַּהֲרִי
1 c	אֶתְקַטֵּל (”לה)		אֶתְבָּרֵךְ	אֶטַּהַר
Pl 3 m	יִתְקַטְּלוּ		יִתְבָּרְכוּ	יִטַּהֲרוּ
3 f	תִּתְקַטֵּלְנָה		תִּתְבָּרַכְנָה	תִּטַּהֵרְנָה
2 m	תִּתְקַטְּלוּ		תִּתְבָּרְכוּ	תִּטַּהֲרוּ
2 f	תִּתְקַטֵּלְנָה		תִּתְבָּרַכְנָה	תִּטַּהֵרְנָה
1 c	נִתְקַטֵּל		נִתְבָּרֵךְ	נִטַּהַר
Impf KF (Juss)	יִתְקַטֵּל		יִתְבָּרֵךְ	יִטַּהַר (”הר)
Impf.cons	וַיִּתְקַטֵּל		וַיִּתְבָּרֵךְ	וַיִּטַּהַר (”הר)
Imp Sg 2 m	הִתְקַטֵּל (”לה)		הִתְבָּרֵךְ	הִטַּהַר (”הר)
2 f	הִתְקַטְּלִי		הִתְבָּרְכִי	הִטַּהֲרִי
Pl 2 m	הִתְקַטְּלוּ		הִתְבָּרְכוּ	הִטַּהֲרוּ
2 f	הִתְקַטֵּלְנָה		הִתְבָּרֵכְנָה	הִטַּהֵרְנָה
Inf.cstr	הִתְקַטֵּל		הִתְבָּרֵךְ	הִטַּהֵר (”הר)
Inf.abs	הִתְקַטֵּל		הִתְבָּרֵךְ	הִטַּהֵר (”הר)
Ptz m	מִתְקַטֵּל		מִתְבָּרֵךְ	מִטַּהֵר
f	מִתְקַטְּלָה / מִתְקַטֶּלֶת		מִתְבָּרֲכָה	מִטַּהֲרָה

לייה (גלה)	לייא (מלא)	עייע (הלל)	עייע (גלל)	עייו (כון)
הִתְגַּלָּה	הִתְמַלֵּא	הִתְהַלֵּל	הִתְגּוֹלֵל	הִתְכּוֹנֵן
הִתְגַּלְּתָה	הִתְמַלְּאָה	הִתְהַלְלָה	הִתְגּוֹלְלָה	הִתְכּוֹנְנָה
הִתְגַּלִּיתָ	הִתְמַלֵּאתָ	הִתְהַלַּלְתָּ	הִתְגּוֹלַלְתָּ	הִתְכּוֹנַנְתָּ
הִתְגַּלִּית	הִתְמַלֵּאת	הִתְהַלַּלְתְּ	הִתְגּוֹלַלְתְּ	הִתְכּוֹנַנְתְּ
הִתְגַּלֵּיתִי	הִתְמַלֵּאתִי	הִתְהַלַּלְתִּי	הִתְגּוֹלַלְתִּי	הִתְכּוֹנַנְתִּי
הִתְגַּלּוּ	הִתְמַלְּאוּ	הִתְהַלְלוּ	הִתְגּוֹלְלוּ	הִתְכּוֹנְנוּ
הִתְגַּלִּיתֶם	הִתְמַלֵּאתֶם	הִתְהַלַּלְתֶּם	הִתְגּוֹלַלְתֶּם	הִתְכּוֹנַנְתֶּם
הִתְגַּלִּיתֶן	הִתְמַלֵּאתֶן	הִתְהַלַּלְתֶּן	הִתְגּוֹלַלְתֶּן	הִתְכּוֹנַנְתֶּן
הִתְגַּלִּינוּ	הִתְמַלֵּאנוּ	הִתְהַלַּלְנוּ	הִתְגּוֹלַלְנוּ	הִתְכּוֹנַנּוּ
יִתְגַּלֶּה	יִתְמַלֵּא	יִתְהַלֵּל	יִתְגּוֹלֵל	יִתְכּוֹנֵן
תִּתְגַּלֶּה	תִּתְמַלֵּא	תִּתְהַלֵּל	תִּתְגּוֹלֵל	תִּתְכּוֹנֵן
תִּתְגַּלֶּה	תִּתְמַלֵּא	תִּתְהַלֵּל	תִּתְגּוֹלֵל	תִּתְכּוֹנֵן
תִּתְגַּלִּי	תִּתְמַלְּאִי	תִּתְהַלְלִי	תִּתְגּוֹלְלִי	תִּתְכּוֹנְנִי
אֶתְגַּלֶּה	אֶתְמַלֵּא	אֶתְהַלֵּל	אֶתְגּוֹלֵל	אֶתְכּוֹנֵן
יִתְגַּלּוּ	יִתְמַלְּאוּ	יִתְהַלְלוּ	יִתְגּוֹלְלוּ	יִתְכּוֹנְנוּ
תִּתְגַּלֶּינָה	תִּתְמַלֶּאנָה	תִּתְהַלֵּלְנָה	תִּתְגּוֹלֵלְנָה	תִּתְכּוֹנֵנָּה
תִּתְגַּלּוּ	תִּתְמַלְּאוּ	תִּתְהַלְלוּ	תִּתְגּוֹלְלוּ	תִּתְכּוֹנְנוּ
תִּתְגַּלֶּינָה	תִּתְמַלֶּאנָה	תִּתְהַלֵּלְנָה	תִּתְגּוֹלֵלְנָה	תִּתְכּוֹנֵנָּה
נִתְגַּלֶּה	נִתְמַלֵּא	נִתְהַלֵּל	נִתְגּוֹלֵל	נִתְכּוֹנֵן
יִתְגַּל	יִתְמַלֵּא	יִתְהַלֵּל	יִתְגּוֹלֵל	יִתְכּוֹנֵן
וַיִּתְגַּל	וַיִּתְמַלֵּא	וַיִּתְהַלֵּל	וַיִּתְגּוֹלֵל	וַיִּתְכּוֹנֵן
הִתְגַּלֵּה	הִתְמַלֵּא	הִתְהַלֵּל	הִתְגּוֹלֵל	הִתְכּוֹנֵן
הִתְגַּלִּי	הִתְמַלְּאִי	הִתְהַלְלִי	הִתְגּוֹלְלִי	הִתְכּוֹנְנִי
הִתְגַּלּוּ	הִתְמַלְּאוּ	הִתְהַלְלוּ	הִתְגּוֹלְלוּ	הִתְכּוֹנְנוּ
הִתְגַּלֶּינָה	הִתְמַלֶּאנָה	הִתְהַלֵּלְנָה	הִתְגּוֹלֵלְנָה	הִתְכּוֹנֵנָּה
הִתְגַּלּוֹת	הִתְמַלֵּא	הִתְהַלֵּל	הִתְגּוֹלֵל	הִתְכּוֹנֵן
הִתְגַּלֵּה	הִתְמַלֵּא	הִתְהַלֵּל	הִתְגּוֹלֵל	הִתְכּוֹנֵן
מִתְגַּלֶּה	מִתְמַלֵּא	מִתְהַלֵּל	מִתְגּוֹלֵל	מִתְכּוֹנֵן
מִתְגַּלָּה	מִתְמַלֵּאָה	מִתְהַלְלָה	מִתְגּוֹלְלָה	מִתְכּוֹנְנָה

§ 38 Hiph'il (H-Stamm aktiv)

a Das Hiph'il (הִפְעִיל) ist *k a u s a t i v* gegenüber dem Grundstamm. Wesentliches
Merkmal des Hiph'il ist das präformative הַ ("H-Stamm"), das im Perfekt meist zu הִ
geworden und im Imperfekt elidiert und nur noch am Pátach zu erkennen ist.

קָטַל (Q) „er hat getötet"	>	הִקְטִיל (Hi) „er hat töten lassen"		

b **Bedeutung** Das Hiph'il modifiziert den Grundstamm dahingehend, dass es jemand
anderen oder etwas anderes zu eben der Handlung oder dem Zustand veranlasst, die
der Grundstamm aussagt. Daher kann es im Deutschen oft hilfsweise mit „jemanden zu
(etwas) veranlassen" wiedergegeben werden. Anders als im Qal wird die Handlung oder
der Zustand nicht vom grammatischen Subjekt, sondern vom Objekt ausgesagt; anders
als im Pi'el zielt das Hiph'il nicht auf das Ergebnis der Handlung, sondern auf die
Handlung selber:

מָלַךְ	(Q)	„er ist König (geworden)" / „er herrscht als König"
הִמְלִיךְ	(Hi)	„er hat (jmd) König werden lassen / als König eingesetzt"

שָׁמַע	(Q)	„er hat gehört"
הִשְׁמִיעַ	(Hi)	„er hat (jemanden) (etwas) hören lassen/verkündet"

c Nicht alle Verben, die ein Hiph'il bilden, begegnen auch im Qal. Oft haben sich Verben
im Hiph'il semantisch eigenständig entwickelt und sind gleichsam zur neuen Vokabel
geworden. Dabei ist die kausative Funktion nicht immer erkennbar, zumal sie sich gelegentlich (wie manchmal bei רחק „fern sein") auf das Subjekt selber bezieht (sog.
i n n e r e s K a u s a t i v):

שלך Hi: „werfen"	< ? (im Qal nicht belegt)
רחק Hi: „sich entfernen"	< „sich (selber) zum fern sein (Q) veranlassen"

d Gelegentlich begegnet das Hiph'il (wie das Pi'el, § 35cd) *d e k l a r a t i v* oder *d e -
n o m i n a t i v* (צדק Q: „Recht haben" > Hi: „jmd. für gerecht erklären" / „jmd.
Recht geben"; שֹׁרֶשׁ „Wurzel" > שרשׁ Hi: „Wurzeln bilden".

e **Themavokal i** Nur im Hiph'il bleibt der Themavokal auch da erhalten und betont, wo
vokalische Afformative oder Endungen an die Wurzel treten (vgl. Hi: הִקְטִילָה mit Q:
קָטְלָה und Hi: יַקְטִילוּ mit Q: יִקְטְלוּ). Er wird jedoch bei konsonantischen Afformativen oder Endungen reduziert (vgl. הִקְטַלְתָּ und תִּקְטַלְנָה).

Afformativkonjugation Im Perfekt bildet das präformative הַ (< הַ) beim starken f
Verb eine geschlossene Silbe mit dem ersten Radikal. Dabei ist die Grundform *haq-ṭal*
zu הִקְטִיל geworden. Der Themavokal *ī* ist jedoch nur in der 3. Person erhalten und
lautet sonst **a** (הִקְטַלְתָּ usw.). Bei Verba primae laryngalis ist הַ nach § 10a-e zu הֶ
geworden und die Präformativsilbe nach § 10i-j meist aufgesprengt (הֶעֱבִיד, mit Suffix
aber oft: וְהַעֲבַדְתִּיךְ). Verba tertiae laryngalis erhalten nach *ī* Pátach furtivum
(הִשְׁלִיחַ usw., § 3d). Bei Verba פ"נ assimiliert sich nach § 7g נ wo immer möglich
(הִפִּיל). Während bei den ע-Verben der Präformativvokal *i* in der offenen Vortonsilbe
zu (veränderlichem) Zere geworden ist (הֵקִים, הֵסֵב), kontrahiert bei פ"ו nach § 8j.l.m.
44j ursprüngliches *a* zu unwandelbarem langem *ō* (הוֹשִׁיב) und bei פ"י nach § 8p.44e
zu *ē* (הֵיטִיב). Die Verba ל"ה und die ע-Verben haben vor konsonantischen Afformativen meist (betonte) Bindevokale (§ 46f.48c-d.49b-c). Selten kommen bei ע-Verben
„aramaisierende" Formen (mit Dagesch forte, § 48j.49l) vor.

Präformativkonjugation Im Imperfekt wird das ה nach dem Präformativ elidiert (§ g
8d), wobei der ursprüngliche Vokal *a* unter das Präformativ tritt, so dass beim starken
Verb *ja-haq-til* zu יַקְטִיל geworden ist. In der 2 und 3 f Pl ist der Themavokal *ī* zu *ē*
geworden. Bei Verba primae laryngalis sind die Präformativsilben nach § 10i-j meist
aufgesprengt (יַעֲבִיד). Verba tertiae laryngalis erhalten nach *ī* Pátach furtivum (יַשְׁלִיחַ
usw.). Bei Verba פ"נ assimiliert sich nach § 7g נ wo immer möglich (נפל √ יַפִּיל).
Während bei den ע-Verben der ursprüngliche Präformativvokal *a* in der offenen
Vortonsilbe zu (veränderlichem) Qámez geworden ist, kontrahiert er bei פ"ו zu unwandelbarem langem *ō* (§ 8j.l.m.45j) und bei פ"י zu unwandelbarem langem *ē* (§ 8p.
44f). Die Verba ל"ה und die ע-Verben haben vor konsonantischen Afformativen
meist (betonte) Bindevokale (§ 46f.48c-d.49b-c). Selten kommen bei ע-Verben „aramaisierende" Formen (mit Dagesch forte, § 48j.49l) vor. Bei schwachen Verbformen
weicht der Ton i.d.R. zurück, insbesondere im Impf.cons, wobei Zere und Chíreq zu
Segol reduziert werden (*Bsp:* וַיּוֹשֶׁב statt יוֹשֵׁב und וַיָּקֶם statt יָקֶם).

Jussiv und Impf.cons Kurzformen begegnen im Hiph'il nicht nur bei Verba ל"ה und h
ע"ו (§ 46m.48e), sondern auch beim starken Verb im Jussiv und Impf.cons (§ 26g.j.
28j): יַשְׁלִיךְ LF: „er wird werfen", יַשְׁלֵךְ KF: „er soll werfen", וַיַּשְׁלֵךְ „und er warf".

Imperativ Im Imperativ (= Impf.KF ohne Präformativ) kommt das ה wieder zum i
Vorschein (הַקְטֵל, הוֹשֵׁב, הֵיטֵב usw.), bei den ע-Verben mit Vorton-Qámez (הָקֵם
usw.). Bei Verba ל"ה gibt es merkwürdige Kurzformen mit Segol (הֶגֶל < *hagl*, § 46m).

Infinitive Die Infinitive zeigen ebenfalls das markante ה, das bei den ע-Verben wieder j
Vorton-Qámez trägt (הָקִים bzw. הָקֵם). Der Infinitivus constructus der Verba ל"ה ist
regelmäßig um die Femininendung erweitert (הַגְלוֹת, § 46g-h).

Partizip Das Partizip ist um das präformative Nominalbildungselement מ (vgl. § 20p) k
erweitert und zeigt neben dem Präformativvokal *a* den charakteristischen Themavokal *ī,*
der aber bei den Nominalendungen nicht betont ist: מַקְטִיל, aber: מֵקִים und מֵסֵב.

1

			Starkes Verb (קֹטֵל)	Verba lar. (עֹבֵד)	פ״נ (נֹפֵל)	פ״ו (יֹשֵׁב)
Pf	Sg	3 m	הִקְטִיל	הֶעֱבִיד	הִפִּיל	הוֹשִׁיב
		3 f	הִקְטִֽילָה	הֶעֱבִֽידָה	הִפִּֽילָה	הוֹשִֽׁיבָה
		2 m	הִקְטַ֫לְתָּ	הֶעֱבַ֫דְתָּ	הִפַּ֫לְתָּ	הוֹשַׁ֫בְתָּ
		2 f	הִקְטַלְתְּ	הֶעֱבַדְתְּ	הִפַּלְתְּ	הוֹשַׁבְתְּ
		1 c	הִקְטַ֫לְתִּי	הֶעֱבַ֫דְתִּי	הִפַּ֫לְתִּי	הוֹשַׁ֫בְתִּי
	Pl	3 c	הִקְטִֽילוּ	הֶעֱבִֽידוּ	הִפִּֽילוּ	הוֹשִֽׁיבוּ
		2 m	הִקְטַלְתֶּם	הֶעֱבַדְתֶּם	הִפַּלְתֶּם	הוֹשַׁבְתֶּם
		2 f	הִקְטַלְתֶּן	הֶעֱבַדְתֶּן	הִפַּלְתֶּן	הוֹשַׁבְתֶּן
		1 c	הִקְטַ֫לְנוּ	הֶעֱבַ֫דְנוּ	הִפַּ֫לְנוּ	הוֹשַׁ֫בְנוּ
Impf	Sg	3 m	יַקְטִיל	יַעֲבִיד	יַפִּיל	יוֹשִׁיב
		3 f	תַּקְטִיל	תַּעֲבִיד	תַּפִּיל	תּוֹשִׁיב
		2 m	תַּקְטִיל	תַּעֲבִיד	תַּפִּיל	תּוֹשִׁיב
		2 f	תַּקְטִֽילִי	תַּעֲבִֽידִי	תַּפִּֽילִי	תּוֹשִֽׁיבִי
		1 c	אַקְטִיל (ל״ה)	אַעֲבִיד	אַפִּיל	אוֹשִׁיב
	Pl	3 m	יַקְטִֽילוּ	יַעֲבִֽידוּ	יַפִּֽילוּ	יוֹשִֽׁיבוּ
		3 f	תַּקְטֵ֫לְנָה	תַּעֲבֵ֫דְנָה	תַּפֵּ֫לְנָה	תּוֹשֵׁ֫בְנָה
		2 m	תַּקְטִֽילוּ	תַּעֲבִֽידוּ	תַּפִּֽילוּ	תּוֹשִֽׁיבוּ
		2 f	תַּקְטֵ֫לְנָה	תַּעֲבֵ֫דְנָה	תַּפֵּ֫לְנָה	תּוֹשֵׁ֫בְנָה
		1 c	נַקְטִיל	נַעֲבִיד	נַפִּיל	נוֹשִׁיב
Impf KF (Juss)			יַקְטֵל	יַעֲבֵד	יַפֵּל	יוֹשֵׁב
Impf.cons			וַיַּקְטֵל	וַיַּעֲבֵד	וַיַּפֵּל	וַיּ֫וֹשֶׁב
Imp	Sg	2 m	הַקְטֵל (ל״ה)	הַעֲבֵד	הַפֵּל	הוֹשֵׁב
		2 f	הַקְטִֽילִי	הַעֲבִֽידִי	הַפִּֽילִי	הוֹשִֽׁיבִי
	Pl	2 m	הַקְטִֽילוּ	הַעֲבִֽידוּ	הַפִּֽילוּ	הוֹשִֽׁיבוּ
		2 f	הַקְטֵ֫לְנָה	הַעֲבֵ֫דְנָה	הַפֵּ֫לְנָה	הוֹשֵׁ֫בְנָה
Inf.cstr			הַקְטִיל	הַעֲבִיד	הַפִּיל	הוֹשִׁיב
Inf.abs			הַקְטֵל	הַעֲבֵד	הַפֵּל	הוֹשֵׁב
Ptz	m		מַקְטִיל	מַעֲבִיד	מַפִּיל	מוֹשִׁיב
	f		מַקְטִילָה מַקְטֶ֫לֶת	מַעֲבִֽידָה	מַפִּילָה	מוֹשִׁיבָה

פ״י (יטב)	ל״ה (גלה)	ל״א (מצא)	ע״ע (סבב)	ע״ו/ע״י (קום)
הֵיטִיב	הִגְלָה הֶגְלָה	הִמְצִיא	הֵסֵב (הֵסֵב)	הֵקִים (הֲקִים)
הֵיטִיבָה	הִגְלְתָה	הִמְצִיאָה	הֵסֵבָּה	הֵקִימָה
הֵיטַבְתָּ	הִגְלִיתָ	הִמְצֵאתָ	הֲסִבּוֹתָ	הֲקִימוֹתָ
הֵיטַבְתְּ	הִגְלִית	הִמְצֵאת	הֲסִבּוֹת	הֲקִימוֹת
הֵיטַבְתִּי	הִגְלֵיתִי	הִמְצֵאתִי	הֲסִבּוֹתִי	הֲקִימוֹתִי
הֵיטִיבוּ	הִגְלוּ	הִמְצִיאוּ	הֵסֵבּוּ	הֵקִימוּ
הֵיטַבְתֶּם	הִגְלִיתֶם	הִמְצֵאתֶם	הֲסִבּוֹתֶם	הֲקִימוֹתֶם
הֵיטַבְתֶּן	הִגְלִיתֶן	הִמְצֵאתֶן	הֲסִבּוֹתֶן	הֲקִימוֹתֶן
הֵיטַבְנוּ	הִגְלִינוּ	הִמְצֵאנוּ	הֲסִבּוֹנוּ	הֲקִימוֹנוּ
יֵיטִיב	יַגְלֶה	יַמְצִיא	יָסֵב (יָסֵב)	יָקִים (יַקִים)
תֵּיטִיב	תַּגְלֶה	תַּמְצִיא	תָּסֵב	תָּקִים
תֵּיטִיב	תַּגְלֶה	תַּמְצִיא	תָּסֵב	תָּקִים
תֵּיטִיבִי	תַּגְלִי	תַּמְצִיאִי	תָּסֵבִּי	תָּקִימִי
אֵיטִיב	אַגְלֶה	אַמְצִיא	אָסֵב	אָקִים
יֵיטִיבוּ	יַגְלוּ	יַמְצִיאוּ	יָסֵבּוּ	יָקִימוּ
תֵּיטֵבְנָה	תַּגְלֶינָה	תַּמְצֶאנָה	תְּסֻבֶּינָה	תְּקִימֶינָה
תֵּיטִיבוּ	תַּגְלוּ	תַּמְצִיאוּ	תָּסֵבּוּ	תָּקִימוּ
תֵּיטֵבְנָה	תַּגְלֶינָה	תַּמְצֶאנָה	תְּסֻבֶּינָה	תְּקִימֶינָה
נֵיטִיב	נַגְלֶה	נַמְצִיא	נָסֵב	נָקִים
יֵיטִיב	יַגְל (יַצְיא)	יַמְצֵא (יַצְיא)	יָסֵב	יָקֵם
וַיֵּטֶב	וַיַּגְל וַיֶּגֶל	וַיַּמְצֵא (יַצְיא)	וַיָּסֶב	וַיָּקֶם
הֵיטֵב	הַגְלֵה הֶגֶל	הַמְצֵא (יַצְיא)	הָסֵב	הָקֵם
הֵיטִיבִי	הַגְלִי	הַמְצִיאִי	הָסֵבִּי	הָקִימִי
הֵיטִיבוּ	הַגְלוּ	הַמְצִיאוּ	הָסֵבּוּ	הָקִימוּ
הֵיטֵבְנָה	הַגְלֶינָה	הַמְצֶאנָה	הֲסִבֶּינָה	הֲקֵמְנָה
הֵיטִיב	הַגְלוֹת	הַמְצִיא	הָסֵב	הָקִים
הֵיטֵב	הַגְלֵה	הַמְצֵא	הָסֵב	הָקֵם
מֵיטִיב	מַגְלֶה	מַמְצִיא	מֵסֵב	מֵקִים
מֵיטִיבָה	מַגְלָה	מַמְצִיאָה	מְסִבָּה	מְקִימָה
מֵיטֶבֶת				

§ 39 Hoph'al (H-Stamm passiv)

a   Das Hoph'al (הָפְעַל) ist *p a s s i v   z u m   H i p h ' i l*. Wesentliches Merkmal des Hoph'al ist das präformative ה („H-Stamm") und der dunkle Passiv-Vokal *ŏ* (Qámez chatuf) oder *u*. Wo das ה elidiert ist (im Imperfekt und Partizip), ist der Stamm nur noch am Präformativvokal *ŏ* oder *u* zu erkennen.

הִקְטִיל (Hi) „er hat töten lassen"	הָקְטַל (Ho) „er ist zum Töten veranlasst worden"	

b   **Bedeutung**   Das Hoph'al ist das passive Gegenstück zum Hiph'il. Die Bedeutung von Verben im Hoph'al ist daher über das Hiph'il (§ 38) zu erschließen:

מָלַךְ	(Q)	„er ist König (geworden)" / „er herrscht als König"
הִמְלִיךְ	(Hi)	„er hat (jmd) König werden lassen / als König eingesetzt"
הָמְלַךְ	(Ho)	„er ist als König eingesetzt worden"

פָּקַד	(Q)	„er hat sich um etwas gekümmert"
הִפְקִיד	(Hi)	„er hat jemand (in ein Amt) eingesetzt / mit etwas betraut"
הָפְקַד	(Ho)	„er ist (in ein Amt) eingesetzt / mit etwas betraut worden"

הִשְׁלִיךְ	(Hi)	„er hat geworfen"
הָשְׁלַךְ	(Ho)	„er ist geworfen worden"

c   **Themavokal**   Anders als der Themavokal *ī* im Hiph'il (§ 38e) unterliegt der Themavokal *a* im Hoph'al denselben Veränderungen wie im Qal und kann zu Schwa mobile verflüchtigt werden (vgl. 3 f Sg Pf Ho הָקְטְלָה mit Q קָטְלָה und 3 m Pl Impf Ho יָקְטְלוּ mit Q יִקְטְלוּ). Daher ist der dunkle Präformativ-Vokal *ŏ* (Qámez chatuf, beim starken Verb) bzw. *u* (beim schwachen Verb) oft das einzige Erkennungsmerkmal des Stammes.

d   **Afformativkonjugation**   Beim starken Verb bildet das präformative הָ (< הֻ) im Perfekt eine geschlossene Silbe mit dem ersten Radikal (in unbetonter geschlossener Silbe: Qámez chatuf). Dabei ist die Grundform *huq-ṭal* meist zu הָקְטַל (selten: הֻקְטַל) geworden. Bei Verba primae laryngalis sind die Präformativsilben nach § 10i-j oft aufgesprengt (הֶעֳמַד). Bei Verba פ״נ assimiliert sich נ wo immer möglich (§ 7g), dabei ist *u* nicht zu *ŏ* geworden (הֻגַּשׁ √ נגשׁ). Bei Verba פ״ו kontrahiert *uw* zu unwandelbarem langem *ū*, das oft plene geschrieben ist (הוּשַׁב, § 8j.n.45l). פ״י-Bildungen kommen im Hoph'al nicht vor. Verba ל״ה sind bis zur Wortmitte „stark" (§ 46k). Verba ל״א erhalten ursprüngliches הָ (הָמְצָא). Die ursprünglich zweiradikaligen ע-Verben haben (in der offenen Silbe) langes *ū*, das analog den פ״ו fast immer plene geschrieben ist

(הוּסַב √ סבב und הוּקַם √ קוּם; § 48i.49k). Verba לַ"ה und ע-Verben haben vor konsonantischen Afformativen meist (betonte) Bindevokale (הוּסַבּוֹתִי, הָגְלֵיתִי, § 46f. 48c.49b).

Präformativkonjugation Im Imperfekt wird das ה nach dem Präformativ (wie im e Hiph'il) elidiert. Dabei tritt der Vokal (*u* bzw. *ŏ*) unter das Präformativ, so dass beim starken Verb *ja-huq-tal* zu יָקְטַל (selten: יֻקְטַל) geworden ist. Bei Verba primae laryngalis sind die Präformativsilben nach § 10i-j meist aufgesprengt (יָעֳמַד). Bei Verba פ"נ assimiliert sich נ wo immer möglich (§ 7g), dabei ist *u* nicht zu *ŏ* geworden (נגש √ יֻגַּשׁ). Bei Verba פ"ו kontrahiert *uw* zu unwandelbarem langem *ū*, das meist plene geschrieben ist (ישב √ יוּשַׁב, § 8j.n.45l). Verba לַ"א erhalten ursprüngliches *u* unter dem Präformativ (יֻמְצָא). Verba לַ"ה sind bis zur Wortmitte „stark" (§ 46k). Die ursprünglich zweiradikaligen ע-Verben haben Präformativsilben mit langem *ū*, das analog den Verba פ"ו fast immer plene geschrieben ist (קוּם √ יוּקַם und סבב √ יוּסַב). Verba לַ"ה und ע-Verben haben vor konsonantischen Afformativen meist (betonte) Bindevokale (תּוּסַבֶּינָה, תָּגְלֶינָה, § 46f.48c.49b).

Imperativ Als Passiv zum Hiph'il kann das Hoph'al keine Imperative bilden. f

Infinitive Beide Infinitive (Inf.abs und Inf.cstr) sind sehr selten, überhaupt nur von g wenigen Vokabeln belegt und immer am הָ (Qámez chatuf), הֻ oder הוּ zu erkennen: הָקְטֵל, aber נגש √ הֻגֵּשׁ und ישב √ הוּשֵׁב (Inf.abs) usw.

Partizip Das Partizip ist um das präformative Nominalbildungselement מ (vgl. § 20p) h erweitert, der Stamm dabei stets am Präformativvokal *ŏ* bzw. *u* zu erkennen: מָקְטָל, ישב √ מוּשָׁב, נגש √ מֻגָּשׁ usw.

i

			Starkes Verb (קטל)	Verba lar. (עמד)	פ״נ (נגש)	פ״יו (ישב)
Pf	Sg	3 m	הָקְטַל (הֻקְ־)	הָעֳמַד	הֻגַּשׁ	הוּשַׁב
		3 f	הָקְטְלָה	הָעֳמְדָה	הֻגְּשָׁה	הוּשְׁבָה
		2 m	הָקְטַֿלְתָּ	הָעֳמַֿדְתָּ	הֻגַּֿשְׁתָּ	הוּשַֿׁבְתָּ
		2 f	הָקְטַלְתְּ	הָעֳמַדְתְּ	הֻגַּשְׁתְּ	הוּשַׁבְתְּ
		1 c	הָקְטַֿלְתִּי	הָעֳמַֿדְתִּי	הֻגַּֿשְׁתִּי	הוּשַֿׁבְתִּי
	Pl	3 c	הָקְטְלוּ	הָעֳמְדוּ	הֻגְּשׁוּ	הוּשְׁבוּ
		2 m	הָקְטַלְתֶּם	הָעֳמַדְתֶּם	הֻגַּשְׁתֶּם	הוּשַׁבְתֶּם
		2 f	הָקְטַלְתֶּן	הָעֳמַדְתֶּן	הֻגַּשְׁתֶּן	הוּשַׁבְתֶּן
		1 c	הָקְטַֿלְנוּ	הָעֳמַֿדְנוּ	הֻגַּֿשְׁנוּ	הוּשַֿׁבְנוּ
Impf	Sg	3 m	יָקְטַל (יֻקְ־)	יָעֳמַד	יֻגַּשׁ	יוּשַׁב
		3 f	תָּקְטַל	תָּעֳמַד	תֻּגַּשׁ	תוּשַׁב
		2 m	תָּקְטַל	תָּעֳמַד	תֻּגַּשׁ	תוּשַׁב
		2 f	תָּקְטְלִי	תָּעֳמְדִי	תֻּגְּשִׁי	תוּשְׁבִי
		1 c	אָקְטַל	אָעֳמַד	אֻגַּשׁ	אוּשַׁב
	Pl	3 m	יָקְטְלוּ	יָעֳמְדוּ	יֻגְּשׁוּ	יוּשְׁבוּ
		3 f	תָּקְטַֿלְנָה	תָּעֳמַֿדְנָה	תֻּגַּֿשְׁנָה	תוּשַֿׁבְנָה
		2 m	תָּקְטְלוּ	תָּעֳמְדוּ	תֻּגְּשׁוּ	תוּשְׁבוּ
		2 f	תָּקְטַֿלְנָה	תָּעֳמַֿדְנָה	תֻּגַּֿשְׁנָה	תוּשַֿׁבְנָה
		1 c	נָקְטַל	נָעֳמַד	נֻגַּשׁ	נוּשַׁב
Impf KF (Juss)			---	---	---	---
Impf.cons			וַיָּקְטַל	וַיָּעֳמַד	וַיֻּגַּשׁ	וַיּוּשַׁב
Imp	Sg	2 m	---	---	---	---
		2 f	---	---	---	---
	Pl	2 m	---	---	---	---
		2 f	---	---	---	---
Inf.cstr			---	---	---	---
Inf.abs			הָקְטֵל	הָעֳמֵד	הֻגֵּשׁ	הוּשֵׁב
Ptz	m		מָקְטָל (מֻקְ־)	מָעֳמָד	מֻגָּשׁ	מוּשָׁב
	f		מָקְטְלָה	מָעֳמָדָה	מֻגָּשָׁה	מוּשָׁבָה
			מָקְטֶֿלֶת	מָעֳמֶֿדֶת	מֻגֶּֿשֶׁת	מוּשֶֿׁבֶת

ל״ה (גלה)	ל״א (מצא)	ע״ע (סבב)	ע״יו״י (קום)	ל״ה + פ״נ (נכה)
הָגְלָה	הֻמְצָא	הוּסַב	הוּקַם	הֻכָּה
הָגְלְתָה	הֻמְצְאָה	הוּסַבָּה	הוּקְמָה	הֻכְּתָה
הָגְלֵיתָ (ייתָ)	הֻמְצֵאתָ	הוּסַבּוֹתָ	הוּקַמְתָּ	הֻכֵּיתָ
הָגְלֵית	הֻמְצֵאת	הוּסַבּוֹת	הוּקַמְתְּ	הֻכֵּית
הָגְלֵיתִי	הֻמְצֵאתִי	הוּסַבּוֹתִי	הוּקַמְתִּי	הֻכֵּיתִי
הָגְלוּ	הֻמְצְאוּ	הוּסַבּוּ	הוּקְמוּ	הֻכּוּ
הָגְלֵיתֶם	הֻמְצֵאתֶם	הוּסַבּוֹתֶם	הוּקַמְתֶּם	הֻכֵּיתֶם
הָגְלֵיתֶן	הֻמְצֵאתֶן	הוּסַבּוֹתֶן	הוּקַמְתֶּן	הֻכֵּיתֶן
הָגְלֵינוּ	הֻמְצֵאנוּ	הוּסַבּוֹנוּ	הוּקַמְנוּ	הֻכֵּינוּ
יָגְלֶה	יֻמְצָא	יוּסַב (יָסַב)	יוּקַם	יֻכֶּה
תָּגְלֶה	תֻּמְצָא	תּוּסַב	תּוּקַם	תֻּכֶּה
תָּגְלֶה	תֻּמְצָא	תּוּסַב	תּוּקַם	תֻּכֶּה
תָּגְלִי	תֻּמְצְאִי	תּוּסַבִּי	תּוּקְמִי	תֻּכִּי
אָגְלֶה	אֻמְצָא	אוּסַב	אוּקַם	אֻכֶּה
יָגְלוּ	יֻמְצְאוּ	יוּסַבּוּ	יוּקְמוּ	יֻכּוּ
תָּגְלֶינָה	תֻּמְצֶאנָה	תּוּסַבֶּינָה	תּוּקַמְנָה	תֻּכֶּינָה
תָּגְלוּ	תֻּמְצְאוּ	תּוּסַבּוּ	תּוּקְמוּ	תֻּכּוּ
תָּגְלֶינָה	תֻּמְצֶאנָה	תּוּסַבֶּינָה	תּוּקַמְנָה	תֻּכֶּינָה
נָגְלֶה	נֻמְצָא	נוּסַב	נוּקַם	נֻכֶּה
---	---	---	---	---
---	---	וַיּוּסַב	וַיּוּקַם	וַיַּךְ
---	---	---	---	---
---	---	---	---	---
---	---	---	---	---
---	---	---	---	---
הָגְלוֹת	---	---	---	---
הָגְלֹה	---	---	---	---
מָגְלֶה	מֻמְצָא	מוּסָב	מוּקָם	מֻכֶּה
מָגְלֶה	---	מוּסָבָּה	מוּקָמָה	מֻכָּה

			Qal		Niph'al	Pi'el
			(a-Perfekt)	(e/o-Perfekt)	reflexiv/passiv	faktitiv/resultativ
Pf	Sg	3 m	קָטַל	כָּבֵד קָטֹן	נִקְטַל	קִטֵּל
		3 f	קָטְלָה	כָּבְדָה קָטְנָה	נִקְטְלָה	קִטְּלָה
		2 m	קָטַ֫לְתָּ	כָּבַ֫דְתָּ קָטֹ֫נְתָּ	נִקְטַ֫לְתָּ	קִטַּ֫לְתָּ
		2 f	קָטַלְתְּ	כָּבַדְתְּ usw.	נִקְטַלְתְּ	קִטַּלְתְּ
		1 c	קָטַ֫לְתִּי	כָּבַ֫דְתִּי	נִקְטַ֫לְתִּי	קִטַּ֫לְתִּי
	Pl	3 c	קָטְלוּ	כָּבְדוּ	נִקְטְלוּ	קִטְּלוּ
		2 m	קְטַלְתֶּם	כְּבַדְתֶּם	נִקְטַלְתֶּם	קִטַּלְתֶּם
		2 f	קְטַלְתֶּן	כְּבַדְתֶּן	נִקְטַלְתֶּן	קִטַּלְתֶּן
		1 c	קָטַ֫לְנוּ	כָּבַ֫דְנוּ	נִקְטַ֫לְנוּ	קִטַּ֫לְנוּ
Impf	Sg	3 m	יִקְטֹל	יִכְבַּד	יִקָּטֵל	יְקַטֵּל
		3 f	תִּקְטֹל	תִּכְבַּד	תִּקָּטֵל	תְּקַטֵּל
		2 m	תִּקְטֹל	תִּכְבַּד	תִּקָּטֵל	תְּקַטֵּל
		2 f	תִּקְטְלִי	תִּכְבְּדִי	תִּקָּטְלִי	תְּקַטְּלִי
		1 c	אֶקְטֹל (יִטְלָה)	אֶכְבַּד (יִבְדָה)	אֶקָּטֵל (יִטְלָה)	אֲקַטֵּל (יִטְלָה)
	Pl	3 m	יִקְטְלוּ	יִכְבְּדוּ	יִקָּטְלוּ	יְקַטְּלוּ
		3 f	תִּקְטֹ֫לְנָה	תִּכְבַּ֫דְנָה	תִּקָּטֵ֫לְנָה	תְּקַטֵּ֫לְנָה
		2 m	תִּקְטְלוּ	תִּכְבְּדוּ	תִּקָּטְלוּ	תְּקַטְּלוּ
		2 f	תִּקְטֹ֫לְנָה	תִּכְבַּ֫דְנָה	תִּקָּטֵ֫לְנָה	תְּקַטֵּ֫לְנָה
		1 c	נִקְטֹל (יִטְלָה)	נִכְבַּד (יִבְדָה)	נִקָּטֵל (יִטְלָה)	נְקַטֵּל (יִטְלָה)
Impf KF (Juss)			יִקְטֹל	יִכְבַּד	יִקָּטֵל	יְקַטֵּל
Impf.cons			וַיִּקְטֹל	וַיִּכְבַּד	וַיִּקָּטֵל וַיִּקָּ֫טֵל	וַיְקַטֵּל
Imp	Sg	2 m	קְטֹל (קָטְלָה)	כְּבַד	הִקָּטֵל (יִטְלָה)	קַטֵּל (יִטְלָה)
		2 f	קִטְלִי	כִּבְדִי	הִקָּטְלִי	קַטְּלִי
	Pl	2 m	קִטְלוּ	כִּבְדוּ	הִקָּטְלוּ	קַטְּלוּ
		2 f	קְטֹ֫לְנָה	כְּבַ֫דְנָה	הִקָּטֵ֫לְנָה	קַטֵּ֫לְנָה
Inf.cstr			קְטֹל	כְּבַד / כְּבֹד	הִקָּטֵל	קַטֵּל
Inf.abs			קָטוֹל	כָּבוֹד	הִקָּטֹל/נִקְטֹל	קַטֵּל/קַטֹּל
Ptz.akt	m		קֹטֵל	כָּבֵד		מְקַטֵּל
	f		קֹטְלָה קֹטֶ֫לֶת	כְּבֵדָה		מְקַטְּלָה מְקַטֶּ֫לֶת
Ptz.pass	m		קָטוּל		נִקְטָל	
	f		קְטוּלָה		נִקְטָלָה (יְ־לָת)	

Pu'al	Hitpa'el	Hiph'il	Hoph'al
passiv zum Pi'el	reflexiv zum Pi'el	kausativ	passiv zum Hiph'il
קֻטַּל	הִתְקַטֵּל	הִקְטִיל (הֵקִ״)	הָקְטַל (הֵקִ״)
קֻטְּלָה	הִתְקַטְּלָה	הִקְטִֽילָה	הָקְטְלָה
קֻטַּלְתָּ	הִתְקַטַּלְתָּ	הִקְטַֽלְתָּ	הָקְטַֽלְתָּ
קֻטַּלְתְּ	הִתְקַטַּלְתְּ	הִקְטַלְתְּ	הָקְטַלְתְּ
קֻטַּלְתִּי	הִתְקַטַּֽלְתִּי	הִקְטַֽלְתִּי	הָקְטַֽלְתִּי
קֻטְּלוּ	הִתְקַטְּלוּ	הִקְטִֽילוּ	הָקְטְלוּ
קֻטַּלְתֶּם	הִתְקַטַּלְתֶּם	הִקְטַלְתֶּם	הָקְטַלְתֶּם
קֻטַּלְתֶּן	הִתְקַטַּלְתֶּן	הִקְטַלְתֶּן	הָקְטַלְתֶּן
קֻטַּֽלְנוּ	הִתְקַטַּֽלְנוּ	הִקְטַֽלְנוּ	הָקְטַֽלְנוּ
יְקֻטַּל	יִתְקַטֵּל	יַקְטִיל	יָקְטַל (יֻקְ״)
תְּקֻטַּל	תִּתְקַטֵּל	תַּקְטִיל	תָּקְטַל
תְּקֻטַּל	תִּתְקַטֵּל	תַּקְטִיל	תָּקְטַל
תְּקֻטְּלִי	תִּתְקַטְּלִי	תַּקְטִֽילִי	תָּקְטְלִי
אֲקֻטַּל	אֶתְקַטֵּל (יִטַּ״לָה)	אַקְטִיל (יִטַּֽילָה)	אָקְטַל
יְקֻטְּלוּ	יִתְקַטְּלוּ	יַקְטִֽילוּ	יָקְטְלוּ
תְּקֻטַּֽלְנָה	תִּתְקַטַּֽלְנָה	תַּקְטֵֽלְנָה	תָּקְטַֽלְנָה
תְּקֻטְּלוּ	תִּתְקַטְּלוּ	תַּקְטִֽילוּ	תָּקְטְלוּ
תְּקֻטַּֽלְנָה	תִּתְקַטַּֽלְנָה	תַּקְטֵֽלְנָה	תָּקְטַֽלְנָה
נְקֻטַּל	נִתְקַטֵּל (יִטַּֽילָה)	נַקְטִיל (יִטַּֽילָה)	נָקְטַל
יְקֻטַּל	יִתְקַטֵּל	יַקְטֵל	---
וַיְקֻטַּל	וַיִּתְקַטֵּל	וַיַּקְטֵל	וַיָּקְטַל / וַיֻּקְטַל
---	הִתְקַטֵּל (יִטַּ״לָה)	הַקְטֵל (יַטַּֽילָה)	---
---	הִתְקַטְּלִי	הַקְטִֽילִי	---
---	הִתְקַטְּלוּ	הַקְטִֽילוּ	---
---	הִתְקַטֵּֽלְנָה	הַקְטֵֽלְנָה	---
---	הִתְקַטֵּל	הַקְטִיל	---
---	הִתְקַטֵּל	הַקְטֵל	הָקְטֵל / הֻקְטַל
	מִתְקַטֵּל	מַקְטִיל	
	מִתְקַטְּלָה	מַקְטִֽילָה	
	מִתְקַטֶּֽלֶת	מַקְטֶֽלֶת	
מְקֻטָּל			מָקְטָל / מֻקְטָל
מְקֻטָּלָה (לֶ֫ת)			מָקְטָלָה (לֶ֫ת)

§ 41 Verba laryngalia

a Als Verba laryngalia werden diejenigen Verben bezeichnet, deren Wurzeln einen Laryngal oder ר (§ 1d.10) enthalten, deren Formen daher Besonderheiten in der Vokalisation, nicht jedoch im Konsonantentext aufweisen. Dabei unterscheidet man:

Verba primae laryngalis (Laryngal vorne)	עבד „dienen", חזק „stark sein"
Verba mediae laryngalis (Laryngal in der Mitte)	ברך Pi „segnen", מהר Pi „eilen"
Verba tertiae laryngalis (Laryngal hinten)	שמע „hören", שלח „schicken"

b Verba laryngalia haben nach § 10a-e in der Nähe des Laryngals meist *a – L a u t e* (*a* oder *æ*) oder erhalten ein Pátach furtivum (§ 3d):

יַחְמֹד			
יֶבְחַר	Imperfekt Qal	statt יִקְטֹל	*Merke:*
יִשְׁמַע			„Laryngale
נֶחְמַד	Perfekt Niph'al	statt נִקְטַל	lieben *a* (oder *æ*)
הֶחְסִיר	Perfekt Hiph'il	statt הִקְטִיל	über alles."
שֹׁלֵחַ	Partizip aktiv Qal	statt קֹטֵל	

Verba primae laryngalis haben in den Präformativsilbe des Qal meist Pátach und können nur am Themavokal vom Hiph'il unterschieden werden (vgl. יַעֲבֹד Qal „er wird dienen" mit יַעֲבִיד Hiph'il „er wird knechten"). Imperfekt Hiph'il und Qal der Verba primae laryngalis, die zugleich Verba ל"ה (§ 46) sind, können nur noch durch den Kontext unterschieden werden: יַעֲלֶה Qal „er wird hinaufsteigen" oder Hiph'il „er wird aufsteigen lassen".

c Schließt der Laryngal eine Silbe, tritt nach § 10i meist *S i l b e n a u f s p r e n g u n g* ein:

יֶחֱזַק / יַעֲבֹד	Imperfekt Qal	statt יִכְבַּד / יִקְטֹל
יַעֲבִיד	Imperfekt Hiph'il	statt יַקְטִיל
נֶעֱבַד	Perfekt Niph'al	statt נִקְטַל
הֶעֱבִיד	Perfekt Hiph'il	statt הִקְטִיל
בַּחֲרוּ	Imperativ Qal	statt קִטְלוּ
הָעֳבַד	Perfekt Hoph'al	statt הָקְטַל

Bei einer Reduktion des Themavokals bleibt der kurze Präformativvokal erhalten, und es entstehen *l o s e g e s c h l o s s e n e S i l b e n* wie in יַעַבְדוּ und יֶחֶזְקוּ (§ 10j).

Anstelle eines Schwa mobile simplex tragen Laryngale grundsätzlich *C h a t e f – L a u t e*   d
als Schwa compositum (§ 10g):

| אֱמֹר | Imperativ Qal | statt קְטֹל |
| מִהֲרוּ | Perfekt Pi'el | statt קִטְּלוּ |

Laryngale haben *n i e   D a g e s c h   f o r t e*. Statt dessen findet bei Verba laryngalia nach   e
§ 10p-u Ersatzdehnung (§ 9j) oder virtuelle Verdopplung statt, so insbesondere in den
Präformativsilben des Niph'al und in den Dopplungsstämmen Pi'el, Pu'al und Hitpa'el:

יֵעָבֵד	Imperfekt Niph'al	statt יִקָּטֵל	*E r s a t z d e h n u n g:* $i > \bar{e}$
יְבָרֵךְ	Imperfekt Pi'el	statt יְקַטֵּל	$a > \bar{a}$
מְבֹרָךְ	Partizip Pu'al	statt מְקֻטָּל	$u > \bar{o}$
מִהַר	Perfekt Pi'el	statt קִטֵּל	*v i r t u e l l e V e r d o p p l u n g*
יְמַהֵר	Imperfekt Pi'el	statt יְקַטֵּל	
רֻחַם	Perfekt Pu'al	statt קֻטַּל	

In den Perfekt- und Partizipformen der Verba tertiae laryngalis kommen *S e g o l i e -*   f
r u n g e n (§ 11d) der Femininendung ת (§ 12h) vor. Eigenartigerweise bleibt bei der 2 f
Sg Pf dabei das zweite Schwa quiescens am Wortende (§ 11a) erhalten, vgl. שָׁמַעַתְּ (statt
קָטַלְתְּ) „du (f) hast gehört" mit שֹׁמַעַת (Ptz.akt, statt קֹטֶלֶת) „eine Hörende".

Eine besondere Gruppe der Verba laryngalia bilden diejenigen Verben, bei denen א   g
aufgrund seiner Schwäche als Konsonant schwinden und Vokal werden kann, wie bei
einigen Verba פ"א (§ 42) und ל"א (§ 47), die „schwache" (§ 26b) Formen bilden (z.B.
וַיֹּאמֶר und וַיִּמְצָא). Hier „quiesziert" א nach § 10f (und fällt gelegentlich sogar in der
Konsonantenschrift weg), der ihm vorangehende Vokal wird gedehnt.

Die meisten Verben mit ה an dritter Stelle sind keine Verba tertiae laryngalis, sondern   h
„schwach" und gehören zur Gruppe der Verba ל"ה (z.B. עשׂה „tun"). Hier ist ה nur
Vokalbuchstabe für den auslautenden Vokal (§ 46a-c). Die seltenen echten Verba tertiae
laryngalis mit ה werden durch Mappiq (§ 2d) gekennzeichnet, auch im Wörterbuch (z.B.
גבה „hoch sein").

§ 42 Verba פ"א (primae Aleph)

a Fünf Verben mit א als erstem Radikal sind nicht nur durch die allgemeinen Regeln des Laryngaleinflusses geprägt (§ 10.41), sondern weisen schwache Formen auf. Sie gehören nicht nur zu den Verba laryngalia, sondern auch zu den schwachen Verben und werden als Verba פ"א bezeichnet (primae Aleph = Verben mit א als erstem Radikal, § 26b):

אמר	„sagen"
אבד	„zu Grunde gehen"
אכל	„essen"
אבה	„wollen"
אפה	„backen"

אהב   lieben

b **Imperfekt Qal** Schwache Formen begegnen bei diesen fünf Verben im Imperfekt und Imperfectum consecutivum des Qal. Hier *q u i e s z i e r t* regelmäßig der erste Radikal א (§ 10f) und wird Vokal. Der ursprüngliche kurze Präformativvokal *a* wird dabei zu langem *ō* (< *ā*, § 28b) gedehnt. So entstehen Präformativsilben mit Chólem, während der Themavokal *ō* bewußt zu *a* (oder *ē*) abgewandelt wird (sog. Vokaldissimilation):

PK

יאמַר	
יאבַד	
יאכַל	statt יִקְטֹל (< *jaq-túl/u*)
יאבֶה	
יאפֶה	

c In diesen Formen des Imperfekt Qal (und im Imperfectum consecutivum) ist א in der Schreibung zwar erhalten geblieben, aber Vokalbuchstabe (§ 2) geworden. Die Wurzel ist meist leicht zu erkennen. Nur in der ersten Person Singular fällt א nach dem Präformativ auch in der Schrift meist aus: אֹמַר (<*אאמַר*) „ich werde sagen", וָאֹמַר „und ich sagte" (leicht zu verwechseln mit dem Ptz.akt Qal: אֹמֵר „einer, der sagt") , אֹכַל (< *אאכַל*) „ich werde essen" usw.

d *In p a u s a* begegnet oft der Themavokal *ē*: תֹּאמֵר „sie spricht", תֹּאכֵל „du darfst essen".

e narrativ
   Im *Imperfectum consecutivum* geht der Wortton in der Regel auf die vorletzte Silbe zurück: וַיֹּאמֶר (in pausa: וַיֹּאמַר) „und er sagte", וַיֹּאכֶל (in pausa: וַיֹּאכַל) „und er aß" usw. Anders bei der ersten Person Singular: וָאֹמַר „und ich sagte", וָאֹכַל „und ich aß" usw.

Nur gelegentlich begegnen auch bei anderen Verben mit א als erstem Radikal schwache   f
Formen (vgl. וַיֹּאחֶז neben וַיֶּאֱחֹז „und er ergriff"; וָאֹהַב „und ich liebte" neben
וַיֶּאֱהַב „und er liebte"). Ungewöhnlich, selten und z.T. umstritten sind Formen wie
וַיֹּסֶף „und er versammelte" √ אסף (oder יסף Hi?) neben יֶאֱסֹף „er wird versam-
meln".

לֵאמֹר Das der Redeeinführung dienende häufige לֵאמֹר (oft: „folgendermaßen" o.ä.)   g
geht auf einen erstarrten schwachen Infinitiv von אמר zurück (< לֶאֱמֹר wörtlich: „um
zu sagen"/„indem er sagte", § 10k-n.14d-e).

Doppelt schwache Verben Die Verben אבה „wollen" und אפה „backen" sind zu-   h
gleich Verba ל"ה (§ 46) und damit doppelt schwach: אָבִיתִי (Pf Q √ אבה, § 46f),
יֹאבֶה (Impf Q √ אבה), וְאָפִיתָ (Pf.cons Q √ אפה, § 46f), יֹאפוּ (Impf Q √ אפה,
§ 46d), אֹפֶה „Bäcker" (Ptz.akt Q √ אפה).

§ 43 Verba פ"נ (primae Nun)

a **Assimilation** Am Silbenende *assimiliert* sich נ meist an den folgenden Konsonanten (§ 7b.g). Verba פ"נ (§ 26b) weisen daher überall da schwache Formen auf, wo
der erste Radikal נ eine Präformativsilbe schließt und selbst vokallos ist (*יִנְפֹּל >
יִפֹּל). Sie sind meist am Dagesch forte (§ 4g) im ersten sichtbaren Radikal zu erkennen:

נפל „fallen"	Impf	Q	*יִנְפֹּל	>	יִפֹּל	*Merke:*
		Hi	*יַנְפִּיל	>	יַפִּיל	
		Ho	*יֻנְפַּל	>	יֻפַּל	„נ assimiliert
	Pf	Ni	*נִנְפַּל	>	נִפַּל	sich, wo immer
		Hi	*הִנְפִּיל	>	הִפִּיל	möglich." (§ 7b)
		Ho	*הֻנְפַּל	>	הֻפַּל	
נגש „sich nähern"	Impf	Q	*יִנְגַּשׁ	>	יִגַּשׁ	

b **Starke Formen** Der erste Radikal נ bleibt am Silbenanfang erhalten (Pf Q: נָפַל,
Ptz.akt Q: נֹפֵל, Impf Pi: יְנַפֵּל), also insbesondere im Pi'el, Pu'al und Hitpa'el. Auch
im Impf Ni assimiliert sich das נ unter dem Schutz der Verdopplung nicht (יִנָּגֵשׁ).

c Bei Verba mediae laryngalis (§ 41) bleibt das נ fast immer erhalten: יִנְאַף Impf Q: „er
wird ehebrechen", יִנְהַג Impf Q: „er wird treiben" (anders: נִחַם: Pf Ni von נחם).

d Bei einigen Verben kommen im Niph'al und Pi'el gleiche Formen vor, so bei נִחַם Pf
Ni (< *נִנְחַם): „es hat ihm leid getan" oder Pf Pi: „er hat getröstet" (in beiden Fällen
mit virtueller Verdopplung des ח, § 10p-u).

e **Elision** Bei Verba פ"נ mit dem Themavokal *a* im Imperfekt Qal (z.B. נגש, Impf: יִגַּשׁ)
fällt das נ im Imperativ und Inf.cstr oft ersatzlos weg („Elision" oder „Apheresis", §
8a.b). Solche Formen haben kein Dagesch forte und sind manchmal identisch mit den
entsprechenden Formen der Verba פ"ו (§ 45e-h) und ל"ה (§46d.m). Der Inf.cstr
erhält meist die Femininendung ת, die in suffixlosen Formen segoliert wird (§ 11d.30d):

			Imperativ נגש			Infinitivus constructus נגש			
Sg	2	m	גַּשׁ / גְּשָׁה	statt	נְפֹל	גֶּשֶׁת	< *גִּשְׁתְּ	statt	נְפֹל
		f	גְּשִׁי	statt	נִפְלִי	mit Präp.:	לָגֶשֶׁת	statt	לִנְפֹּל
Pl	2	m	גְּשׁוּ	statt	נִפְלוּ	(mit Vorton-Qámez, § 9h)			
		f	גַּשְׁנָה	statt	נְפֹלְנָה	mit Suffix:	גִּשְׁתּוֹ		

f Verba laryngalia erhalten Pátach in den segolierten Infinitiven: נַעַת √ נגע (neben נְגֹעַ).

נתן und לקח Die Verben נתן „geben" und לקח „nehmen" haben einige Besonder- **g** heiten: נתן „geben" hat im Imperfekt Qal den Themavokal *ē* (< *i*). Auch assimiliert sich in einigen Formen das zweite נ an Afformative. לקח wird wie נתן gebildet: mit Assimilation bzw. Elision des ersten Radikals nach den Regeln der Verba פ"נ (§ 43a.e):

Qal				נתן „geben"	לקח „nehmen"
Pf	Sg	3	m	נָתַן	לָקַח
		2	m	נָתַ֫תָּ / נָתַ֫תָּה	לָקַ֫חְתָּ
		1	c	נָתַ֫תִּי	לָקַ֫חְתִּי
Impf	Sg	3	m	יִתֵּן	יִקַּח
Impf.cons	Sg	3	m	וַיִּתֵּן	וַיִּקַּח
Imp	Sg	2	m	תֵּן / תֶּן־ / תְּנָה	קַח / קְחָה
			f	תְּנִי	קְחִי
	Pl	2	m	תְּנוּ	קְחוּ
			f	תֵּ֫נָּה	קַ֫חְנָה
Inf.cstr				(§ 7b.8f.i: תִּנְתֵּ֫* >) תֵּת	קַ֫חַת
	mit Präp.			לָתֵת / לְתֶת־	לָקַ֫חַת
	mit Suffix			תִּתּוֹ	קְחְתּוֹ

Bei לקח begegnen tückische Formen, in denen die Präposition לְ leicht mit dem **h** ersten Radikal zu verwechseln ist: Vgl. לָקַ֫חְתָּ „du hast genommen" (2 m Sg Pf Q; ohne Präposition!) mit לָקַ֫חַת „um zu nehmen" (Inf.cstr Q mit לְ) und לְקַחְתָּהּ „um sie (f) zu nehmen" (Inf.cstr Q mit לְ und Suffix).

Das für Verba פ"נ charakteristische Dagesch forte fällt bei einem Konsonanten mit **i** Schwa oft aus (§ 4i): יִשָּׂא „er wird tragen", aber יִשְׂאוּ „sie werden tragen". Solche Formen sind leicht mit Verba ל"ה zu verwechseln (§ 46d).

Doppelt schwache Verben Einige Verben sind doppelt schwach, so z.B. נשׂא „he- **j** ben/tragen", נבא Ni „als Prophet auftreten", נכה Hi „schlagen" und נטה „aus- strecken" (vgl. die Übersicht § 50).

Sekundäre פ"נ Einige Verba פ"ו und פ"י mit צ als zweitem Radikal bilden **k** Präformativsilben wie פ"נ mit Dagesch forte (§ 45m.44g). Solche *Wurzelvarian- ten* finden sich z.B. in נצב/יצב „stehen" und נצר/יצר „formen". Vgl. יִצְּרֵ֫הוּ „er formt ihn" (3 m Sg Impf Q von יצר mit Suffix). Auch die dem Aramäischen entsprechenden sog. „aramaisierenden Formen" der ע-Verben (§ 48j.49l) sehen aus wie Verba פ"נ. Vgl. וַיִּסֹּב „und er wandte sich um" (3 m Sg Impf.cons Q von סבב) und הִנִּ֫יחַ „er hat hingestellt" (3 m Sg Pf Hi von נוח).

§ 44 Verba ""פ (primae Jod)

a **Ursprüngliche ""פ** Nur wenige Verben sind wie יטב „gut sein" ursprüngliche Verba ""פ (§ 26b). Da im Hebräischen der Halbvokal ו (§ 1b) im Anlaut eines Wortes grundsätzlich zu י geworden ist, erscheinen auch Verba ו"פ im Wörterbuch und in vielen Formen als Verba פ"י (וׁשב* > יׁשב „wohnen", § 45a). So sind Formenüberschneidungen von ו"פ und ""פ entstanden, die eine Zuweisung von Verbformen manchmal schwer oder unmöglich machen. Zu den ursprünglichen Verba ""פ gehören insbesondere folgende fünf Verben:

יטב	„gut sein", Hi: „Gutes tun"*
ינק	„saugen", Hi: „säugen"/„stillen"
ילל	Hi: „heulen"
ימן	Hi: „sich nach rechts wenden"
יקץ	„aufwachen"

* Perfekt Q immer von der √ טוב!

b **Starke Formen** Verba ""פ sind da, wo sie starke Formen aufweisen, meist nicht von ursprünglichen ו"פ unterscheidbar. Das ist insbesondere im Perfekt des Qal (der lexikalischen Form!) der Fall:

					„saugen" ינק	„schlafen" יׁשן
Qal	Pf	Sg	3	m		יָנַק	יָׁשֵן
			3	f	יָנְקָה	יָׁשְנָה
			2	m	יָנַקְתָּ	יָׁשַנְתָּ
			f	usw.	יָנַקְתְּ	usw. יָׁשַנְתְּ

c **Infinitiv und Imperativ Qal** Auch die beiden Infinitive und der Imperativ des Qal der Verba ""פ sind grundsätzlich stark gebildet, kommen aber nie bzw. selten vor:

Qal	Inf.cstr				יְטֹב / יְטַב
	Inf.abs				יָטוֹב
	Imp	Sg	2	m	יְטַב
				f	יִטְבִי
		Pl	2	m	יִטְבוּ
				f	יְטַבְנָה

d **Partizip Qal** Auch in den Partizipformen des Qal unterscheiden sich Verba ""פ nicht von Verba ו"פ (vgl. יוֹנֵק „Säugling" mit יוֹׁשֵב „Bewohner" / „Einwohner").

Kontraktion Im Imperfekt des Qal *k o n t r a h i e r t* (§ 8j.q) der Präformativvokal *i* e
mit י zu *ī*. Der Themavokal ist dabei regelmäßig **a**, so dass *יַיְטַב zu יֵיטַב (defektiv
auch: יֵטַב, Impf.cons: וַיֵּיטַב) wurde:

יטב Impf Qal „gut sein"		
Sg	3 m	יֵיטַב
	3 f	תֵּיטַב
	2 m	תֵּיטַב
	2 f	תֵּיטְבִי
	1 c	אֵיטַב
Pl	3 m	יֵיטְבוּ
	3 f	תֵּיטַבְנָה
	2 m	תֵּיטְבוּ
	2 f	תֵּיטַבְנָה
	1 c	נֵיטַב

> Im Impf Qal der י"פ gilt:
>
> *K o n t r a k t i o n   ij > ī*

In allen Formen des Hiph'il *k o n t r a h i e r t* (§ 8j.p) der (ursprüngliche) Präformativ- f
vokal *a* mit י zu *ē*. Der Themavokal ist meist *ī*, so dass *יַיְטִיב zu יֵיטִיב (defektiv
auch: יֵטִיב, Impf.cons oft mit Zurückziehung des Tons: וַיֵּיטֶב) wurde:

יטב Hiph'il „Gutes tun"								
		Pf	Impf	Imp	Inf.abs	Inf.cstr	Ptz	
Sg	3 m	הֵיטִיב	יֵיטִיב		הֵיטֵב	הֵיטִיב	מֵיטִיב	
	3 f	הֵיטִיבָה	תֵּיטִיב				מֵיטִיבָה	
	2 m	הֵיטַבְתָּ	תֵּיטִיב	הֵיטֵב			מֵיטֶבֶת	
	2 f	הֵיטַבְתְּ	תֵּיטִיבִי	הֵיטִיבִי				
	1 c	הֵיטַבְתִּי	אֵיטִיב					
Pl	3 m	(c) הֵיטִיבוּ	יֵיטִיבוּ					
	3 f		תֵּיטֵבְנָה					
	2 m	הֵיטַבְתֶּם	תֵּיטִיבוּ	הֵיטִיבוּ				
	2 f	הֵיטַבְתֶּן	תֵּיטֵבְנָה	הֵיטֵבְנָה				
	1 c	הֵיטַבְנוּ	נֵיטִיב					

> Im Hiph'il der י"פ gilt:
>
> *K o n t r a k t i o n   aj > ē*

Sekundäre פ"נ Einige Verben mit צ als zweitem Radikal bilden gelegentlich Formen g
mit Dagesch forte und sehen aus wie Verba פ"נ, zu solchen „Wurzelvarianten" gehören
יצק „gießen" und יצר „formen" (vgl. § 43k.45m).

§ 45 Verba פ״ו (primae Waw)

a **Lautverschiebung** Im Hebräischen ist der Halbvokal ו am Wortanfang immer zu י geworden. Daher erscheinen Verba פ״ו (§ 26b) im Wörterbuch und in vielen Formen als פ״י (*וּשַׁב > ישַׁב „wohnen"). In nicht-wortanlautender Position ist ו selten erhalten geblieben (§ 45b), oft aber an Kontraktionen zu erkennen (§ 45d.j). In einigen Fällen ist ו ganz ausgefallen (§ 45e-i), in nicht wenigen haben sich Formen so weit an die Verba פ״י angeglichen, dass sie von diesen nicht mehr unterscheidbar sind (§ 45d.44e).

b **Starke Formen** Im Imperfekt, Imperativ und Infinitiv des Niph'al ist der erste Radikal ו unter dem Schutz der Verdopplung als Konsonant erhalten geblieben:

ישַׁב „wohnen/sitzen", Niph'al: „bewohnt sein"					
		Impf	Imp	Inf.abs	Inf.cstr
Sg	3 m	יִוָּשֵׁב		הִוָּשֵׁב	הִוָּשֵׁב
	3 f	תִּוָּשֵׁב			
	2 m	תִּוָּשֵׁב	הִוָּשֵׁב		
	2 f	תִּוָּשְׁבִי	הִוָּשְׁבִי		
	1 c	אִוָּשֵׁב			
Pl	3 m	יִוָּשְׁבוּ			
	3 f	תִּוָּשַׁבְנָה			
	2 m	תִּוָּשְׁבוּ	הִוָּשְׁבוּ		
	2 f	תִּוָּשַׁבְנָה	הִוָּשַׁבְנָה		
	1 c	נִוָּשֵׁב			

c Starke Formen kommen auch gelegentlich im Hitpa'el vor, so z.B. in אֶתְוַדַּע „ich gebe mich zu erkennen". Meist entstehen jedoch Bildungen nach פ״י (vgl. הִתְיַצֵּב).

d **Bildungen nach פ״י** Einige Verba פ״ו werden im Qal wie פ״י gebildet (§ 44b-e), so insbesondere die Verben, die im Imperfekt den Themavokal *a* haben:

יָרֵא Qal: „sich fürchten"						
		Impf	Imp	Inf.abs	Inf.cstr	Ptz
Sg	3 m	יִירָא		יָרוֹא	יְרֹא / יִרְאָה	יָרֵא
	3 f	תִּירָא				יְרֵאָה
	2 m	תִּירָא	יְרָא			
	2 f	תִּירְאִי				
		usw.				

Elision Bei fünf Verba פ"ו, die im Imperfekt Qal i.d.R. den Themavokal $\bar{e}$ ($< i$)   **e**
haben, fällt der erste Radikal ו regelmäßig im Imperfekt, Imperativ und Infinitivus constructus ersatzlos aus (sog. *E l i s i o n* oder *A p h e r e s i s*, § 8a.b). Das Verb הלך
„gehen" schließt sich diesen an. *Merke:* „הלך geht nach *walach*." Der Präformativvokal ist in dieser Gruppe sehr häufig vorkommender Verben zu einem unveränder-
lichen und markanten $\bar{e}$ gedehnt:

		ישב	ילד	ירד	ידע	יצא	הלך
		„sitzen" „wohnen"	„gebären"	„hinabgehen"	„erkennen" „wissen"	„herausgehen"	„gehen"
Sg	3 m	יֵשֵׁב	יֵלֵד	יֵרֵד	יֵדַע	יֵצֵא	יֵלֵך
	3 f	תֵּשֵׁב	תֵּלֵד	תֵּרֵד	תֵּדַע	תֵּצֵא	תֵּלֵך
	2 m	תֵּשֵׁב	תֵּלֵד	תֵּרֵד	תֵּדַע	תֵּצֵא	תֵּלֵך
	2 f	תֵּשְׁבִי	תֵּלְדִי	תֵּרְדִי	תֵּדְעִי	תֵּצְאִי	תֵּלְכִי
	1 c	אֵשֵׁב	אֵלֵד	אֵרֵד	אֵדַע	אֵצֵא	אֵלֵך
Pl	3 m	יֵשְׁבוּ	יֵלְדוּ	יֵרְדוּ	יֵדְעוּ	יֵצְאוּ	יֵלְכוּ
	3 f	תֵּשַׁבְנָה	תֵּלַדְנָה	תֵּרַדְנָה	תֵּדַעְנָה	תֵּצֶאנָה	תֵּלַכְנָה
	2 m	תֵּשְׁבוּ	תֵּלְדוּ	תֵּרְדוּ	תֵּדְעוּ	תֵּצְאוּ	תֵּלְכוּ
	2 f	תֵּשַׁבְנָה	תֵּלַדְנָה	תֵּרַדְנָה	תֵּדַעְנָה	תֵּצֶאנָה	תֵּלַכְנָה
	1 c	נֵשֵׁב	נֵלֵד	נֵרֵד	נֵדַע	נֵצֵא	נֵלֵך

Imperfekt Qal (Tabellenüberschrift)

Sg	2 m	שֵׁב		רֵד	דַע	צֵא	לֵך
	2 f	שְׁבִי	(nicht	רְדִי	דְעִי	צְאִי	לְכִי
Pl	2 m	שְׁבוּ	belegt)	רְדוּ	דְעוּ	צְאוּ	לְכוּ
	2 f	שֵׁבְנָה		רֵדְנָה	דֵּעְנָה	צֶאנָה	לֵכְנָה

Imperativ Qal (Tabellenüberschrift)   **f**

Im Impf.cons weicht der Ton oft auf die vorletzte Silbe (§ 28j): וַיֵּלֶך, וַיֵּרֶד, וַיֵּשֶׁב.   **g**

Der Infinitivus constructus erhält meist die Femininendung ת (§ 30d), die in suffixlosen   **h**
Formen segoliert (§ 11d) wird. א quiesziert (§ 10f). Präpositionen erhalten meist ein
Vorton-Qámez (§ 9h.14c). Diese Formen gleichen einigen Verba פ"נ (§ 43e-g):

	שֶׁבֶת	לֶדֶת	רֶדֶת	דַּעַת	צֵאת	לֶכֶת
mit Präp.	לָשֶׁבֶת	לָלֶדֶת	לָרֶדֶת	לָדַעַת	לָצֵאת	לָלֶכֶת
mit Suffix	שִׁבְתִּי	לִדְתִּי	רִדְתִּי	דַּעְתִּי	צֵאתִי	לֶכְתִּי

Infinitivus constructus Qal (Tabellenüberschrift)

i   Neben den oben genannten sechs (§ 45e) weisen nur wenige andere Verba פ״ו Formen mit Elision auf, darunter vor allem das recht häufige יָרֵשׁ „in Besitz nehmen" (Imp.: רֵשׁ und רַשׁ, Pl: רְשׁוּ; Inf.cstr: רֶ֫שֶׁת; dagegen Impf: יִירַשׁ).

j   **Kontraktion** Im Perfekt und Partizip des Niph'al und im ganzen Hiph'il kontrahiert der ursprüngliche Präformativvokal *a* mit dem Halbvokal וּ zu *ō* (§ 8j-m): *יַוְשִׁיב* < יוֹשִׁיב usw. *Merke:* „Im ganzen Hiph'il und im Perfekt und Partizip des Niph'al der פ״ו gilt ‚law and order'":

יָשַׁב „sitzen/wohnen"						
	Hi: „wohnen lassen"				Ni: „bewohnt sein"	
		Impf	Imp	Pf		Pf
Sg	3 m	יוֹשִׁיב		הוֹשִׁיב	Inf.cstr:	נוֹשַׁב
	3 f	תּוֹשִׁיב		הוֹשִׁיבָה	הוֹשִׁיב	נוֹשְׁבָה
	2 m	תּוֹשִׁיב	הוֹשֵׁב	הוֹשַׁ֫בְתָּ	Inf.abs:	נוֹשַׁ֫בְתָּ
	2 f	תּוֹשִׁ֫יבִי	הוֹשִׁ֫יבִי	הוֹשַׁ֫בְתְּ	הוֹשֵׁב	נוֹשַׁ֫בְתְּ
	1 c	אוֹשִׁיב		הוֹשַׁ֫בְתִּי		נוֹשַׁ֫בְתִּי
Pl	3 m	יוֹשִׁ֫יבוּ		הוֹשִׁ֫יבוּ	Ptz:	נוֹשְׁבוּ	Ptz:
	3 f	תּוֹשֵׁ֫בְנָה			מוֹשִׁיב		נוֹשָׁב
	2 m	תּוֹשִׁ֫יבוּ	הוֹשִׁ֫יבוּ	הוֹשַׁבְתֶּם	מוֹשִׁיבָה	נוֹשַׁבְתֶּם	נוֹשֶׁ֫בֶת
	2 f	תּוֹשֵׁ֫בְנָה	הוֹשֵׁ֫בְנָה	הוֹשַׁבְתֶּן		נוֹשַׁבְתֶּן	
	1 c	נוֹשִׁיב		הוֹשַׁ֫בְנוּ		נוֹשַׁ֫בְנוּ	

k   Im Imperfectum consecutivum weicht der Ton oft auf die vorletzte Silbe zurück (§ 28j): וַיּ֫וֹשֶׁב. Auch wird das aus Kontraktion entstandene *ō* gelegentlich defektiv geschrieben (z.B. וַיֹּ֫שְׁבוּם „und sie ließen sie wohnen").

l   Im ganzen Hoph'al kontrahiert der ursprüngliche Präformativvokal *ŏ* bzw. *u* mit dem Halbvokal וּ zu *ū* (§ 8j.n): *יֻוְשַׁב* < יוּשַׁב usw. Die häufige markante Pleneschreibung des Präformativvokals *ū* findet sich jedoch auch bei den ע-Verben (§ 48i.49k):

יָשַׁב Ho: „angesiedelt sein"					
		Impf	Pf	Inf.abs	Ptz
Sg	3 m	יוּשַׁב	הוּשַׁב	הוּשֵׁב	מוּשָׁבָה
	3 f	תּוּשַׁב	הוּשְׁבָה		מוּשֶׁ֫בֶת
	2 m	תּוּשַׁב	הוּשַׁ֫בְתָּ	(Inf.cstr	
	2 f	תּוּשְׁבִי	הוּשַׁבְתְּ	nicht belegt)	
		usw.	usw.		

Sekundäre פ"נ Einige Verba פ"ו mit צ als zweitem Radikal (nicht aber יצא) bilden **m** neben den regulären Formen manchmal Formen mit Dagesch forte. Diese Formen sehen aus wie Verba פ"נ (§ 43a.k). Durch das sekundäre Wurzelaugment נ (> Dagesch forte) entsteht so die Vokalfolge des starken, dreiradikaligen Verbs (vgl. die „aramaisierenden Formen" der ע-Verben, § 48j.49l). Zu diesen sog. „Wurzelvarianten" der פ"ו und פ"י (vgl. § 44g.48o) gehören:

נצג / יצג	Hi: „hinstellen"	Hi Pf: הִצִּיג, Hi Impf: יַצִּיג, Ho Impf: יֻצַּג
נצב / יצב	Ni: „stehen"	Ni Pf: נִצַּב, Hi Pf: הִצִּיב, Ho Pf: הֻצַּב
נצת / יצת	„verbrennen"	Q Impf: יִצַּת, Ni Pf: נִצַּת, Hi Pf: הִצִּית
נצע / יצע	„ausbreiten"	Hi Impf: יַצִּיעַ, Ho Impf: יֻצַּע
נצק / יצק	„gießen"	Q Impf: יִצֹּק, Hi Impf: יַצִּיק
נצר / יצר	„formen"	Q Impf: יִצֹּר

Das Verb יָכֹל Das – recht häufige und nur im Qal vorkommende – Verb יכל **n** „können" weist regelmäßig Formen mit einer eigenartigen Vokalisation auf: Das Perfekt Qal trägt den Themavokal ō (§ 29b), das Imperfekt Qal hat ū in der (aus Kontraktion von u mit ו entstandenen) offenen Präformativsilbe und den Themavokal a, der Infinitivus constructus erhält – trotz starker Bildung – die Femininendung (§ 30d):

		Pf		Impf	Inf.abs	Inf.cstr
			יָכֹל	„können"/„besiegen"		
Sg	3 m		יָכֹל	יוּכַל	יָכוֹל / יָכֹל	יְכֹלֶת
	3 f		יָכְלָה	תּוּכַל		
	2 m	(aber: וַיָּכָלְתָּ)	יָכֹלְתָּ	תּוּכַל		
	2 f		יָכֹלְתְּ	תּוּכְלִי		
			usw.	usw.		

Bei יכל gleicht die 3 m Sg Pf einem Impf der Verba ע"ע (§ 49e), während das Imperfekt wie ein Hoph'al der Verba פ"ו (§ 45l) aussieht.

Doppelt schwache Verben Einige Verba פ"ו sind doppelt schwach, darunter vor **o** allem ירה III Hi „unterweisen" und ידה II Hi „preisen" (§ 50e).

§ 46 Verba ל״ה (tertiae infirmae)

a　**Ursprüngliche** ל״וי Verba ל״ה (§ 26b) gehen meist auf Verba ל״ו oder ל״י zurück. Bei diesen Verben hat der Halbvokal י oder ו fast immer seinen Konsonantenwert verloren oder ist ganz ausgefallen (sog. *Verba tertiae infirmae*). Da der auslautende Vokal in Folge des Konsonantenschwundes lang wurde und mit dem Vokalbuchstaben ה geschrieben wird, haben solche Verben im Wörterbuch ein ה an dritter Stelle (גלה = 3 m Sg Pf Qal: גָּלָה < גָּלְי*). *Merke:* „ל״ה sind ursprüngliche ל״וי.“ Nur wenige Verba ל״ה gehen auf ursprünglich zweiradikalige Wurzeln zurück (§ 47g). Verben mit konsonantischem ה gehören zu den Verba laryngalia (§ 41) und werden durch Mappiq (§ 2d) gekennzeichnet (z.B. גבה „hoch sein“). Vgl. auch die Nomina ל״ה § 23c-e.

b　**Starke Formen**　Der ursprüngliche dritte Radikal י oder ו ist selten erhalten geblieben und begegnet vor allem im *Ptz. pass* des Qal: גָּלוּי (wie קָטוּל), aber auch (selten) in Formen wie פְּרִיָה „eine Frucht bringende“ (√ פרה statt פָּרָה, § 46c).

c　**Formen ohne Endung**　Formen ohne Afformativ und Nominalendung tragen ה als *Vokalbuchstaben* für den auslautenden Vokal (ausgenommen die Kurzformen, § 46m). Dieser Vokal ist – unabhängig vom Stamm – spezifisch für das Tempus:

גלה „aufdecken“ / „fortgehen“				
		Qal	Ni	Pi	Hi
ָ	im Perfekt	גָּלָה	נִגְלָה	גִּלָּה	הִגְלָה
ֶ	im Imperfekt und	יִגְלֶה	יִגָּלֶה	יְגַלֶּה	יַגְלֶה
	im Status absolutus des Partizips	גֹּלֶה	נִגְלֶה	מְגַלֶּה	מַגְלֶה
ֵ	im Status constructus des Partizips und	גֹּלֵה	נִגְלֵה	מְגַלֵּה	מַגְלֵה
	im Imperativ	גְּלֵה	הִגָּלֵה	גַּלֵּה	הַגְלֵה
ֹ / ֵ	im Infinitivus absolutus	גָּלֹה	נִגְלֹה	גַּלֵּה/ֹה	הַגְלֵה

d　**Vokalische Endungen und Suffixe**　Vokalische Afformative, Nominalendungen der Partizipien und Suffixe treten direkt an den zweiten Radikal:

ה fällt bei vokalischen Suffixen ersatzlos aus

		Qal	Ni	Pi	Hi
Perfekt	3 c Pl	גָּלוּ	נִגְלוּ	גִּלּוּ	הִגְלוּ
Imperfekt	2 f Sg	תִּגְלִי	תִּגָּלִי	תְּגַלִּי	תַּגְלִי
	3 m Pl	יִגְלוּ	יִגָּלוּ	יְגַלּוּ	יַגְלוּ
Imperativ	2 m Pl	גְּלוּ	הִגָּלוּ	גַּלּוּ	הַגְלוּ
Partizip aktiv	m Pl	גֹּלִים	נִגְלִים	מְגַלִּים	מַגְלִים
	f Sg	גֹּלָה	נִגְלָה	מְגַלָּה	מַגְלָה

Vokalische Afformative sind i.d.R. (anders als bei den עׁ-Verben § 48d.49c) betont (vgl. e
שָׁבוּ √ שבה „sie haben gefangen weggeführt" mit שָׁבוּ √ שוב „sie sind umgekehrt"),
Suffixe nur dann, wenn kein Bindevokal vorliegt (עָשְׂךָ √ עשה „er hat dich gemacht",
aber: עָשָׂנִי „er hat mich gemacht" und וַיַּעֲשֵׂהוּ „und er machte ihn").

Konsonantische Afformative Vor konsonantischen Afformativen ist der ursprüngli- f
che Halbvokal ו oder י als *B i n d e v o k a l* (bzw. Infix- oder Trennungsvokal) erhalten
geblieben. Dabei haben sich die Verba לְ"ו ganz an die Verba לְ"י angeglichen. So steht
meist י als (betonter) Vokalbuchstabe für:

Bei konsonantischen Suffixen erscheint ursprüngliches ו, י

			Qal	Ni	Pi	Hi
. / ..	im Perfekt	z.B. 2 m Sg:	גָּלִיתָ	נִגְלֵיתָ	גִּלִּיתָ	הִגְלֵיתָ
..	im Imperfekt	z.B. 2 f Pl:	תִּגְלֶינָה	תִּגָּלֶינָה	תְּגַלֶּינָה	תַּגְלֶינָה
	und Imperativ	z.B. 2 f Pl:	גְּלֶינָה	הִגָּלֶינָה	גַּלֶּינָה	הַגְלֶינָה

Im Perfekt steht in den aktiven Stämmen (Qal, Pi, Hitp, Hi) meist $\bar{\imath}$, in den passiven
Stämmen (Ni, Pu, Ho) meist $\bar{e}$ als Bindevokal, im Imperfekt immer $\ae$. Allerdings
weisen auch die עׁ-Verben in einigen Imperfektformen entsprechende Bindevokale auf
(סבב √ תְּסֻבֶּינָה, קום √ תְּקוּמֶינָה, § 48c.49b).

Infinitiv Der Infinitivus constructus trägt fast immer die *F e m i n i n e n d u n g* g
(§ 30d) und den Themavokal $\bar{o}$, so dass eine dem starken Verb (קְטֹל) analoge
(scheinbar dreiradikalige!) Form entsteht. *Merke:* „Findet man einen Infinitiv auf o - t,
ist es garantiert Lamed-He."

Infinitivus constructus	Qal	Ni	Pi	Hi
	גְּלוֹת	הִגָּלוֹת	גַּלּוֹת	הַגְלוֹת

Solche Infinitive gleichen manchmal Nomina im f Pl (vgl. בְּנוֹת Inf.cstr √ בנה „zu h
bauen" mit בַּת „Tochter", Pl בָּנוֹת, St.cstr בְּנוֹת).

Nur selten begegnet der Infinitivus constructus ohne Femininendung (vgl. עֲשֹׂה צְדָקָה i
„Gerechtigkeit tun", § 67d).

3 f Sg Perfekt Die 3 f Sg bewahrt im Perfekt die *F e m i n i n e n d u n g* ת, bildet aber j
dennoch (in Analogie zum starken Verb) Formen mit auslautendem הָ, also eine
doppelte Femininmarkierung. Auf diese Weise ist die 3 f Sg Pf leicht von der 3 m Sg
(גָּלָה) zu unterscheiden:

3 f Sg Perfekt	Qal	Ni	Pi	Hi
	גָּלְתָה	נִגְלְתָה	גִּלְּתָה	הִגְלְתָה

k **Präformativsilben** Da die Schwäche der Verba ל״ה „hinten" liegt, entsprechen alle Präformativsilben – ausgenommen einige sog. Kurzformen – dem starken Verb (vgl. יִגְלֶה mit יִקְטֹל, הִגְלָה mit הִקְטִיל usw.). *Merke:* „Verba ל״ה sind vorne stark."

l Im Perfectum consecutivum geht der Wortton in der 1 c Sg und 2 m Sg i.d.R. nicht auf die Endung, sondern bleibt auf dem Bindevokal (vgl. וְגָלִיתָ mit וְקָטַלְתָּ, § 29g).

m **Kurzformen** In den endungslosen Formen des Jussivs (§ 26j) und des Imperfectum consecutivum (§ 26g) finden sich regelmäßig *K u r z f o r m e n* (Impf.KF, sog. „Apoko-patformen", § 28j), gelegentlich auch bei den Imperativen. In diesen Formen ist der auslautende Vokal der Langform (Impf.LF) mitsamt ה ausgefallen. Vgl. יַעֲשֶׂה „er wird tun" mit יַעַשׂ „er tue!" und וַיַּעַשׂ „und er tat". Der im Qal und Hi entstandene doppelte Silbenschluss wird meist nach *qiṭl* und *qaṭl* segoliert (§ 11a-c), Dagesch forte entfällt im Pi am Wortende (§ 4i):

Qal	Impf.LF	יִגְלֶה		Ni	Impf.LF	יִגָּלֶה
	Impf.KF	יִגֶל/יִגֶל/יִגֶל/יִגֶל			Impf.KF	יִגָּל
	Impf.cons	וַיִּגֶל usw.			Impf.cons	וַיִּגָּל
					Imp	הִגָּל / הִגָּלֵה
Pi	Impf.LF	יְגַלֶּה		Hi	Impf.LF	יַגְלֶה
	Impf.KF	יְגַל			Impf.KF	יֶגֶל / יַגְל (§ 11b)
	Impf.cons	וַיְגַל (§ 4i)			Impf.cons	וַיֶּגֶל / וַיַּגְל
	Imp	גַּל / גַּלֵּה			Imp	הֶגֶל / הַגְלֵה

n **Paradigma** Eine Übersicht über die Verba ל״ה gibt das Paradigma des Qal:

גלה „aufdecken" / „offenbaren" / „fortgehen"						
		Pf	Impf	Imp	Inf.abs	Inf.cstr	Ptz
Sg	3 m	גָּלָה	יִגְלֶה / וַיִּגֶל		גָּלֹה	גְּלוֹת	גֹּלֶה
	3 f	גָּלְתָה	תִּגְלֶה				גֹּלָה
	2 m	גָּלִיתָ	תִּגְלֶה	גְּלֵה			גֹּלִים
	2 f	גָּלִית	תִּגְלִי	גְּלִי			גֹּלוֹת
	1 c	גָּלִיתִי	אֶגְלֶה				
Pl	3 m	גָּלוּ (c)	יִגְלוּ				
	3 f		תִּגְלֶינָה				
	2 m	גְּלִיתֶם	תִּגְלוּ	גְּלוּ			
	2 f	גְּלִיתֶן	תִּגְלֶינָה	גְּלֶינָה			
	1 c	גָּלִינוּ	נִגְלֶה				

Formen mit Laryngal Da bei Verba לְ"ה der Themavokal in den verschiedenen o
Stämmen zusammengefallen ist (§ 46c), unterscheiden sich Verba primae laryngalis (§
41b) im Hiph'il oft nicht vom Qal (vgl. יַעֲלֶה Qal „er wird hinaufsteigen" oder Hiph'il
„er wird aufsteigen lassen/als Opfer darbringen"). Durch Einfluss des Laryngals (§ 10)
entstehen auch bei רָאָה „sehen" und עָשָׂה „machen/tun" eigenartige Bildungen:

		עלה Qal „hinaufgehen"	עלה Hi „hinaufführen"	עשה Qal „tun"	ראה Qal „sehen"
Pf	3 m Sg	עָלָה	הֶעֱלָה	עָשָׂה	רָאָה
Impf	3 m Sg	יַעֲלֶה	יַעֲלֶה	יַעֲשֶׂה	יִרְאֶה
	3 f Sg				תֵּרֶא
Impf.cons(KF)		וַיַּעַל	וַיַּעַל	וַיַּעַשׂ	וַיַּרְא/וַתֵּרֶא
Imp	2 m Sg	עֲלֵה	הַעֲלֵה/הַעַל	עֲשֵׂה	רְאֵה
Inf.cstr		עֲלוֹת	הַעֲלוֹת	עֲשׂוֹת	רְאוֹת
Ptz.akt		עֹלֶה	מַעֲלֶה	עֹשֶׂה	רֹאֶה

Auch die Kurzformen von חנה „sich lagern" und חרה „entbrennen" haben Besonder- p
heiten: Vgl. יַחֲנֶה Impf.LF mit וַיִּחַן Impf.cons, יֶחֱרֶה Impf.LF mit וַיִּחַר Impf.cons.

Doppelt schwache Verben Viele Verben vereinen die Schwäche der Verba לְ"ה mit q
der Schwäche der Verba פ"נ, פ"א oder פ"ו (Übersicht § 50). Bei נטה „ausstrecken"
und נכה Hi „schlagen" bleibt in den *Kurzformen* (nach Ausfall des Dagesch forte
am Wortende, § 46m) nur noch der mittlere Radikal übrig. Bei den häufigen Verben
היה „sein", חיה „leben" und dem einzigen im Hištaph'el belegten Verb חוה „huldi-
gen/anbeten" wirkt sich die Schwäche der Halbvokale י bzw. ו aus, so dass in den
Kurzformen im Singular Formen mit *ī* bzw. *ū* am Wortende entstehen (§ 8r.22d):

		נטה Qal „aus-strecken"	נכה Hi „schlagen"	היה Qal „sein" „werden"	חיה Qal „leben"	חוה Hištaph'el „huldigen/anbeten" „grüßen"
Pf	3 m Sg	נָטָה	הִכָּה	הָיָה	חָיָה/חַי	הִשְׁתַּחֲוָה
	3 c Pl	נָטוּ	הִכּוּ	הָיוּ	חָיוּ	הִשְׁתַּחֲווּ
Impf	3 m Sg	יִטֶּה	יַכֶּה	יִהְיֶה	יִחְיֶה	יִשְׁתַּחֲוֶה
	3 m Pl	יִטּוּ	יַכּוּ	יִהְיוּ	יִחְיוּ	יִשְׁתַּחֲווּ
Impf.cons(KF)		וַיֵּט	וַיַּךְ	וַיְהִי	וַיְחִי	(Sg!) וַיִּשְׁתַּחוּ
Imp	2 m Sg	נְטֵה	הַךְ	הֱיֵה	חֲיֵה	הִשְׁתַּחֲוֵה
Inf.cstr		נְטוֹת	הַכּוֹת	הֱיוֹת	חֲיוֹת	הִשְׁתַּחֲוֹת
Ptz.akt		נֹטֶה	מַכֶּה	—	—	מִשְׁתַּחֲוֶה

§ 47 Verba לי״א (tertiae Aleph)

a   Als Verba לי״א (§ 26b) werden diejenigen Verba laryngalia (§ 41) bezeichnet, bei denen
der dritte Radikal א in einigen Formen quesziert (§ 10f), d.h. seinen Konsonantenwert
verliert und nur noch als Vokalbuchstabe erscheint (מָצָא *mā-ṣaʾ* > *mā-ṣā* „finden").
Da die Schwäche dieser Verbgruppe „hinten" liegt, gleichen sich viele Formen der Verba לי״א in der Vokalisation an die Verba לי״ה an („Verba tertiae infirmae"). Allerdings
bleibt das א in der Schrift fast immer erhalten.

b   **Quieszierendes א** Schwache Formen mit *q u i e s z i e r e n d e m* א kommen überall
da vor, wo der dritte Radikal eine Silbe oder ein Wort schließt. Anstelle des silben-
schließenden א wird ein kurzer Vokal lang (sog. „Ersatzdehnung"; § 9j.10f). Am Silbenanfang behält א demgegenüber seinen Konsonantenwert. Im Qal kommt sowohl der
Themavokal *a* als auch *e* vor, in den anderen Stämmen meist *e*:

Perfekt		מצא Qal „finden"	שׂנא Qal „hassen"	מצא Ni „gefunden werden"
Sg	3 m	מָצָא	שָׂנֵא	נִמְצָא
	f	מָצְאָה	שָׂנְאָה	נִמְצְאָה
	2 m	מָצָאתָ	שָׂנֵאתָ	נִמְצֵאתָ
	f	מָצָאת	שָׂנֵאת	נִמְצֵאת
	1 c	מָצָאתִי	שָׂנֵאתִי	נִמְצֵאתִי
Pl	3 c	מָצְאוּ	שָׂנְאוּ	נִמְצְאוּ
	2 m	מְצָאתֶם	שְׂנֵאתֶם	נִמְצֵאתֶם
	f	מְצָאתֶן	שְׂנֵאתֶן	נִמְצֵאתֶן
	1 c	מָצָאנוּ	שָׂנֵאנוּ	נִמְצֵאנוּ

	מצא Qal „finden"	מצא Ni „gefunden werden"
Inf.cstr	מְצֹא	הִמָּצֵא
Inf.abs	מָצוֹא	נִמְצֹא
Ptz.akt	מֹצֵא מֹצֵאת / מֹצָא	
Ptz.pass	מָצוּא	נִמְצָא

c   **Infinitiv** Der Infinitivus constructus trägt (in Entsprechung zu den Verba לי״ה)
manchmal die Femininendung (vgl. מָלֵאת √ מלא mit גְּלוֹת √ גלה, § 46g). Dabei
bleibt der dritte Radikal א in der Schrift jedoch meist erhalten.

Imperfekt Da die Verba ל"א meist auf ursprüngliche Verba laryngalia zurückgehen, **d**
steht im Imperfekt und Imperativ Qal i.d.R. der <mark>Themavokal *a* statt *o*</mark> (§ 41b, vgl. יִמְצָא
mit יִקְטֹל). Vor das konsonantische Afformativ ־נָה tritt (in Analogie zu den ל"ה, §
46f) der Bindevokal *æ*. Die Stämme weisen dabei keine besonderen Abweichungen auf:

Imperfekt		מָצָא Qal	מָצָא Ni	Imperativ		מָצָא Qal
		„finden"	„gefunden werden"			„finden"
Sg	3 m	יִמְצָא	יִמָּצֵא	Sg		
	f	תִּמְצָא	תִּמָּצֵא			
	2 m	תִּמְצָא	תִּמָּצֵא		2 m	מְצָא
	f	תִּמְצְאִי	תִּמָּצְאִי		f	מִצְאִי
	1 c	אֶמְצָא	אֶמָּצֵא			
Pl	3 m	יִמְצְאוּ	יִמָּצְאוּ	Pl		
	f	תִּמְצֶאנָה	תִּמָּצֶאנָה			
	2 m	תִּמְצְאוּ	תִּמָּצְאוּ		2 m	מִצְאוּ
	f	תִּמְצֶאנָה	תִּמָּצֶאנָה		f	מְצֶאנָה
	1 c	נִמְצָא	נִמָּצֵא			

Elision des א <mark>Nur sehr selten geht ein quiesziertes א auch in der Schrift verloren</mark> (vgl. **e**
מָצָתִי „ich habe gefunden" statt מָצָאתִי √ מצא).

Doppelt schwache Verben Einige häufige Verben sind doppelt schwach (Übersicht **f**
§ 50), darunter:

	נשא Qal	ירא Qal	יצא Qal	בוא Qal
	„tragen"	„sich	„heraus-	„kommen"
	„heben"	fürchten"	gehen"	
Pf 3 m Sg	נָשָׂא	יָרֵא	יָצָא	בָּא
Impf 3 m Sg	יִשָּׂא	יִירָא	יֵצֵא	יָבוֹא
Impf.cons(KF)	וַיִּשָּׂא	וַיִּירָא	וַיֵּצֵא	וַיָּבֹא
Imp 2 m Sg	שָׂא	יְרָא	צֵא	בֹּא
Inf.cstr	שְׂאֵת/שֵׂאת	יְרֹא/יִרְאָה	צֵאת	בֹּא
Ptz.akt	נֹשֵׂא	(יָרֵא)	יֹצֵא	בָּא

Wurzelvarianten Wegen der engen Verwandtschaft von Verba ל"ה und ל"א („Verba **g**
tertiae infirmae") gibt es Wurzelvarianten (קָרָא II = קרה „begegnen", davon: לִקְרַאת
„entgegen"). Vielleicht gehen einige Verba ל"א und ל"ה auf zweiradikalige Wurzeln
zurück, die im Laufe der Sprachgeschichte um einen dritten Radikal erweitert und so an
das starke Verb angepasst wurden (vgl. § 48o.49q).

§ 48 Verba ע"ו"י (hohle Wurzeln)

a   Verba ע"ו"י (§ 26b) sind **zweiradikalige Verben mit einem langem Vokal in der Mitte,** der aus Kontraktion entstanden ist (§ 8j). Je nach Qualität dieses Vokals im Imperfekt, Imperativ und Infinitiv gehören sie zur Gruppe der Verba ע"ו (Themavokal *ū* oder *ō*) oder ע"י (Themavokal *ī̄*). Da dieser oft plene geschriebene Vokal im Perfekt nicht zu erkennen ist, werden Verba ע"ו"י **im Wörterbuch im Infinitiv zitiert.** Da ו bzw. י hier nur Vokalbuchstabe sind, werden diese Verben auch *h o h l e   W u r z e l n* genannt:

Qal	Vokal	lex. Form	Inf.cstr	Imperfekt	Perfekt
Verba ע"ו	*ū*	קוּם „aufstehen"	קוּם	יָקוּם	קָם
	ō	בּוֹשׁ „sich schämen"	בּוֹשׁ	יֵבוֹשׁ	בּוֹשׁ
Verba ע"י	*ī̄*	שִׂים „setzen/stellen"	שִׂים	יָשִׂים	שָׂם

b   Nicht zu den Verba ע"ו"י gehören Verben mit konsonantischem ו oder י in der Wortmitte (z.B. גּוע „hinscheiden", חיה „leben", היה „sein", vgl. aber § 46q).

c   **Hauptmerkmale** Als zweiradikalige Verben gehören Verba ע"ו"י und ע"ע (§ 49) gemeinsam zu den ע – V e r b e n. Anders als bei den ע"ע erscheint der zweite Radikal bei den ע"ו"י allerdings nicht verdoppelt. Gemeinsame Merkmale der ע-Verben sind:

1)	Vokalische Afformative sind meist unbetont.	קָ֫מוּ	statt קָטְלוּ
2)	Vor konsonantischen Afformativen steht oft ein Bindevokal (Infix- oder Trennungsvokal), und zwar ו–ֹ im Pf und ֶי– im Impf/Imp (wie ל"ה!)	הֲקִמ֫וֹתִי	statt הִקְטַ֫לְתִּי
		תְּקִמֶ֫ינָה	statt תִּקְטֹ֫לְנָה
3)	Die Präformativsilben sind offen und haben lange Vokale (Vorton-Qámez und Vorton-Zere).	יָקוּם	statt יִקְטֹל
		הָקִים	statt הַקְטִיל
4)	Die Dopplungsstämme Pi'el, Pu'al und Hitpa'el lauten meist Polel, Polal und Hitpolel.	יְקוֹמֵם	statt יְקַטֵּל
		יְקוֹמַם	statt יְקֻטַּל
5)	Es gibt „aramaisierende Formen" mit Dagesch forte in der Präformativsilbe (wie פ"נ!).	הֻנַּח (נוח √)	statt הֻקְטִיל

d   **Qal** Im *I m p e r f e k t*, nicht aber im Perfekt des Qal, steht vor konsonantischen Afformativen oft ein Bindevokal (Infix- oder Trennungsvokal). Dieser lautet in Anlehnung an die Verba ל"ה (§ 46f) ֶי–. Die Präformativsilben sind offen und tragen meist Vorton-Qámez (יָקוּם < *ja-qú-mu*, vgl. יִקְטֹל < *jaq-tú-lu*, § 28b), das bei fortrückendem Ton zu Schwa reduziert wird (תְּקוּמֶ֫ינָה). Daneben kommen auch Formen ohne Bindevokal vor (תָּקֹ֫מְנָה). Die vokalischen Afformative sind i.d.R. unbetont, die Nominalendungen der Partizipien betont (קָ֫מָה: 3 f Sg Pf, קָמָה: Ptz.akt f Sg). Der Themavokal des *P e r f e k t* lautet meist *ā* (קָם, שָׂם), bei intransitiven Verben auch *ō* (בּוֹשׁ § 48f) oder *ē* (מֵת √ מות „sterben/tot sein"):

Qal ū-Impf	Pf		Impf	Impf.KF	Imp	Inf
Sg 3 m	קָם	מֵת	יָקוּם	יָקֹם /		cstr:
3 f	קָמָה	מֵתָה	תָּקוּם	וַיָּקָם		קוּם
2 m	קַמְתָּ	מַתָּה	תָּקוּם		קוּם	abs:
2 f	קַמְתְּ	מַתְּ	תָּקוּמִי		קוּמִי	קוּם
1 c	קַמְתִּי	מַתִּי	אָקוּם			
Pl 3 m	(c) קָמוּ	(c) מֵתוּ	יָקוּמוּ			Ptz
3 f			תְּקוּמֶינָה			akt:
2 m	קַמְתֶּם	מַתֶּם	תָּקוּמוּ		קוּמוּ	קָם
2 f	קַמְתֶּן	מַתֶּן	תְּקוּמֶינָה		קֹמְנָה	pass:
1 c	קַמְנוּ	מַתְנוּ	נָקוּם			קוּם

Kurzformen Im *Jussiv* und *Imperfectum consecutivum* kommen Kurz- e
formen vor. Vgl. יָקוּם Impf.LF „er wird aufstehen" mit Impf.KF יָקֹם „er stehe auf!"
und Impf.cons וַיָּקָם „und er stand auf". Letztere mit Zurückziehung des Tons (lies:
waj-já-qŏm, aber וָאָקוּם). Bei ע"י: יָשִׂים Impf.LF, יָשֵׂם Jussiv und וַיָּשֶׂם Impf.cons.

Themavokal *ō* und *ī* Nur wenige Verben haben den Imperfekt-Vokal *ō* (ע"ו) oder *ī* f
(ע"י). Diese Verben haben im Perfekt meist *ā* (vgl. בָּא, בָּאָה usw., שָׁם, שָׁמָה, usw.),
Verba ע"י gleichen im Imperfekt des Qal den Hiph'il-Formen der ע"ו (Impf.LF יָשִׂים,
Impf.KF יָשֵׂם, Impf.cons וַיָּשֶׂם). בוש hat den Präformativvokal *ē* (sog. Dissimilation):

Qal ī– u. ō–Impf	שִׂים "setzen/stellen/legen"				בוש "sich schämen"	
	Pf	Impf	Impf.KF	Imp	Pf	Impf
Sg 3 m	שָׂם	יָשִׂים	יָשֵׂם /		בּוֹשׁ	יֵבוֹשׁ
3 f	שָׂמָה	תָּשִׂים	וַיָּשֶׂם		בּוֹשָׁה	תֵּבוֹשׁ
2 m	שַׂמְתָּ	תָּשִׂים		שִׂים	בֹּשְׁתָּ	תֵּבוֹשׁ
2 f	שַׂמְתְּ	תָּשִׂימִי		שִׂימִי	בֹּשְׁתְּ	תֵּבוֹשִׁי
1 c	שַׂמְתִּי	אָשִׂים			בֹּשְׁתִּי	אֵבוֹשׁ
Pl 3 m	(c) שָׂמוּ	יָשִׂימוּ			(c) בֹּשׁוּ	יֵבוֹשׁוּ
3 f		תָּשִׂמֶינָה				תֵּבֹשְׁנָה
2 m	שַׂמְתֶּם	תָּשִׂימוּ		שִׂימוּ	בָּשְׁתֶּם	תֵּבוֹשׁוּ
2 f	שַׂמְתֶּן	תָּשִׂמֶינָה		שֵׂמְנָה	בָּשְׁתֶּן	תֵּבֹשְׁנָה
1 c	שַׂמְנוּ	נָשִׂים			בֹּשְׁנוּ	נֵבוֹשׁ

Nur gelegentlich findet sich auch im Perfekt der Imperfekt-Vokal *ō* oder *ī*. So bei g
בוש, בּוֹשָׁה usw. „sich schämen" und בִּין, בִּינָה usw. „verstehen".

h **Niph'al** Der ursprüngliche Präformativvokal *a* (§ 34f) ist zu (veränderlichem) Vorton-Qámez gedehnt, der Themavokal *a* lang und zu *ō* (selten: *ū*) geworden:

Niph'al	כוּן Ni: „fest stehen"					
	Pf	Impf	Impf.KF	Imp	Inf	Ptz
Sg 3 m	נָכוֹן	יִכּוֹן	יִכּוֹן /		cstr:	נָכוֹן
f	נָכֹוֹנָה	תִּכּוֹן	וַיִּכּוֹן		הִכּוֹן	
2 m	נְכֹוּנֹותָ	תִּכּוֹן		הִכּוֹן	abs:	
f	נְכוּנוֹת	תִּכֹּוּנִי		הִכֹּוֹנִי	נָכוֹן /	
1 c	נְכֹוּנֹותִי	אֶכּוֹן			הִכּוֹן	
Pl 3 m	(c) נָכֹוֹנוּ	יִכֹּוֹנוּ				
f		תִּכֹּוֹנֶֽינָה				
2 m	נְכוּנוֹתֶם	תִּכֹּוֹנוּ		הִכֹּוֹנוּ		
f	נְכוּנוֹתֶן	תִּכֹּוֹנֶֽינָה		הִכֹּֽנָה		
1 c	נְכֹוּנֹֽונוּ	נִכּוֹן				

i **Hiph'il und Hoph'al** Im *H i p h ' i l* ist der Themavokal (§ 38e) fast immer zu *ī* gedehnt; die Präformativsilben sind meist offen und haben einen langen Vokal: Vorton-Qámez im Imperfekt und Vorton-Zere im Perfekt und Partizip. Im *H o p h ' a l* (§ 39c) steht – in Analogie zu den Verba פ"ו (§ 39d.e.45l) – plene geschriebenes *ū*:

Hiph'il	קוּם Hi: „aufstellen"				Ho: „aufgestellt w."	
Hoph'al	Pf	Impf	Impf.KF	Imp	Pf	Impf
Sg 3 m	הֵקִים	יָקִים	יָקֶם /		הוּקַם	יוּקַם
f	הֵקִֽימָה	תָּקִים	וַיָּֽקֶם		הוּקְמָה	תּוּקַם
2 m	הֲקִימֹותָ	תָּקִים	הָקֵם		הוּקַֽמְתָּ	תּוּקַם
f	הֲקִימֹות	תָּקִֽימִי	הָקִֽימִי		הוּקַֽמְתְּ	תּוּקְמִי
1 c	הֲקִימֹותִי	אָקִים			הוּקַֽמְתִּי	אוּקַם
Pl 3 m	(c) הֵקִֽימוּ	יָקִֽימוּ	Ptz:		(c) הוּקְמוּ	יוּקְמוּ
f		תְּקִימֶֽינָה	מֵקִים			תּוּקַֽמְנָה
2 m	הֲקִימֹותֶם	תָּקִֽימוּ		הָקִֽימוּ	הוּקַמְתֶּם	תּוּקְמוּ
f	הֲקִימֹותֶן	תְּקִימֶֽינָה		הָקֵֽמְנָה	הוּקַמְתֶּן	תּוּקַֽמְנָה
1 c	הֲקִימֹֽונוּ	נָקִים			הוּקַֽמְנוּ	נוּקַם

j **Aramaisierende Formen** Gelegentlich begegnen (selten mit Bedeutungsunterschied) im Qal oder Hiph'il Formen mit Dagesch forte in der Präformativsilbe, die als „sekundäre פ"נ" (§ 43k) bezeichnet werden können, so z.B. הִנִּיחַ (Pf Hi von נוח) „er hat hingestellt" statt הֵנִיחַ „er hat zur Ruhe gebracht" (vgl. die Verba ע"ע, § 49l).

Pi'el, Pu'al und Hitpa'el Nur einzelne seltene Formen der Verba ע"ו/י bilden die   k
Dopplungstämme in der Weise des starken Verbs, indem sie – künstlich – ein konso-
nantisches י (< ī) in die Wurzel fügen, so bei קַיֵּם „er hat hingestellt" (3 m Sg Pf Pi
√ קום). Vgl. § 49m (Verba ע"ע). In der Regel bilden sie Parallel- oder Ersatzstämme:

Polel, Polal und Hitpolel Die zweiradikaligen ע-Verben haben die Stämme Pi'el,   l
Pu'al und Hitpa'el bei gleicher Funktion meist anders ausgebildet: entweder durch
Verdopplung des zweiten Radikals (Polel, Polal und Hitpolel) oder durch Reduplikation
der ganzen Wurzel (sog. Pilpel, § 48n):

Polel	כון Po: „hinstellen/gründen"					
	Pf	Impf	Impf.KF	Imp	Inf	Ptz
Sg 3 m	כּוֹנֵן	יְכוֹנֵן	יְכוֹנֵן /		cstr:	מְכוֹנֵן
f	כּוֹנְנָה	תְּכוֹנֵן	וַיְכוֹנֵן		כּוֹנֵן	
2 m	כּוֹנַנְתָּ	תְּכוֹנֵן		כּוֹנֵן	abs:	
f	כּוֹנַנְתְּ	תְּכוֹנְנִי		כּוֹנְנִי	כּוֹנֵן	
1 c	כּוֹנַנְתִּי	אֲכוֹנֵן				
Pl 3 m	(c) כּוֹנְנוּ	יְכוֹנְנוּ				
f		תְּכוֹנֵנָּה				
2 m	כּוֹנַנְתֶּם	תְּכוֹנְנוּ		כּוֹנְנוּ		
f	כּוֹנַנְתֶּן	תְּכוֹנֵנָּה		כּוֹנֵנָּה		
1 c	כּוֹנַנּוּ	נְכוֹנֵן				

Polal und Hitpolel Die Formen des Passivstammes *P o l a l* (= Pu'al, § 36d) unter-   m
scheiden sich vom aktiven Polel (= Pi'el) nur durch den (veränderlichen) Themavokal *a*
(Pf: כּוֹנָה ,כוֹנַן usw., Impf: יְכוֹנַן ,תְּכוֹנַן usw. „bereitet werden"); die Formen des
reflexiven *H i t p o l e l* (= Hitpa'el, § 37f) sind am präformativen ת bzw. הִת und dem
in allen Formen gleichen (veränderlichen) Themavokal *ē* zu erkennen (Pf: הִתְכּוֹנֵן,
Impf: יִתְכּוֹנֵן usw. „sich fest hinstellen").

Wurzelreduplikationen Formen mit vollständiger Verdopplung der Wurzel (sog. Pil-   n
pel, § 35g) klingen wie starke Verben und sind sehr selten (z.B. יְכַלְכֵּל 3 m Sg Impf Pil
von כול „er wird versorgen").

Wurzelvarianten Einige Verben haben Wurzelvarianten, die im Wörterbuch manch-   o
mal unter verschiedenen Wurzeln aufgeführt werden: בוש „sich schämen" (§ 48f) bildet neben הֵבִישׁ (√ בוש, § 48i) auch ein Hiph'il הוֹבִישׁ (√ יבשׁ II, § 45j), יקץ Qal
„aufwachen" (פ"י) bildet ein Impf Hi יָקִיץ (ע"י) mit gleicher Bedeutung, טוב „gut
sein" bildet im Qal ein Pf טוֹב (§ 48f), aber ein Impf יִיטַב (√ יטב, § 44e). Neben
יִבְזֶה (√ בזה „gering schätzen") begegnet יָבוּז (√ בוז) mit gleicher Bedeutung usw.

§ 49 Verba ע"ע (mediae geminatae)

a Verba ע"ע sind ursprünglich **zweiradikalige Verben mit kurzem Vokal und verdoppeltem zweitem Konsonanten** (sog. *Verba mediae geminatae*). Obwohl die Verdopplung meist nur durch Dagesch forte angezeigt ist (und am Wortende entfällt) und Formen mit wirklich wiederholtem zweitem Radikal selten sind, werden diese Verben im Wörterbuch grundsätzlich mit wiederholtem zweitem Radikal („Verba ע"ע") zitiert:

Qal	Impf.-Vokal	lexikalische Form	Perfekt	Imperfekt	Inf.cstr
ō	סבב „umgeben"	סַב/סָבַב	יָסֹב	סֹב
ā	קלל „gering sein"	קַל	יֵקַל	קַל/קֹל

b **Hauptmerkmale** Als zweiradikalige Verben gehören die Verba ע"ע und ע"ו/י (§ 48) zu den ע – *Verben*. Anders als bei den Verba ע"ו/י ist der Vokal meist kurz und der zweite Radikal verdoppelt. **Gemeinsame Merkmale der ע-Verben sind:**

1)	Vokalische Afformative sind meist unbetont.	סֹבּוּ	statt	קָטְלוּ
2)	Vor konsonantischen Afformativen steht oft ein Bindevokal (Infix- oder Trennungsvokal), und zwar וֹ– im Pf und יְ– im Impf/Imp (wie ל"ה!)	הֲסִבּוֹתִי / תְּסֻבֶּינָה	statt / statt	הִקְטַלְתִּי / תִּקְטֹלְנָה
3)	Die Präformativsilben sind offen und haben lange Vokale (Vorton-Qámez und Vorton-Zere).	יָסֹב / הֵסֵב	statt / statt	יַקְטִל / הִקְטִיל
4)	Die Dopplungsstämme Pi'el, Pu'al und Hitpa'el lauten meist Polel, Polal und Hitpolel.	יְסוֹבֵב / יְסוֹבַב	statt / statt	יְקַטֵל / יְקֻטַל
5)	Es gibt „aramaisierende Formen" mit Dagesch forte in der Präformativsilbe (wie פ"נ!).	יִסֹּב	statt	יִקְטֹל

c **Qal** Vor konsonantischen Afformativen steht ein Bindevokal (Infix- oder Trennungsvokal). Dieser lautet im Perfekt וֹ– und im Imperfekt und Imperativ (in Anlehnung an die Verba ל"ה, § 46f) יְ– . Die Präformativsilben sind offen und tragen meist Vorton-Qámez (יָסֹב < *ja-súb-bu*, vgl. יַקְטֹל < *jaq-tú-lu*, § 28b), das bei fortrückendem Ton zu Schwa reduziert wird (תְּסֻבֶּינָה). Nur bei den wenigen Verben mit dem Themavokal *a* wird der Präformativvokal *i* in der offenen Silbe zu *ē* (יֵקַל < *ji-qál-lu*, vgl. יִכְבַּד < *jiq-tá-lu*, § 28b). Die vokalischen Afformative sind i.d.R. unbetont, die Nominalendungen der Partizipien betont (סָבָּה: 3 f Sg Pf, סֹבְבָה/סַבָּה: Ptz.akt f Sg). Der Themavokal des *Perfekts* lautet immer *a* .

d Neben zweiradikaligen Bildungen kommen auch „starke" Bildungen mit wiederholtem zweitem Radikal vor, erste vor allem bei Zustandsverben, letztere bei Handlungsverben: סָבַב „jmd umgeben" gegenüber קַל „leicht sein". Die Wurzel צרר I differenziert sogar zwischen „etwas/jmd einschnüren" (Ptz: צוֹרֵר) und „eng sein" (Pf: צַר).

Das für die Verba ע"ע typische Dagesch forte im zweiten Radikal fällt am Wortende e
regelmäßig (§ 4i) aus:

Perfekt	סבב „umgeben"	קלל „gering sein"
Sg 3 m	סַב / סָבַב	קַל
f	סָֽבָּה / סָֽבְבָה	קָֽלָה
2 m	סַבּֽוֹתָ	קַלּֽוֹתָ
f	סַבּוֹת	קַלּוֹת
1 c	סַבּֽוֹתִי	קַלּֽוֹתִי
Pl 3 c	סַֽבּוּ / סָֽבְבוּ	קַלּֽוּ
2 m	סַבּוֹתֶם	קַלּוֹתֶם
f	סַבּוֹתֶן	קַלּוֹתֶן
1 c	סַבּֽוֹנוּ	קַלּֽוֹנוּ

	Imperfekt (Impf.LF)		Impf.KF	Imperativ	Infinitiv
Sg 3 m	יָסֹב	יֵקַל	יָסֹב / יֵקַל		cstr:
f	תָּסֹב	תֵּקַל	וַיָּֽסָב / וַיֵּֽקַל		סֹב / סְבֹב
2 m	תָּסֹב	תֵּקַל		סֹב	abs:
f	תָּסֹֽבִּי	תֵּקַֽלִּי		סֹֽבִּי	סָבוֹב
1 c	אָסֹב	אֵקַל			
Pl 3 m	יָסֹֽבּוּ	יֵקַֽלּוּ			Partizip
f	תְּסֻבֶּֽינָה	תִּקַלֶּֽינָה			akt:
2 m	תָּסֹֽבּוּ	תֵּקַֽלּוּ		סֹֽבּוּ	סוֹבֵב / קַל
f	תְּסֻבֶּֽינָה	תִּקַלֶּֽינָה		סֻבֶּֽינָה	pass:
1 c	נָסֹב	נֵקַל			סָבוּב

Sehr selten begegnet im Qal der Themavokal *ē* (< *i*). Vgl. יָגֵל: Impf Qal von גלל f
„wälzen". Solche Formen sehen wie Hiph'il aus (§ 49k).

Imperfectum consecutivum In den endungslosen Formen des Imperfectum conse- g
cutivum (Impf.KF) weicht der Ton meist auf die vorletzte Silbe zurück (im Qal: וַיָּֽסָב,
lies: *waj-já-sŏb* statt יָסֹב, im Hi: וַיָּֽסֶב statt יָסֵב), nicht aber in der 1 Sg (וָאָסֹב,
וָאָסֵב). Die so entstandenen Formen sind nicht zu unterscheiden von den entsprechenden Kurzformen der Verba ע"ו/י (§ 48e).

Verben mit Laryngal Verba ע"ע mit Laryngal weisen Besonderheiten (§ 41) auf, und h
zwar meist, wie bei רעע „schlecht sein": 1) ein a-Impf im Qal (יֵרַע statt יָסֹב), 2) eine
weitgehende Verdrängung des *ē* im Hiph'il (יָרַע statt יָסֵב) oder 3) ein Pátach furtivum (Inf: רַע statt סֹב) und 4) Ersatzdehnung statt Dagesch forte (וְרָעָה statt וְסַבָּה).

i   **Niph'al** Der Themavokal *a* ist fast immer kurz geblieben, die Präformativsilben haben im Perfekt jedoch ursprüngliches *a* (§ 34f) zu (veränderlichem) Vorton-Qámez gedehnt. Die Formen des Imperfekts gleichen vielen Verba פ"נ (§ 43):

Niph'al	סבב Ni: „umbiegen/die Richtung ändern"					
	Pf	Impf	Impf.KF	Imp	Inf	Ptz
Sg 3 m	נָסֵב	יִסַּב	יִסַּב /		cstr:	נָסֵב
f	נָסַּבָּה	תִּסַּב	וַיִּסַּב		הֵסַּב	נְסַבָּה
2 m	נְסַבּּוֹתָ	תִּסַּב		הִסַּב	abs:	
f	נְסַבּוֹת	תִּסַּבִּי		הִסַּבִּי	הִסּוֹב /	
1 c	נְסַבּוֹתִי	אֶסַּב			הֵסַּב	
Pl 3 m	(c) נָסַבּוּ	יִסַּבּוּ				
f		תִּסַּבֶּינָה				
2 m	נְסַבּוֹתֶם	תִּסַּבּוּ		הִסַּבּוּ		
f	נְסַבּוֹתֶן	תִּסַּבֶּינָה		הִסַּבֶּינָה		
1 c	נְסַבּוֹנוּ	נִסַּב				

j   Selten begegnet im Perfekt Niph'al der Themavokal *ē* (נָמֵס √ מסס Ptz Ni „zerfliessend"), noch seltener *ō* (וְנָגֹלּוּ √ גלל Pf.cons Ni „und sie werden zusammengerollt").

k   **Hiph'il und Hoph'al** Im *H i p h ' i l* ist der Themavokal *i* (§ 38e) in der Tonsilbe zu *ē* gedehnt; die Präformativsilben sind meist offen und haben Vorton-Qámez im Impf und Vorton-Zere im Pf und Ptz. Im *H o p h ' a l* (§ 39c) steht – in Analogie zu den Verba פ"ו (§ 39d.45l) – plene geschriebenes *ū*. Die Formen des Impf.cons sind von den entsprechenden Kurzformen der Verba ע"ו"י (§ 48e) nicht zu unterscheiden:

Hiph'il Hoph'al	סבב Hi: „herumgehen lassen"				Ho: „gedreht werden"	
	Pf	Impf	Impf.KF	Imp	Pf	Impf
Sg 3 m	הֵסֵב	יָסֵב	יָסֵב /		הוּסַב	יוּסַב
f	הֵסֵבָּה	תָּסֵב	וַיָּסֶב		הוּסַבָּה	תּוּסַב
2 m	הֲסִבּוֹתָ	תָּסֵב		הָסֵב	הוּסַבּוֹתָ	תּוּסַב
f	הֲסִבּוֹת	תָּסֵבִּי		הָסֵבִּי	הוּסַבּוֹת	תּוּסַבִּי
1 c	הֲסִבּוֹתִי	אָסֵב			הוּסַבּוֹתִי	אוּסַב
Pl 3 m	(c) הֵסֵבּוּ	יָסֵבּוּ	Ptz:		(c) הוּסַבּוּ	יוּסַבּוּ
f		תְּסִבֶּינָה	מֵסֵב			תּוּסַבֶּינָה
2 m	הֲסִבּוֹתֶם	תָּסֵבּוּ	מְסִבָּה	הָסֵבּוּ	הוּסַבּוֹתֶם	תּוּסַבּוּ
f	הֲסִבּוֹתֶן	תְּסִבֶּינָה		הָסִבֶּינָה	הוּסַבּוֹתֶן	תּוּסַבֶּינָה
1 c	הֲסִבּוֹנוּ	נָסֵב			הוּסַבּוֹנוּ	נוּסַב

Aramaisierende Formen Oft begegnen nach dem Vorbild des Aramäischen Formen   l
mit Dagesch forte in der Präformativsilbe, die als „sekundäre פ"נ" (§ 43k) bezeichnet
werden können. Durch die (bedeutungslose) Verdopplung des ersten Radikals entstehen dabei scheinbar „starke" Formen, z.B. יִסֹּב (Impf Qal √ סבב) statt יָסֹב „er
wird sich umwenden" und וַיַּסֵּב statt וַיָּסֶב (Impf.cons Hi). Vgl. § 48j (Verba ע"ו).

Pi'el, Pu'al und Hitpa'el Viele Verba ע"ע bilden Dopplungstämme in der Weise des   m
starken Verbs mit Wiederholung des zweiten Radikals und (!) Dagesch forte, so z.B.
הלל „loben" (Pi הִלֵּל, Pu הֻלַּל, Hitp הִתְהַלֵּל). Vgl. 48k (Verba ע"ו). Meist bilden
Verba ע"ע jedoch sog. Parallel- oder Ersatzstämme:

Polel, Polal und Hitpolel Die Stämme Pi'el, Pu'al und Hitpa'el sind bei den ע–   n
Verben bei gleicher Funktion oft anders ausgebildet: durch einfache Wiederholung des
zweiten Radikals entstehen Polel, Polal und Hitpolel (bzw. Po'el, Po'al und Hitpo'el):

Polel		Po: „umwandeln" סבב					
		Pf	Impf	Impf.KF	Imp	Inf	Ptz
Sg 3 m		סוֹבֵב	יְסוֹבֵב	יְסוֹבֵב /		cstr:	מְסוֹבֵב
f		סוֹבְבָה	תְּסוֹבֵב	וַיְסוֹבֵב		סוֹבֵב	
2 m		סוֹבַבְתָּ	תְּסוֹבֵב		סוֹבֵב	abs:	
f		סוֹבַבְתְּ	תְּסוֹבְבִי		סוֹבְבִי	סוֹבֵב	
1 c		סוֹבַבְתִּי	אֲסוֹבֵב				
Pl 3 m		סוֹבְבוּ(c)	יְסוֹבְבוּ				
f			תְּסוֹבֵבְנָה				
2 m		סוֹבַבְתֶּם	תְּסוֹבְבוּ		סוֹבְבוּ		
f		סוֹבַבְתֶּן	תְּסוֹבֵבְנָה		סוֹבֵבְנָה		
1 c		סוֹבַבְנוּ	נְסוֹבֵב				

Polal und Hitpolel Die Formen des *P o l a l* (= Pu'al, § 36d) unterscheiden sich vom   o
Polel (= Pi'el) nur durch den (veränderlichen) Themavokal *a* (Pf: סוֹבַב, Impf: יְסוֹבַב
usw.); die Formen des *H i t p o l e l* (= Hitpa'el; § 37f) sind am präformativen ת bzw.
הִת und dem in allen Formen gleichen (veränderlichen) Themavokal *ē* zu erkennen
(z.B. Pf: הִתְגּוֹלֵל, Impf: יִתְגּוֹלֵל usw. „sich wälzen").

Wurzelreduplikationen Formen mit vollständiger Verdopplung der Wurzel (sog. Pil-   p
pel, § 35g) klingen wie starke Verben und sind sehr selten (z.B. גִּלְגַּלְתִּי 1 c Sg Pf Pilel
von גלל „ich habe abgewälzt").

Wurzelvarianten Einige Verben haben Wurzelvarianten: רדד/רדה I „unterwerfen"   q
bildet neben dem Ptz רוֹדֵד (ע"ע) ein Impf יִרְדּוּ (ל"ה). Von חמם „warm sein" sind
sogar die Wurzelvarianten חום (ע"ו) und יחם (פ"י) belegt usw.

§ 50 Doppelt schwache Verben

a Viele Verben haben zwei schwache Konsonanten und verbinden die Eigentümlichkeiten zweier Verbklassen. Die häufigsten sind in den folgenden Tabellen vereint:

b

Verba פ"נ und ל"ה (§ 43.46)		Perfekt	Impf	Impf.cons	Imp	Inf.cstr	Ptz
נטה „sich neigen"	Q	נָטָה	יִטֶּה	וַיֵּט	נְטֵה	נְטוֹת	נֹטֶה
	Hi	הִטָּה	יַטֶּה	וַיֵּט	הַטֵּה/הַט	הַטּוֹת	מַטֶּה
נכה Hi: „schlagen"	Hi	הִכָּה	יַכֶּה	וַיַּךְ	הַכֵּה/הַךְ	הַכּוֹת	מַכֶּה
	Ho	הֻכָּה	יֻכֶּה	וַיֻּךְ	---	---	מֻכֶּה
נקה Ni: „unschuldig s."	Ni	נִקָּה	יִנָּקֶה	---	הִנָּקֵה	---	---
	Pi	נִקָּה	יְנַקֶּה	---	נַקֵּה	---	---

Bei den beiden Verben נטה Q „sich neigen" und נכה Hi „schlagen" ist im Jussiv, Impf.cons und Imp in den endungslosen Formen oft nur noch ein Radikal sichtbar, so z.B. in הַט „neige!" und וַיַּךְ „und er schlug". Beide Wurzeln vereinen die komplizierten Eigenarten der Verba ל"ה (Kurzformen, § 46m) und der Verba פ"נ (Assimilation des נ § 43a, aber kein Dagesch forte am Wortende, § 4i).

c

Verba פ"נ und ל"א (§ 43.47)		Perfekt	Impf	Impf.cons	Imp	Inf.cstr	Ptz
נשא „tragen/heben"	Q	נָשָׂא	יִשָּׂא	וַיִּשָּׂא / וַיִּשְׂאוּ	שָׂא	שְׂאֵת / שֵׂאת	נֹשֵׂא

Bei dem überaus häufigen Verb נשא „tragen/heben" fällt der erste Radikal im Imp und Inf.cstr oft ersatzlos aus („Elision" des נ, § 43e). Über Schwa mobile fällt Dagesch forte („Assimilation" des נ, § 43a) oft aus (§ 4i.43i). Im Inf.cstr quiesziert א (§ 47b) nach der Präposition: לָשֵׂאת „um zu tragen/heben" (mit Vorton-Qámez).

d

Verba ע"ו und ל"א (§ 48.47)		Perfekt	Impf	Impf.cons	Imp	Inf.cstr	Ptz
בוא „kommen"	Q	בָּא	יָבֹא	וַיָּבֹא	בּוֹא	בּוֹא	בָּא
	Hi	הֵבִיא	יָבִיא	וַיָּבֵא	הָבֵא	הָבִיא	מֵבִיא

Bei dem Verb בוא „kommen/betreten" quiesziert regelmäßig א (§ 47b.f). Daher unterbleibt das bei Verba ע"ו (§ 48e) sonst übliche Zurückweichen des Tons im Impf.cons (וַיָּבֹא statt וַיָּקָם).

Verba פ"ו und ל"ה (§ 45.46)		Perfekt	Impf	Impf.cons	Imp	Inf.cstr	Ptz
ידה II Hi: „preisen"	Hi	הוֹדָה	יוֹדֶה יוֹדוּ	---	הוֹדֵה הוֹדוּ	הוֹדוֹת	מוֹדֶה
ירה III Hi: „unterweisen"	Hi	הוֹרָה	יוֹרֶה תֹּרֶךָ	וַיּוֹרֶה	הוֹרֵה	הוֹרוֹת	מוֹרֶה

Bei den Verben ידה II Hi „preisen" (> תּוֹדָה „Preis/Dank") und ירה III Hi „unterweisen" (> תּוֹרָה „Weisung") kann der aus Kontraktion entstandene Präformativvokal *ō* (§ 81.45j) defektiv geschrieben werden. Suffixe und vokalische Endungen treten nach § 46d direkt an den zweiten Radikal. Bei וְתֹרֶךָ „und sie soll dich unterweisen" (3 f Sg Impf Hi von ירה + Nun energicum + Suff 2 m Sg) ist daher nur noch ein Radikal sichtbar.

Verba פ"ו und ל"א (§ 45.47)		Perfekt	Impf	Impf.cons	Imp	Inf.cstr	Ptz
יצא „herausgehen"	Q	יָצָא	יֵצֵא	וַיֵּצֵא	צֵא	צֵאת	יֹצֵא
	Hi	הוֹצִיא	יוֹצִיא	וַיּוֹצֵא	הוֹצֵא	הוֹצִיא	מוֹצִיא
ירא „sich fürchten"	Q	יָרֵא	יִירָא	וַיִּירָא	יְרָא	יִרְאָה	(יָרֵא)
	Ni	נוֹרָא	יִוָּרֵא	וַיִּוָּרֵא	הִוָּרֵא	הִוָּרֵא	נוֹרָא

Bei יצא „herausgehen" und ירא „sich fürchten" unterliegt der erste Radikal oft einer Elision (§ 45e-h) oder Kontraktion (§ 45dj), א quiesziert regelmäßig (§ 47b).

הִשְׁתַּחֲוָה und חיה, היה (§ 46q)	Perfekt	Impf	Impf.cons	Imp	Inf.cstr
היה Q: „sein/werden"	הָיָה	יִהְיֶה	וַיְהִי וַיִּהְיוּ	הֱיֵה	הֱיוֹת לִהְיוֹת
חיה Q: „leben"	חָיָה	יִחְיֶה	וַיְחִי	חֱיֵה	חֱיוֹת לִהְיוֹת
חוה Hištaph'el: „huldigen/anbeten"	הִשְׁתַּחֲוָה	יִשְׁתַּחֲוֶה יִשְׁתַּחֲווּ	(Sg) וַיִּשְׁתַּחוּ וַיִּשְׁתַּחֲווּ	הִשְׁתַּחֲוֵה	הִשְׁתַּחֲווֹת

Bei den häufigen Verben היה „sein", חיה „leben" und dem einzigen im Hištaph'el belegten Verb חוה „huldigen/anbeten/grüßen" wirkt sich die Schwäche der Halbvokale י bzw. ו aus, sodass in den Kurzformen im Singular Formen mit *ī* bzw. *ū* am Wortende entstehen (§ 8r.22d.27c.46q).

§ 51 Suffixe an Verbformen

a **Am finiten Verb** haben Suffixe (§ 19d) die Funktion eines pronominalen Akkusativ-Objekts. Sie können die Nota accusativi (§ 15r) ersetzen (§ 19j):

Perfekt	בְּרָאָם	„er hat sie geschaffen" (= בָּרָא אֹתָם)
Impf.cons	וַיִּשְׁלָחֵם	„und er sandte sie" (= וַיִּשְׁלַח אֹתָם)

b **Am infiniten Verb** (Partizip und Infinitivus constructus) können Suffixe je nach Präposition, Semantik und Zusammenhang den sog. Genitivus subjectivus oder den Genitivus objectivus (§ 19i.n), also das Subjekt oder das Objekt der Handlung bezeichnen:

Inf.cstr	> Possessiv (= Subj.)	בְּשָׁפְטוֹ	„bei seinem Richten" = „als er richtete"
	> Akkusativ (= Obj.)	לְשָׁפְטוֹ	„um ihn zu richten" (§ 65i-k)
Partizip	> Possessiv (= Subj.)	שֹׁפְטוֹ	„sein Richter" (= der von ihm eingesetzte)
	> Akkusativ (= Obj.)	שֹׁפְטוֹ	„sein Richter" (= der, der ihn richtet)

c Suffixe sind fast nie reflexiv. Ein Reflexivverhältnis wird vielmehr durch die Stämme Niph'al (§ 34) und Hitpa'el (§ 37) oder eine präpositionale Wendung (לוֹ „ihm" = „sich") ausgedrückt (וַיִּתְחַזֵּק „er stärkte sich", לְקַח־לוֹ „er nahm sich").

d Suffixe an finiten Verbformen entsprechen formal den Nominalsuffixen (§ 19a.d): שְׁלָחוֹ „er hat ihn geschickt" (vgl. סוּסוֹ „sein Pferd"). Nur die 1 c Sg hat regelmäßig eine ־ֲנ-Erweiterung: שְׁלָחַנִי „er hat mich geschickt" (vgl. dagegen סוּסִי „mein Pferd").

e Vortonvokale werden in entsprechender Entfernung von der Tonsilbe nach § 9a.b reduziert (שְׁלַחְתִּיךָ „ich habe dich geschickt" gegenüber שְׁלַחְתִּי), lange Themavokale kurz (יִקְטָלְךָ *jiq-tŏl-ḵā* gegenüber יִקְטֹל).

f **Infinitiv und Imperativ Qal** Eine größere Vokalveränderung tritt im Inf.cstr und Imp auf: Bei Verben mit Themavokal *ō* (Gf *qu-tul*, § 28n.30a) geht das *o* oft auf die erste Silbe zurück (§ 30d). Vgl. כָּתְבֵם (Qámez chatuf) „Schreib sie!" und בְּכָתְבוֹ „bei seinem Schreiben" > „als er schrieb" (statt כְּתֹב), anders: בַּעֲזָבְכֶם „bei eurem Verlassen" > „als ihr verlassen habt" (lies: *baᶜᵃ-zŏb-kæm*, § 30e). Bei Verben mit Themavokal *a* (Gf *qa-tal*) wird der Vokal lang (vgl. שְׁמָעֵנִי „höre mich!" statt שְׁמַע).

g **Bindevokale** Suffixe treten entweder direkt an die Verbform, oder es tritt ein (meist betonter) Bindevokal dazwischen. In einigen Fällen verändert sich dabei durch Elision (§ 8a.e) des zwischenvokalischen ה (in הוּא, הֶם und הֶן) und durch Kontraktion (§ 8j) der Halbvokale ו und י je nach Qualität des Bindevokals die Gestalt des Suffixes. Vgl. שְׁלָחוֹ (< שְׁלָחָהוּ) „er hat ihn geschickt" mit וַיִּשְׁלָחֵהוּ „und er schickte ihn." Aus Kontraktion entstanden sind auch Formen wie יְדַעְתּוֹ (< יְדַעְתָּהוּ) „du kennst ihn" (§ 8a).

Nach יִ– wird das Suffix der 3 m Sg הוּ– meist zu (konsonantischem) ו: Vgl. מְצָאתִיו mit **h**
(seltenerem) מְצָאתִיהוּ, beides: „ich habe ihn gefunden".

Beim Suffix der 3 f Sg (הָ–) fällt nach *ā* der Endvokal aus (מְצָאָהּ „er hat sie gefunden"). **i**

Der Bindevokal lautet in den Formen der Afformativkonjugation (Pf und Pf.cons) meist **j**
a, in den Formen der Präformativkonjugation (Impf, Impf.cons und Imp) meist *ē* (selten:
æ): שְׁלָחָם „er hat sie geschickt", aber וַיִּשְׁלָחֵם „und er schickte sie". *Merke:* „Bindevokal a in der Afformativkonjugation, Bindevokal e in der Präformativkonjugation."
Formen ohne Afformativ und Präformativ (3 m Sg Pf und 2 m Sg Imp mit Themavokal
a) lassen sich oft nur am Bindevokal unterscheiden:

Bindevokal	a	Perfekt (AK)	שְׁלָחַנִי	„Er hat mich geschickt."
	ē	Impf/Impf.cons/Imp (PK)	שְׁלָחֵנִי	„Schicke mich!"

Vor הָ– steht statt *ē* meist *æ* oder *ā* (יִקְטְלָהּ oder יִקְטְלָהּ), im Inf.cstr *ā* (לְעָבְדָם „um **k**
ihnen zu dienen") oder *ē* (מֵעָבְדֵנוּ „aus unserem Dienst"), vor ךָ– und כֶם– meist kein
Bindevokal (יִקְטָלְךָ „er wird dich töten") wie bei den Suffixen am Nomen (§ 19d).

Alte Perfektendungen Vor Suffixen sind im Perfekt aller Stämme oft alte Afformative **l**
erhalten geblieben, so vor allem die Femininendung תְ– in der 3 f Sg (vgl. סוּסָתִי St.suff
mit סוּסָה St.abs) und die alte Endung der 2 f Sg תִי– (§ 19a), die von der 1 c Sg nicht unterscheidbar ist. Vor dem Suffix der 1 c Sg steht an der 3 m Sg Pf regelmäßig kurzes *a*:

Sg	3	m	קָטַל	קְטָלַנִי	„Er hat mich getötet."
		f	קָטְלָה	קְטָלַתְנִי	„Sie hat mich getötet."
	2	f	קָטַלְתְּ	קְטַלְתִּינִי	„Du (f) hast mich getötet." (§ 51c)

Ganz selten begegnet vor dem Suffix die Pluralendung תוּ– statt תֶּם– (קְטַלְתּוּנִי „ihr **m**
habt mich getötet") und וּ– statt נָה– (תִּקְטְלוּנִי „sie (f) haben mich getötet").

An die Endung der 3 f Sg Pf assimiliert sich oft ein folgendes ה rückwärts (§ 7j): קְטָלַתּוּ **n**
„sie hat ihn getötet" (< קְטָלַתְהוּ) und קְטָלַתָּה „sie hat sie getötet" (< קְטָלַתְהָ).

Nun energicum Bei den Suffixen נִי, ךָ, הוּ und הָ findet sich in den endungslosen **o**
Formen des Impf und Imp oft ein – stets betontes – Nun energicum (< *an/ann*, § 26p.
28q) mit dem Vokal *a* (nur bei נִי) oder *æ* (יִשְׁלָחֶנּוּ „er wird ihn schicken", תְּבָעֲתַנִי „du
überfällst mich"). Ein Bedeutungsunterschied zu anderen Formen ist nicht zu erkennen.
Fast immer tritt regressive oder progressive Assimilation (§ 7h.k) ein:

Nun energicum	יִקְטְלֶךָ	< יִקְטְל+ֶנּ + ךָ	< יִקְטֹל	„Er wird dich töten."
	יִקְטְלֶנּוּ	< יִקְטְל+ֶנּ + הוּ	< יִקְטֹל	„Er wird ihn töten."

III. Satzlehre

§ 52 Nominalsatz

a In einem Nominalsatz sind Subjekt und Prädikat Nomina. Als Nomen gelten Substantive und Adjektive, Constructus-Verbindungen, Eigennamen, Pronomina, präpositionale Wendungen, Infinitive und Partizipien. Ein Nominalsatz braucht im Hebräischen keine Kopula („ist/hat/war/hatte" usw.) als verbales Bindeglied:

Subjekt	Prädikat
טוֹב דְּבָרֶ֑ךָ	

Subjekt	Kopula	Prädikat
„Dein Wort	(ist)	gut."

b Subjekt ist das „*T h e m a*" des Satzes (das Bekannte bzw. das, worum es geht), Prädikat das „*R h e m a*" (das Ausgesagte bzw. das Neue). Bei einer „Prädizierung" (d) ist das Subjekt daher oft determiniert (§ 12n) und das Prädikat indeterminiert. Bei einer „Gleichsetzung" (e) sind meist beide Satzglieder in der Determination gleich, also beide determiniert oder (seltener) indeterminiert. Hier ist nur am Kontext zu erkennen, welches der Satzglieder Subjekt und Prädikat ist.

c Die *S a t z s t e l l u n g* im Nominalsatz ist nicht fest. Oft steht das Prädikat voran, wenn es besonders betont sein soll. Die *Z e i t s t u f e* ergibt sich aus dem Zusammenhang. Dabei gibt es drei besonders häufige funktionale *A u s s a g e t y p e n*:

d	Beschreibung (Prädizierung)	כִּי־קָד֧וֹשׁ יְהוָ֛ה אֱלֹהֵ֖ינוּ	„Fürwahr, heilig (ist) Jahwe, unser Gott."
e	Gleichsetzung (Identifikation)	עַמֵּ֖ךְ עַמִּ֑י	„Dein Volk (ist) mein Volk."
f	Zuordnung (mit Präp.)	וְהִנֵּה־בֵ֥ן לְשָׂרָ֖ה אִשְׁתֶּֽךָ	„Siehe: Einen Sohn (wird) Sara, deine Frau, (haben)." (§ 59g)

g **Kongruenz** Die Glieder eines Nominalsatzes sind bei adjektivischen und partizipialen Prädikaten meist im Genus und Numerus kongruent וְהָאֲנָשִׁים טֹבִ֥ים לָ֖נוּ מְאֹ֑ד „Die Männer (m Pl) aber waren sehr gut (m Pl) zu uns." In anderen Fällen ist keine Kongruenz erforderlich: כִּי־תֽוֹרָתְךָ֥ שַׁעֲשֻׁעָ֑י „Fürwahr, deine Weisung (f Sg) ist meine Freude (m Pl).", כָּל־מִצְוֺתֶ֥יךָ אֱמוּנָ֑ה „Alle deine Gebote (f Pl) sind verlässlich (f Sg)." Bei Subjekten verschiedenen Geschlechts steht das Prädikat im Maskulinum: וְאַבְרָהָ֤ם וְשָׂרָה֙ זְקֵנִ֔ים „Abraham (m) und Sara (f) aber waren alt (m)."

h **Eingliedriger Nominalsatz** Gelegentlich wird das Subjekt oder Prädikat eines Nominalsatzes unausgesprochen vorausgesetzt: „Preist JHWH", כִּי־ט֑וֹב „ja, (er ist) gut." Besonders in vertrauten Redesituationen kann ein einfaches Nomen einen Satz darstellen: „Er fragte sie: הֲשָׁל֥וֹם ל֖וֹ ,Geht es ihm gut?' Da sagten sie: שָׁל֑וֹם ,(Es geht ihm) gut.'" Einfache Nominalsätze bilden auch die suffigierten Existenzpartikeln יֵשׁ „es gibt" und אַ֫יִן „es gibt nicht" (§ 15s): יֶשְׁךָ „Du bist da.", אֵינֶ֫נּוּ „Er ist nicht da."

Erweiterter Nominalsatz Da Verbalnomina (Ptz und Inf.cstr) Objekte haben kön   **i**
nen, können Nominalsätze um ein Objekt und eine adverbiale Bestimmung erweitert
sein. Die Wortfolge ist häufig Subjekt-Prädikat-Objekt-Adverb: וַאֲנִי הִנְנִי מֵקִים
אֶת־בְּרִיתִי אִתְּכֶם עֹשֶׂה „Ich aber, siehe, ich richte (Ptz) meinen Bund mit euch auf."
צְדָקָה וּמִשְׁפָּט נִבְחָר לַיהוָה מִזָּבַח „Gerechtigkeit und Recht tun (ist) JHWH lieber
als Opfer" (§ 67d). Durch außergewöhnliche Voranstellung eines Satzgliedes wird dieses
betont.

Zusammengesetzter Nominalsatz Manchmal besteht das Prädikat aus einem ganzen   **j**
Satz (Subjekt und Prädikat), das Subjekt tritt als *C a s u s   p e n d e n s* (§ 54p), d.h.
„schwebend", vor den Satz. Oft nimmt ein Suffix den Casus pendens wieder auf:

Subjekt	Prädikat	Subjekt
אֱנוֹשׁ כֶּחָצִיר יָמָיו		

Subjekt	Prädikat	Kopula	Subjekt
„Der Mensch:	Wie Gras	(sind)	seine Tage."

Das Pronomen הוּא „er" und הֵם „sie" (§ 19b) kann eine Kopula (a) ersetzen und ein   **k**
Satzglied betonen: אַתָּה־הוּא מַלְכִּי אֱלֹהִים „Du allein (bist) mein König, Gott."

Negation Die Negation von Nominalsätzen erfolgt meist durch אֵין (§ 15s.t.17c),   **l**
selten durch לֹא (§ 17a) oder מִן (§ 17h): וְאִישׁ אֵין בָּאָרֶץ „Und es gibt keinen Mann
im Land."

Funktion Der Verbalsatz bringt Handlungen und Geschehnisse, der Nominalsatz Be   **m**
schreibungen oder Gleichsetzungen zur Aussage. Er gibt uns eine Information („Rhema") über ein Subjekt („Thema"), kann aber auch Frage oder Wunsch sein:

Beschreibung	כִּי אֵל גָּדוֹל יְהוָה	„Ja, ein großer Gott (ist) JHWH." **n**
Gleichsetzung	תּוֹרַת חָכָם מְקוֹר חַיִּים	„Die Anweisung des Weisen (ist) die Quelle des Lebens." **o**
Wunsch	שָׁלוֹם לָכֶם	„Friede (sei) mit euch!" **p**
Frage	אַיֵּה אֱלֹהֶיךָ	„Wo (ist) dein Gott?" **q**

Zwischen Verbalsätzen gibt der Nominalsatz den näheren Umstand oder Hintergrund   **r**
einer Handlung oder eines Geschehnisses an, oft unter dem Gedanken der Gleich- oder
Vorzeitigkeit. Er wird dann meist durch die Kopula וְ „aber/während/als" eingeführt:

Umstand	וַיֵּרָא אֵלָיו יְהוָה... וְהוּא יֹשֵׁב פֶּתַח־הָאֹהֶל	„Da erschien ihm JHWH..., als er gerade am Zelteingang saß." **s**
Hintergrund	וְהַמֶּלֶךְ זָקֵן מְאֹד	„Da kam Bathseba zum König ins Zimmer, der König (war) aber sehr alt..., und (sie) warf sich nieder." **t**

§ 53 Verbalsatz

a In einem Verbalsatz besteht das Prädikat aus einem finiten Verb. Da jede finite Verbform auf eine bestimmte Person festgelegt ist und aus einer Verschmelzung der Wurzel
(= Prädikat) mit einem Personzeichen (= Subjekt) zurückzuführen ist (§ 26d), das nur in
der 3 m des Perfekt (§ 29a) und bei den Imperativen (§ 28n) weggefallen ist, besteht der
einfache Verbalsatz aus nur einem Wort:

finites Verbum
וַיִּלְכֹּד

Kopula	Subjekt	Prädikat
„Und	er	fing.“

b Ein Verbum finitum kann neben dem Subjekt auch ein pronominales Akkusativ-Objekt
als Suffix enthalten: וַיִּתְּנֵם „Und er gab sie.“ (neben וַיִּתֵּן אֹתָם, § 51a).

c **Satzstellung**   Der Verbalsatz bringt Handlungen und Geschehnisse zur Aussage.
Daher steht das Verbum in der Regel am Anfang des Satzes, zwingend dann, wenn es
sich um ein Konsekutivtempus (§ 26e) handelt. Weitere Satzglieder können folgen,
gleichsam als Präzisierung des in der Verbform eigentlich schon vollständigen Satzes.
Die Reihenfolge ist meist: Verbum, Subjekt (gleichsam als Apposition zum Personzeichen), Objekt, adverbielle Bestimmung:

adv. Best.	Objekt	Subjekt	Verbum
אֶל־סִיחוֹן	מַלְאָכִים	יִשְׂרָאֵל	וַיִּשְׁלַח

Prädikat	Subj.	Obj.	adv. Best.
„Da sandte	Israel	Boten	zu Sihon.“

d Kurze adverbielle Bestimmungen können zwischen Verbum und Subjekt treten (וַיֹּאמֶר
לָהֶם יַעֲקֹב „Da sagte Jakob zu ihnen.“) oder in Spitzenstellung vor dem Verbum
stehen (שָׁמָּה תָמוּת „Dort wirst du sterben.“, כֹּה אָמַר יְהוָה „So spricht JHWH.“).

e **Nota accusativi**   In Prosatexten wird ein determiniertes Akkusativobjekt meist durch
אֵת/אֶת־ (§ 15r) angezeigt: וַיְבָרֶךְ אֱלֹהִים אֶת־נֹחַ „Und Gott segnete Noah.“

f **Kongruenz**   Das Verbum richtet sich in Genus und Numerus in der Regel nach dem
Subjekt: וַיָּקֻמוּ מִשָּׁם הָאֲנָשִׁים „Da erhoben sich die Männer von dort.“ Kollektivische
Singulare gelten dabei oft als Plural (und andersherum): וַיַּעֲנוּ כָל־הָעָם יַחְדָּיו „Da
antwortete (Pl) das ganze Volk gemeinsam.“, וַיֹּאמֶר אֱלֹהִים „Da sprach Gott (Pl).“
Merke: „Kongruenz gilt im Hebräischen meist in der Sache, nicht in der Form.“ Bei
Subjekten verschiedenen Geschlechts steht das Verb im Maskulinum: וַיִּתְחַבֵּא הָאָדָם
וְאִשְׁתּוֹ „Da verbarg sich (m) der Mensch (m) und seine Frau (f).“

g Am Satzanfang steht das Verbum manchmal im Singular, obwohl mehrere Subjekte
folgen (וַיֵּרֶד שִׁמְשׁוֹן וְאָבִיו וְאִמּוֹ „Da gingen Simson, sein Vater und seine Mutter
hinab.“) oder wenn das Subjekt zunächst unbestimmt ist (יְהִי מְאֹרֹת „Es seien
Lampen!“ eigentlich: „Es sei: Lampen.“).

Allgemeines Subjekt Ein allgemeines Subjekt („man") kann durch die 3 m Sg oder Pl **h**
ausgedrückt werden: וַיֹּאמֶר לְיוֹסֵף יְבַקְשׁוּ לַאדֹנִי „Da sagte <u>man</u> zu Joseph:",
הַמֶּלֶךְ נַעֲרָה בְתוּלָה „<u>Man</u> suche für meinen Herrn, den König, eine Jungfrau!"

Unpersönliches Subjekt Ein unpersönliches Subjekt („es") kann durch die 3 m Sg **i**
ausgedrückt werden (וְהָיָה/וַיְהִי „und <u>es</u> geschah/wird geschehen"), seltener durch die
3 f Sg (וַתֵּצֶר לְדָוִד „Da wurde dem David Angst.").

Negation Bei Aussagesätzen steht die Negation (meist לֹא, § 17) direkt vor dem Ver- **j**
bum. Da Konsekutivtempora (Impf.cons und Pf.cons) ihrem Wesen nach nicht verneint werden können, tritt an ihre Stelle das einfache ‚Ursprungstempus' (Pf und Impf,
§ 26f): וְלֹא שָׁמְעוּ אֶל־מֹשֶׁה „Aber sie hörten nicht auf Mose."; וְלֹא־יָקוּמוּ עוֹד
„Und sie werden nicht mehr aufstehen." Auch der Imperativ kann nicht verneint
werden. An seine Stelle tritt אַל mit Jussiv/Impf.KF (אַל־תִּשְׁלַח יָדְךָ „Strecke deine
Hand nicht aus!", sog. Vetitiv) oder לֹא mit Indikativ/Impf.LF לֹא תִגְנֹב Stiehl nicht!"
(sog. Prohibitiv, § 17b.26k).

Tempora und Funktion Durch die Spitzenstellung des Verbum finitum betont der **k**
Verbalsatz Handlung und Geschehen. Als häufigste Tempora markieren dabei die
Konsekutivtempora (§ 26e-f) einen Progress in Erzählung oder Rede:

Erzählung (perfektiv)	וְיוֹסֵף הוּרַד מִצְרָיְמָה וַיִּקְנֵהוּ פּוֹטִיפַר	„Joseph war nach Ägypten hinab geführt worden, <u>da kaufte ihn P.</u>"	**l**
Erzählung (durativ)	וְאֵד יַעֲלֶה מִן־הָאָרֶץ וְהִשְׁקָה אֶת־כָּל־פְּנֵי הָאֲדָמָה	„Ein Urquell stieg von der Erde auf <u>und tränkte die ganze Ober-fläche des Erdbodens.</u>"	**m**
Rede (imperfektiv)	הִנֵּה יָמִים בָּאִים... וַהֲקִמֹתִי לְדָוִד צֶמַח צַדִּיק	„Siehe, Tage (werden) kommen..., <u>da lasse ich David einen gerech-ten Sproß erstehen.</u>"	**n**
Rede (imperativ)	לֵךְ וְאָסַפְתָּ אֶת־זִקְנֵי יִשְׂרָאֵל	„Geh <u>und versammle die Ältes-ten Israels!</u>"	**o**

Auch *Imperativ, Kohortativ* (§ 26l), *Adhortativ* (§ 26n) und *Jussiv* **p**
(§ 26j) stehen in der Regel an der Spitze des Verbalsatzes: קַח־נָא אֶת־בִּנְךָ „Nimm dei-
nen Sohn!", אֲלַמְּדָה פֹשְׁעִים דְּרָכֶיךָ „Ich will die Verbrecher deine Wege lehren.",
יָקֶם יְהוָה אֶת־דְּבָרֶיךָ „JHWH verwirkliche deine Worte!". In den Formen der Präformativkonjugation hat die Kopula וְ meist finale Funktion („damit/so dass/um zu"):
בְּנוּ בָתִּים וְשֵׁבוּ „Baut Häuser, um (selber) (darin) zu wohnen!" *Merke:* „וְ vor Imperfekt und Imperativ ist oft final." (§ 62k).

In wörtlicher Rede kann das einfache *Perfekt* an der Spitze stehen (...דִּבֶּר הָאִישׁ **q**
אִתָּנוּ קָשׁוֹת „Der Mann...hat hart mit uns geredet."), in poetischen Texten auch das
Imperfekt (Impf.LF: יְחַלְּקוּ בְגָדַי לָהֶם „Sie teilen meine Kleider unter sich.").

§ 54 Invertierter Verbalsatz

zusammengesetzte Nominalsätze

a   Neben den Nominalsätzen, die ohne finites Verb gebildet sind (§ 52), und den Verbalsätzen, bei denen das Verb am Anfang des Satzes steht (§ 53), gibt es Verbalsätze mit einem finiten Verb in nachgestellter Position. Solche Sätze, die eine finite Verbform einem Nomen oder einer Nominalgruppe nachordnen, werden als „invertierte Verbalsätze" bezeichnet. Durch die Voranstellung eines Nomens stehen invertierte Verbalsätze ihrer Funktion nach den Nominalsätzen näher als den Verbalsätzen. Sie werden in einigen Grammatiken daher als Nominalsätze (bzw. zusammengesetzte Nominalsätze) bezeichnet.

b   Verbalsätze mit einer Negation (לֹא oder אַל, § 53j) oder mit adverbiellen Bestimmungen an der Spitze (§ 53d) gehören nicht zu den invertierten Verbalsätzen, denn sie verändern den Charakter des Verbalsatzes nicht grundlegend.

c   **Funktion**   Durch die Umkehrung der gewöhnlichen Wortfolge des Verbalsatzes wird das an die Spitze gestellte Nomen gegenüber dem Geschehen bzw. der Handlung hervorgehoben, damit zugleich die Rede- oder Erzählkette unterbrochen. Invertierte Verbalsätze markieren keinen Progress. *Merke:* „Invertierte Verbalsätze bringen die Erzählung oder Rede nicht weiter."

d   Als nicht-progressiver Satz ist der invertierte Verbalsatz geeignet für einen *Neueinsatz* oder eine *Hintergrundinformation* zu einer Person oder Sache:

e	Neueinsatz	וְהַמֶּ֫לֶךְ שְׁלֹמֹה אָהַב נָשִׁים נָכְרִיּוֹת רַבּוֹת	„König Salomo aber liebte viele ausländische Frauen."
		וַאֲבִימֶ֫לֶךְ הָלַךְ אֵלָיו מִגְּרָר	„Abimelech aber kam zu ihm aus Gerar."
f	Hintergrund (gleichzeitig)	הֲלוֹא שְׁמַ֫עַתְּ כִּי מָלַךְ אֲדֹנִיָּ֫הוּ...וַאֲדֹנֵ֫ינוּ דָוִד לֹא יָדָע	„Hast du nicht gehört, dass Adonia ...König geworden ist, ohne dass unser Herr David davon weiß?"
g	Hintergrund (vorzeitig)	וּמַלְאַךְ יְהוָה דִּבֶּר אֶל־אֵלִיָּה הַתִּשְׁבִּי קוּם עֲלֵה	„Zur selben Zeit aber hatte schon ein Bote JHWHs zu Elia, dem Tisbiter, gesagt: Brich auf und geh..."

h   Das Verb הָיָה „sein/werden" kann Nominalsätze perfektiv oder imperfektiv ‚verzeiten' und auf diese Weise invertierte Verbalsätze bilden: וְאֵ֫לֶּה שְׁמוֹת בְּנֵי יִשְׂרָאֵל הַבָּאִים מִצְרַ֫יְמָה...וְיוֹסֵף הָיָה בְמִצְרָ֫יִם „Dies sind die Namen der Söhne Israels, die nach Ägypten gekommen waren...Joseph aber war vorher schon in Ägypten." כִּי בְהַר־צִיּוֹן...תִּהְיֶה פְלֵיטָה... „Ja, auf dem Berg Zijon...wird Rettung sein."

Durch Voranstellung des Subjekts oder Objekts wird dieses besonders *b e t o n t* : **i**

| Betonung des Subjekts | אֶת־מִי תַעֲבֹדוּן...וְאָנֹכִי וּבֵיתִי נַעֲבֹד אֶת־יְהוָה | „Wem wollt ihr dienen?....<u>Ich und mein Haus</u> werden (<u>jedenfalls</u>) JHWH dienen." | **j** |
| Betonung des Objekts | כִּי־שְׁתַּיִם רָעוֹת עָשָׂה עַמִּי אֹתִי עָזְבוּ... | „Ja, zwei schlechte Dinge hat mein Volk getan: <u>Mich</u> haben sie verlassen..." | **k** |

Die Hervorhebung des Subjekts oder Objekts kann durch ein Pronomen (§ 19b) erfol- **l**
gen: וַיַּחַץ אֶת־הַיְלָדִים עַל־לֵאָה וְעַל־רָחֵל...וְהוּא עָבַר לִפְנֵיהֶם „Jakob verteilte
die Kinder auf Lea und Rahel..., <u>er selbst aber</u> ging vor ihnen her."

Durch einen invertierten Verbalsatz kann ein *G e g e n s a t z* bzw. die *P a r a l l e l i t ä t* **m**
zweier Handlungen oder Geschehnisse ausgedrückt werden. In Erzähltexten entspricht
dem (perfektiven) Imperfectum consecutivum des Verbalsatzes (§ 28k) regelmäßig das
(einfache) Perfekt des invertierten Verbalsatzes.

| Gegensatz bzw. Parallelität | וַיִּקְרָא אֱלֹהִים לָאוֹר יוֹם וְלַחֹשֶׁךְ קָרָא לָיְלָה | „Dann nannte Gott das Licht Tag, <u>während er die Finsternis Nacht nannte</u>." |

Besonders häufig begegnet ein Chiasmus („Kreuzstellung" der Satzglieder) mit der **n**
Wortfolge Impf.cons + Subj. A ‖ ו + Subj. B + Pf , um Gleichzeitigkeit, Parallelität
oder Gegensätzlichkeit auszudrücken:

| Gegensatz bzw. Parallelität | וַיְהִי הֶבֶל רֹעֵה צֹאן וְקַיִן הָיָה עֹבֵד אֲדָמָה | „Und Abel wurde Schafhirt; <u>Kain aber wurde Ackerbauer</u>." |

In Redetexten entspricht dem (imperfektiven) Perfectum consecutivum des Verbalsat- **o**
zes (§ 29h) im invertierten Verbalsatz das (einfache) Imperfekt:

| Gegensatz bzw. Parallelität | וְאָמַרְתִּי לְלֹא־עַמִּי עַמִּי אַתָּה וְהוּא יֹאמַר אֱלֹהָי | „Dann sage ich zum Nicht-mein-Volk: Mein Volk bist du, <u>während es sagen wird: Mein Gott</u>." |

Gelegentlich tritt ein nominales Satzglied als *C a s u s   p e n d e n s* (§ 52j), also gleichsam **p**
,schwebend' vor einen vollständigen Satz, manchmal sogar vor ein Konsekutivtempus
הַנְּבִיאִים אֲשֶׁר הָיוּ לְפָנַי...וַיִּנָּבְאוּ...לְמִלְחָמָה וּלְרָעָה וּלְדָבֶר) „Die Propheten, die
vor mir waren..., die haben...Krieg, Unheil und Pest prophezeit.").

§ 55 Apposition

a Jedem Nomen kann ein anderes zur näheren Bestimmung als Apposition („Beifügung")
zugeordnet werden. Eine Apposition steht in der Regel hinter ihrem Bezugswort:

מֶלֶךְ	„ein König"		מֶלֶךְ גִּבּוֹר	„ein König, ein Held"
				→ „ein heldenhafter König"

b **Kongruenz** Die Apposition ist gegenüber ihrem Bezugswort in der Regel kongruent,
d.h. sie richtet sich nach ihm in Genus, Numerus und Determination. Sie erhält daher
den Artikel oder ein Suffix, wenn das Bezugswort determiniert (§ 12n) ist:

Kongruenz	אִישׁ צַדִּיק	„ein Mann, ein Gerechter" → „ein gerechter Mann"
in:	אִשָּׁה נְבִיאָה	„eine Frau, eine Prophetin" → „eine Prophetin"
	אֲנָשִׁים אַחִים	„Männer, Brüder" → „Verwandte"
- Genus	הַבֵּן הַבְּכוֹר	„der Sohn, der Erstgeb." → „der erstgeborene Sohn"
- Numerus	יְהוָה אֱלֹהָיו	„JHWH, sein Gott." → „sein Gott JHWH"
- Determ.	הַמֶּלֶךְ דָּוִד	„(der) König David" (auch: דָּוִד הַמֶּלֶךְ)
	יִצְחָק בְּנוֹ	„Isaak, sein Sohn" → „sein Sohn Isaak"
	בְּנִי־דָוִד	„mein Sohn David"

c Nicht immer ist die Kongruenz an den Nominalendungen zu erkennen, vgl. אֶרֶץ
טוֹבָה „ein gutes Land", אֶבֶן גְּדוֹלָה „ein grosser Stein" (אֶרֶץ und אֶבֶן sind fem.),
כָּל־הַצָּבָא הַגִּבֹּרִים „das ganze Heer, die Krieger" > „das ganze Kriegsheer" (§ 53f).
Merke: „Kongruenz gilt im Hebräischen meist in der Sache, nicht in der Form."

d Der Artikel fehlt manchmal, z.B. bei einigen Zahlworten (שִׁבְעָה הַכֹּהֲנִים „die sieben
Priester") und (selten) bei Demonstrativa, die dann als gleichsam selber determiniert
gelten (בַּלַּיְלָה הוּא „in jener Nacht", בְּכֹחֲךָ זֶה „mit dieser deiner Kraft").

e **Adjektive, Partizipien und Demonstrativa** Adjektive, Partizipien und Demonstrativa
(זֶה/זֹאת/אֵלֶּה und הוּא/הִיא/הֵמָּה, § 18) können wie jedes andere Nomen Apposition sein. Adjektivische Attribute sind konsequent flektierte Nomina. Sie stehen ebenfalls hinter dem Bezugswort und sind zu ihm kongruent:

Adjektiv	אֵל גָּדוֹל	„ein Gott, ein Großer" → „ein großer Gott"
Partizip	הַגֵּר הַהֹלֵךְ בְּקִרְבָּם	„der Fremde, der in ihrer Mitte lebt"
Demon-	הָאִישׁ הַזֶּה	„der Mann, der dieser" → „dieser Mann"
strativum	הַיּוֹם הַהוּא	„der Tag, der jener" → „jener Tag" (§ 18i)

Nominale Wortgruppen Einem Nomen können mehrere Appositionen folgen (vgl.   **f**
מִי יוּכַל לַעֲמֹד לִפְנֵי יְהוָה הָאֱלֹהִים הַקָּדוֹשׁ הַזֶּה „Wer kann bestehen vor JHWH,
<u>diesem heiligen Gott</u>?" < „...vor JHWH, dem Gott, dem Heiligen, dem diesem").

Präpositionen und Nota accusativi können vor der Apposition wiederholt werden   **g**
(לִבְנִי לְיִצְחָק „für meinen Sohn Isaak", אֶת־אָחִיו אֶת־הֶבֶל „seinen Bruder Abel").

Eine Apposition kann sich auf mehrere Nomina beziehen. Bei Genusunterschieden   **h**
dominiert das Maskulinum: חֻקִּים וּמִצְוֹת טוֹבִים „gute Satzungen und Gebote".

Eine *C o n s t r u c t u s – V e r b i n d u n g* wird nicht durch eine Apposition getrennt.   **i**
Hier tritt die Apposition auch dann hinter das letzte Wort der Verbindung (St.abs bzw.
St.suff), wenn sie sich auf das Nomen regens (d.h. den St.cstr) bezieht (vgl. דִּבְרֵי
שְׁלֹמֹה הָרִאשׁנִים „die <u>früheren Worte</u> Salomos" mit דִּבְרֵי חַגַּי הַנָּבִיא „die Worte
des Propheten Haggai"). Eine Constructus-Verbindung gilt als Nomen und kann selber
Apposition sein: כֹּה־אָמַר יְהוָה מֶלֶךְ־יִשְׂרָאֵל „So spricht JHWH, der König Israels".

Oft ist **nur am Kontext** zu erkennen, ob ein Nomen Apposition oder selbständiger Teil   **j**
eines Nominalsatzes ist. So kann die Wortgruppe יְהוָה אֱלֹהֵינוּ entweder „JHWH,
unser Gott" (Dtn 1,6: Nomen + Apposition) oder „JHWH <u>ist</u> unser Gott." (Dtn 6,4:
Nominalsatz, § 53a.e) meinen.

Funktion Eine Apposition kann ein Nomen vielfältig <u>näher bestimmen</u>, insbesondere   **k**
durch die Angabe von:

Amt	אֵלִיָּהוּ הַנָּבִיא	„Elija, <u>der Prophet</u>" → „der Prophet Elija"
Spezifikation	אִשָּׁה אַלְמָנָה	„eine Frau, <u>eine Witwe</u>" → „eine Witwe"
Name	הַמֶּלֶךְ שְׁלֹמֹה	„der König <u>Salomo</u>"
Stoff / Maß	שְׁנָתַיִם יָמִים	„zwei Jahre, <u>an Tagen</u>" → „zwei Jahre lang"
Eigenschaft	אִישׁ־טוֹב	„ein Mann, <u>ein Guter</u>" → „ein guter Mann"
Präzisierung	אַיּוֹ יְהוָה אֱלֹהֶיךָ	„Wo ist er, <u>nämlich JHWH</u>, dein Gott?" (§ 55l)

Manchmal begegnet eine Apposition *p r ä z i s i e r e n d* nach einem „vorverweisenden   **l**
Suffix" (לִבְנֵי יִשְׂרָאֵל), „ihnen, <u>nämlich</u> den Israeliten"), oder nach einem zunächst undeterminierten Nomen (וַיָּקֶם יְהוָה מוֹשִׁיעַ לִבְנֵי יִשְׂרָאֵל וַיּוֹשִׁיעֵם אֵת
עָתְנִיאֵל „Da ließ JHWH den Israeliten <u>einen</u> Retter erstehen, der sie rettete, <u>Othniel</u>
<u>nämlich</u>.").

Prädikative Apposition Als Zwischending zwischen Apposition und nominalem Prä-   **m**
dikat kann eine auf ein determiniertes Nomen folgende indeterminierte Apposition angesehen werden (vgl. וַתֵּרֶא הָאָתוֹן אֶת־מַלְאַךְ יְהוָה נִצָּב בַּדֶּרֶךְ „Da sah die Eselin
den Engel JHWHs <u>im Weg stehen</u>").

§ 56 Constructus-Verbindung

a Statt einer Genitivverbindung mit Kasusendungen (dt: „die Tür des Hauses") kennt das Hebräische zur Näherbestimmung eines Nomens die Constructus-Verbindung (§ 12p). Als Constructus-Verbindung wird die Anlehnung eines Nomen regens (= Status constructus) an ein Nomen rectum (= Status absolutus oder Status suffigatus) bezeichnet:

Status absolutus		St.abs	St.cstr	→ Constructus-Verbindung
מֶלֶךְ	„ein König"	מֶלֶךְ־יִשְׂרָאֵל		„der König Israels"

b Manchmal, aber nicht immer, ist diese „Anlehnung" an einer Vokalreduktion (§ 9a-g) oder an besonderen Endungen (§ 12b.p) des Status constructus zu erkennen:

דָּבָר	„ein Wort"	דְּבַר־יהוה	„das Wort JHWHs"
דְּבָרִים	„Worte"	דִּבְרֵי־יהוה	„die Worte JHWHs"
מִצְוָה	„ein Gebot"	מִצְוַת־יהוה	„das Gebot JHWHs"
מִצְוֺת	„Gebote"	מִצְוֺת־יהוה	„die Gebote JHWHs"

c **Determination** Eine Constructus-Verbindung kann nicht doppelt determiniert sein: Ist das letzte Wort einer Constructus-Verbindung determiniert (also Eigenname oder mit Artikel oder Suffix versehen, § 12n), so ist die ganze Verbindung determiniert. Ist das letzte Wort nicht determiniert, so ist die ganze Verbindung nicht determiniert:

determiniert	דְּבַר הַמֶּלֶךְ	„das Wort des Königs"
indeterminiert	דְּבַר מֶלֶךְ	„ein Königswort" (§ 12p)

d Zur Näherbestimmung eines indeterminierten Nomen regens durch ein determiniertes Nomen dienen präpositionale Wendungen (vgl. מִזְמוֹר לְדָוִד „ein Psalm Davids").

e Je nach Determination hat כֹּל „Gesamtheit/alle" eine doppelte Funktion: כָּל־הַיּוֹם „der ganze Tag" (< „die Gesamtheit des Tages"), כָּל־יוֹם „jeder Tag" (< „die Gesamtheit von Tag"), כָּל־הַיָּמִים „alle Tage".

f **Constructus-Ketten** Eine Constructus-Verbindung kann aus mehreren Nomina bestehen, die sich jeweils an ein folgendes anlehnen. *Merke:* „Mit einem Status absolutus oder Status suffigatus ist eine Constructus-Verbindung immer beendet." *Merke auch:* „Ein selber determiniertes Nomen kann nicht im Status constructus stehen."

Status suff cstr cstr cstr	→ Constructus-Verbindung
יְמֵי־שְׁנֵי־חַיֵּי־אֲבֹתַי	„die Tage der Jahre des Lebens meiner Väter"

Erweiterungen Eine Constructus-Verbindung ist so eng, dass grundsätzlich nichts **g** zwischen ihre Glieder treten kann (s. aber § 56i). Eine Apposition tritt daher auch dann hinter das letzte Wort der Verbindung (also den St.abs oder St.suff), wenn sie sich auf das Nomen regens (also den Status constructus) bezieht (vgl. יוֹתָם בֶּן־יְרֻבַּ֫עַל הַקָּטֹן „Jotam, der jüngste Sohn Jerubbaals", § 55i).

Ein doppeltes Nomen rectum ist möglich (קֹנֵה שָׁמַ֫יִם וָאָ֫רֶץ „der Schöpfer von **h** Himmel und Erde"); jedoch wird die Constructus-Verbindung oft in mehrere geteilt: אֱלֹהֵי הַשָּׁמַ֫יִם וֵאלֹהֵי הָאָ֫רֶץ „der Gott des Himmels und der Erde". Ein doppeltes Nomen regens wird umschrieben: רֶ֫כֶב יִשְׂרָאֵל וּפָרָשָׁיו „die Streitwagen und Fahrer Israels" (< „der Streitwagen Israels und sein(e) Fahrer").

Selten tritt irgend etwas mitten in eine Constructus-Verbindung hinein, z.B. eine Präpo- **i** sition (שִׂמְחַת בַּקָּצִיר „die Freude bei der Ernte") oder ein He locale (בֵּ֫יתָה פַרְעֹה „ins Haus des Pharaos").

Ganz selten vertritt das Nomen rectum einer Constructus-Verbindung (d.h der St.abs) **j** mit oder ohne אֲשֶׁר einen vollständigen אֲשֶׁר-Satz (§ 63p): כָּל־יְמֵי הִתְהַלַּ֫כְנוּ אִתָּם „alle Tage, an denen wir mit ihnen umhergezogen sind".

JHWH Zebaoth Die häufige Gottesbezeichnung יְהוָה צְבָאוֹת (oft: „der Herr der **k** Heerscharen") ist grammatisch höchst umstritten. Sie kann als eine Kurzform von יְהוָה אֱלֹהֵי הַצְּבָאוֹת („JHWH, der Gott der Heerscharen") verstanden werden.

Funktion Die Constructus-Verbindung entspricht weithin einer Genitivverbindung, ist **l** jedoch funktional vielgestaltig. So kann der Status absolutus (bzw. St.suff) als sog. „Genitiv" Ausgangspunkt („subjektivus") oder Ziel („objektivus", § 19i) bezeichnen, den Gegenstand, woraus etwas ist („partitivus"), oder dessen Erklärung („explicativus"). Trotzdem ist in der traditionellen Grammatik die Bezeichnung „Genitivus" üblich:

„Genitivus subjektivus"	דְּבַר יְהוָה	„das Wort JHWHs"	**m**
„Genitivus objektivus"	יִרְאַת יְהוָה	„die Furcht vor JHWH"	**n**
„Genitivus partitivus"	כָּל־יִשְׂרָאֵל	„die Gesamtheit Israels" → „ganz Israel"	**o**
„Genitivus explicativus"	אֶ֫רֶץ יִשְׂרָאֵל	„das Land Israel"	**p**

Eine Constructus-Verbindung kann auch die im Hebräischen seltenen Adjektive erset- **q** zen: אֱלֹהֵי כֶ֫סֶף „silberne Götter" (< „Götter von Silber"), שֵׁם קָדְשׁוֹ „sein heiliger Name" (< „der Name seiner Heiligkeit").

Zur Umschreibung von Eigenschaften oder einer Zugehörigkeit zu einer Gruppe dient **r** eine Constr.-Verb mit אִישׁ „Mann", בֶּן „Sohn" und בַּ֫עַל „Herr" (אִישׁ מִלְחָמָה „ein Krieger", אֵ֫שֶׁת־חַ֫יִל „eine tüchtige Frau", בֶּן־שָׁנָה „einjährig", בְּנֵי־יִשְׂרָאֵל „die Israeliten", בַּ֫עַל הַחֲלֹמוֹת „der Träumer").

§ 57 Adverbiale Wendungen

a Adverbiale Wendungen sind Näherbestimmungen von Verben oder Verbalnomina; sie präzisieren die Satzaussage.

b Eigentliche Adverbien sind im Hebräischen selten (vgl. יוֹמָם „am Tage", חִנָּם „umsonst/grundlos", לַיְלָה „nachts", עַתָּה „jetzt", § 12q).

c **Akkusativ** Als adverbiale Näherbestimmung dient vor allem der Akkusativ. Er gibt meist das Ziel und direkte Objekt einer Handlung an. Der Akkusativ ist nur bei determinierten Objekten und nur in Prosatexten meist durch die Nota accusativi אֵת/אֶת־ (§ 15r) markiert, sonst allein am Satzzusammenhang zu erkennen:

direktes Objekt	וַיַּעַשׂ אֱלֹהִים אֶת־הָרָקִיעַ	„Und Gott machte die Feste."
	וַיִּטַּע יְהוָה אֱלֹהִים גַּן	„Und JHWH, Gott, pflanzte einen Garten."

d Da der Akkusativ ursprünglich das Ziel der Handlung bezeichnet (und deshalb das logische Objekt), kann die Nota accusativi auch bei passiven Verbformen stehen, sogar da, wo es sich um das grammatische Subjekt handelt: וַיֻּגַּד לְרִבְקָה אֶת־דִּבְרֵי עֵשָׂו „Da wurden Rebekka die Worte Esaus erzählt." (< „Man erzählte Rebekka die Worte Esaus."); וַיִּוָּלֵד לַחֲנוֹךְ אֶת־עִירָד „Dann wurde Irad dem Henoch geboren."

e Auch ein Infinitivus constructus kann direktes Objekt sein: צְחֹק עָשָׂה לִי אֱלֹהִים „Ein Lachen hat mir Gott gemacht."

f **Doppelter Akkusativ** Einige Verben können einen doppelten Akkusativ haben (וַיִּטָּעֵהוּ שֹׂרֵק „Und er bepflanzte ihn mit Edelreben."; וַיָּשֶׂם אֹתָהּ מַצֵּבָה „Und er stellte ihn als Mazzebe auf.").

g **Adverbialer Akkusativ** Als ,adverbialen Akkusativ' bezeichnet man ein Nomen bzw. eine nominale Wendung, die den *näheren Umstand* (Ort, Zeit, Art und Weise) einer Handlung oder Aussage angibt. Der adverbiale Akkusativ braucht im Hebräischen keine Präposition:

h	Ort	וַיֵּלֶךְ הָאִישׁ אֶרֶץ הַחִתִּים	„Da ging der Mann ins Land der Hethiter."
i	Zeit	וְעָפָר תֹּאכַל כָּל־יְמֵי חַיֶּיךָ	„Und Staub wirst du essen dein ganzes Leben lang."
j	Art und Weise	וַיִּזְעַק הַמֶּלֶךְ קוֹל גָּדוֹל	„Und der König schrie mit lauter Stimme."

Einige Wendungen sind zu Adverbien erstarrt, *z.B.* הַיּוֹם „heute" (< „an dem Tag") , **k**
הַרְבֵּה „viel" (Inf Hi von רבה), מִיָּמִים „nach geraumer Zeit" (< „Tage entfernt").

Insbesondere der Infinitivus absolutus (§ 26r.31d) dient oft als adverbiale Umstands- **l**
bestimmung: ... כֹּה תְבָרֲכוּ אֶת־בְּנֵי יִשְׂרָאֵל אָמוֹר לָהֶם: יְבָרֶכְךָ יְהוָה וְיִשְׁמְרֶךָ
„So sollt ihr die Israeliten segnen, <u>indem ihr nämlich zu ihnen sagt</u>: JHWH segne dich
und behüte dich..."

Auch die Figura etymologica mit erweitertem Infinitivus absolutus (§ 60d.31e) stellt eine **m**
typische Wendung mit adverbialem Akkusativ dar: וַיֵּלֶךְ הָלוֹךְ וְאָכֹל „Und er ging
und aß dabei."

Eine adverbiale Näherbestimmung kann auch durch präpositionale Wendungen erfol- **n**
gen (§ 14.59): וַיֵּלֶךְ בְּשָׁלוֹם „Und er ging <u>in Frieden</u>."

Adverbiale Wendungen im Nominalsatz Auch Nominalsätze können durch einen **o**
‚adverbialen' Akkusativ erweitert werden: וַיהוָה אֱלֹהִים אֱמֶת „JHWH aber (ist) <u>in</u>
<u>Wahrheit</u> Gott."

Modalverben Anstelle eines eigentlichen Adverbs verwendet das Hebräische oft ein **p**
zweites Verbum, um die Art und Weise einer Handlung genauer zu beschreiben. Dieses
wird dann *M o d a l v e r b* genannt (andere: „relatives Verbum" oder „Formverb"). Dabei kann dem Modalverb das „Haupt-Verb" entweder als Infinitivus constructus folgen
oder grammatisch gleichgeordnet (§ 62e) sein: וַיּוֹסֶף יְהוָה דַּבֵּר „Und JHWH redete
noch einmal" (< „Und JHWH fuhr fort zu reden"); וַיֹּסֶף אַבְרָהָם וַיִּקַּח אִשָּׁה „Und
Abraham nahm nochmals eine Frau." (< „Und Abraham fuhr damit fort, dass er sich
eine Frau nahm."). Vgl. auch: וַתְּמַהֵר וַתֹּרֶד כַּדָּהּ „Und sie ließ ihren Krug schnell
hinunter." (< „Und sie machte schnell und ließ hinunter ihren Krug."); וַתְּכַל
לְהַשְׁקֹתוֹ „Und sie ließ ihn fertig trinken" (< „Und sie machte fertig, ihn trinken zu
lassen."); וַיָּשָׁב וַיִּשְׁלַח „Und er schickte wieder" (< „Und er kehrte damit zurück, dass
er schickte."); וָאֲדַבֵּר אֲלֵיכֶם הַשְׁכֵּם וְדַבֵּר „Und ich habe frühzeitig/eifrig zu euch
geredet." (< „Und ich habe zu euch geredet – ein Frühaufbrechen und Reden", § 60d).
Zu den häufigsten Verben, die als Modalverb verwendet werden, gehören:

כלה	Pi:	כִּלָּה	„fertig machen/vollenden"	→ „fertig/zu ende"
מהר	Pi:	מִהַר	„eilen/etwas schnell machen"	→ „eilends/schnell"
יסף	Hi:	הוֹסִיף	„fortfahren/etwas weiterhin tun"	→ „weiter/nochmals"
שכם	Hi:	הִשְׁכִּים	„früh aufbrechen"	→ „frühzeitig/eifrig"
שוב	Q:	שָׁב	„zurückkehren"	→ „wieder"

§ 58 Nominalgruppen: Übersicht

a Das Fehlen von Kasusendungen und das häufige Vorkommen von verblosen Nominalsätzen machen es oft schwer, den grammatischen Charakter einer Nominalgruppe zu durchschauen. Grundsätzlich gibt es vier Möglichkeiten:

b **1.) Nominalsatz (Subjekt – Prädikat bzw. Prädikat – Subjekt; § 52)**

טוֹב דְּבָרְךָ	„Dein Wort ist gut."	Satzstellung:	frei
עַמְּךָ עַמִּי	„Dein Volk ist mein Volk."	Kongruenz:	nicht nötig, aber möglich
הוּא אָבִיךָ	„Er ist dein Vater."		

c **2.) Apposition (Nomen + Beifügung; § 55)**

הַדָּבָר הַטּוֹב	„das gute Wort"	Satzstellung:	Apposition nachgestellt
עַמִּים רַבִּים	„viele Völker"	Kongruenz in:	Genus, Numerus, Determination
אִשָּׁה נְבִיאָה	„eine Prophetin"		

d **3.) Constructus-Verbindung (§ 56.12n-p)**

דְּבַר מֶלֶךְ	„ein Wort eines Königs" → „ein Königswort"	Satzstellung: Kongruenz: Determination:	St.abs/St.suff am Ende teilweise möglich, aber: ganz oder gar nicht,
דְּבַר הַמֶּלֶךְ	„das Wort des Königs"		wenn ja, dann nur am Ende (= St.abs/St.suff)
אֱלֹהֵי אָבִיךָ	„der Gott deines Vaters"		

e **4.) Adverbialer Akkusativ (§ 57g-m)**

וַיהוָה אֱלֹהִים אֱמֶת	Satzstellung:	frei, aber oft nachgestellt
„JHWH aber (ist) in Wahrheit Gott."	Kongruenz:	nicht nötig, aber möglich

f Beim Demonstrativum (זֶה, זֹאת, אֵלֶּה „dieser, diese, diese"; § 18a-h) sind Determination und Satzstellung immer zu bedenken: זֶה הַדָּבָר „Dies ist das Wort." (Nominalsatz); הַדָּבָר הַזֶּה „dieses Wort" (Nomen + Apposition); אֵלֶּה הַדְּבָרִים „Dies sind die Worte." (Nominalsatz); הַדְּבָרִים הָאֵלֶּה „diese Worte" (Nomen + Apposition).

§ 59 Präpositionale Bestimmungen

Jeder Satz kann durch präpositionale Bestimmungen erweitert werden: a

אַתָּה־כֹהֵן	„Du bist Priester."	אַתָּה־כֹהֵן לְעוֹלָם	„Du bist Priester für immer."
וַיֵּלֶךְ	„Und er ging."	וַיֵּלֶךְ בְּשָׁלוֹם	„Und er ging in Frieden."

Eine präpositionale Näherbestimmung kann auch ein Nomen oder eine Nominalgruppe   b
erweitern: וַיַּעֲשׂוּ בְנֵי־יִשְׂרָאֵל אֶת־הָרַע בְּעֵינֵי יְהוָה „Da taten die Israeliten das, was
in den Augen JHWHs schlecht war." (< „...das in JHWHs Augen Schlechte").

Eine Apposition zu einer präpositionalen Wendung kann die Präposition wieder auf-   c
nehmen (לִהְיוֹת נָגִיד עַל־עַמִּי עַל־יִשְׂרָאֵל „um Fürst zu sein über mein Volk, über
Israel"), muß es aber nicht (וּמְשַׁחְתּוֹ לְנָגִיד עַל־עַמִּי יִשְׂרָאֵל „salbe ihn dann zum
Fürsten über mein Volk Israel").

Eine Zusammenstellung und Übersicht der häufigsten Präpositionen findet sich in § 14.   d
Die Funktion und Bedeutung der Präpositionen gibt das Lexikon an. Hier wird nur auf
einige syntaktische Eigenarten der Verwendung der Präposition לְ hingewiesen:

Die Präposition לְ Die Präposition לְ „in Bezug auf" (> „von/für/zu/nach") kann   e
ein entferntes Objekt anzeigen und vertritt den im Hebräischen nicht bekannten Dativ:

„Dativ-Objekt"	וָאֶתֵּן לְיִצְחָק אֶת־יַעֲקֹב וְאֶת־עֵשָׂו	„Und ich gab (dem) Isaak Jakob und Esau."

Insbesondere nach Imperativen kann לְ das (im Imperativ nicht bezeichnete) handelnde   f
Subjekt durch ein Suffix hervorheben (sog. *Dativus ethicus*):

„Dativus ethicus"	לֶךְ־לְךָ מֵאַרְצֶךָ	„Geh (du) aus deinem Lande!"

Das im Hebräischen nicht vorhandene und den Besitz bezeichnende Verbum „haben"   g
wird oft durch לְ umschrieben:

„Besitz" und „Haben"	וְלוֹ שְׁתֵּי נָשִׁים	„Er hatte aber zwei Frauen." ← „ihm waren aber zwei Frauen"
	לַיהוָה הָאָרֶץ	„JHWH gehört die Erde." ← „JHWH/dem Herrn ist die Erde"

§ 60 Figura etymologica

a Während das Deutsche Wortspiele (*z.B.* „ein Spiel spielen") meidet, ist die *F i g u r a e t y m o l o g i c a* bzw. *P a r o n o m a s i e* („Redewendung mit der gleichen Wurzel", § 31e) im Hebräischen überaus häufig. Sie kann eine Aussage verstärken oder präzisieren, einen Kontrast hervorheben, oder einfach nur dem Wohlklang oder Metrum dienen.

b **Verbum finitum und Nomen** Manchmal tritt ein Nomen der gleichen Wurzel als Objekt hinter eine finite Verbform, ohne ihr besonderen Nachdruck zu geben:

הִנֵּה חָלַמְתִּי חֲלוֹם עוֹד	„Siehe, ich <u>hatte</u> wieder einen <u>Traum</u>."
	← „Siehe, ich <u>träumte</u> wieder einen <u>Traum</u>."

c **Verbum finitum und Infinitivus absolutus** Oft tritt ein Infinitivus absolutus vor, seltener (bes. beim Imperativ) hinter eine finite Verbform oder ein Partizip der gleichen Wurzel. Hier gibt er der Aussage fast immer einen *b e s o n d e r e n N a c h d r u c k*, der im Deutschen meist mit einem Adverb („sicher/bestimmt/genau/etwa/allenfalls/auf keinen Fall" usw.) wiedergegeben werden kann. Der Infinitivus absolutus ist meist im Stamm kongruent; eine Negation tritt zwischen die Verbformen:

וְעַתָּה הִנֵּה יָדַעְתִּי כִּי מָלֹךְ תִּמְלוֹךְ	„Jetzt aber weiß ich definitiv, dass du <u>sicher</u> König wirst."
כִּי בְּיוֹם אֲכָלְךָ מִמֶּנּוּ מוֹת תָּמוּת	„Denn sobald du von ihm isst, wirst du <u>sofort</u> sterben."
הֲמָלֹךְ תִּמְלֹךְ עָלֵינוּ	„Willst du <u>etwa</u> König über uns werden?"
שִׁמְעוּ שָׁמוֹעַ וְאַל־תָּבִינוּ	„Hört <u>genau</u> hin, aber versteht es nicht!"
וַהֲמֵת אַל־תְּמִיתֻהוּ	„Aber tötet ihn <u>auf keinen Fall</u>!"

d **Verbum finitum und erweiterter Infinitivus absolutus** Wird die Figura etymologica um einen zweiten Infinitivus absolutus oder ein Verbaladjektiv erweitert, dient die Erweiterung der *P r ä z i s i e r u n g* der Verbalaussage:

וַיֵּלֶךְ הָלוֹךְ וְאָכֹל	„Und er ging <u>und aß dabei</u>." ← „er ging (= gehen + essen)"
וַיֵּלֶךְ הָלוֹךְ וְקָרֵב	„Und er kam <u>immer näher</u>." ← „er ging (= gehen + nahen)"

e Das Verbum הלך „gehen" kann wie ein Modalverb (§ 57p) funktionieren und Fortschritt, Dauer (dt.: „immer wieder") oder Steigerung eines Geschehens (dt.: „immer mehr") ausdrücken: וַיִּגְדַּל הָאִישׁ וַיֵּלֶךְ הָלוֹךְ וְגָדֵל עַד כִּי־גָדַל מְאֹד „Und der Mann (Isaak) wurde reich; und er wurde <u>immer reicher</u>, bis er sehr reich war."

§ 61 Steigerungen (Komparativ, Elativ, Superlativ)

a Das Hebräische kennt keine Steigerungs *f o r m e n* von Adjektiven (dt.: „gut", „besser", „am besten"), sondern muss Steigerungen anders beschreiben.

b **Komparativ** Der Komparativ („Vergleich") kann durch die Präposition מִן „von" (> „von einer anderen Sache aus gesehen"/„im Vergleich zu") ausgedrückt werden:

מִן „von"	כִּי־טוֹב חַסְדְּךָ מֵחַיִּים	„Ja, deine Treue (ist) <u>besser als</u> das Leben."
		← „…(ist) <u>gut vom Leben aus</u> (gesehen)"

c Auch bei einigen Zustandsverben (גדל „groß sein", כבד „schwer sein" usw., § 33a) kann מִן komparativ zu verstehen sein (vgl. וַיִּגְדַּל הַמֶּלֶךְ שְׁלֹמֹה מִכֹּל מַלְכֵי הָאָרֶץ „Und König Salomo wurde <u>größer als</u> alle Könige der Erde.").

d In einigen Fällen drückt מִן ein „<u>zu</u> viel/<u>zu</u> groß usw." aus und steht dem privativen מִן (§ 14h) nahe (vgl. הֲיִפָּלֵא מֵיְהֹוָה דָּבָר „Ist etwas <u>zu wunderbar für</u> JHWH?").

e **Elativ** Die (vergleichsfreie) Steigerung des Elativs wird durch מְאֹד „Kraft" als adverbialem Akkusativ (§ 57j) ausgedrückt (> „an Kraft" > „kräftig/sehr"):

מְאֹד „sehr"	וְהָאִישׁ גָּדוֹל מְאֹד	„Der Mann aber (war) <u>sehr mächtig</u>."

f Der Elativ kann sogar durch ein doppeltes מְאֹד oder durch עַד מְאֹד verstärkt werden: וְהַמַּיִם גָּבְרוּ מְאֹד מְאֹד עַל־הָאָרֶץ „Die Wasser stiegen aber <u>extrem hoch</u> auf der Erde.", וְהַנַּעֲרָה יָפָה עַד־מְאֹד „Das Mädchen aber war <u>außergewöhnlich schön</u>."

g **Superlativ** Der Superlativ kann durch *D e t e r m i n a t i o n* (§ 12n) ausgedrückt werden, insbesondere durch den Artikel:

Artikel	בַּטּוֹב בְּעֵינֶיךָ שֵׁב	„Wo es in deinen Augen <u>am besten</u> ist, laß dich nieder!" (< „in <u>dem</u> in deinen Augen <u>Guten</u>")

h Der Superlativ kann auch durch eine *C o n s t r u c t u s – V e r b i n d u n g* („Gen. partitivus", § 56o) ausgedrückt werden (vgl. קְטֹן בָּנָיו „sein jüngster Sohn" < „der Kleine seiner Söhne"), insbesondere durch eine Figura etymologica (§ 60; vgl. שִׁיר הַשִּׁירִים „das <u>schönste</u> Liedgut" und אֱלֹהֵי הָאֱלֹהִים „der <u>höchste</u> Gott").

i Ein Superlativ kann auch durch eine Constructus-Verbindung mit indeterminiertem אֱלֹהִים „Gott" (nie: יְהֹוָה) umschrieben werden (vgl. נְשִׂיא אֱלֹהִים „ein <u>gewaltiger</u> Fürst") oder durch eine einfache *W i e d e r h o l u n g* eines Wortes (vgl. לְדֹר דֹּר „noch für die <u>entfernteste</u> Generation").

§ 62 Neben- und untergeordnete Sätze

a **Parataxe** Im Biblischen Hebräisch überwiegt die Parataxe („Nebenordnung") formal gleichrangiger Sätze. Das Deutsche neigt dazu, diese dem *inhaltlichen Textgefälle* folgend (z.B. Wechsel von einem Subjekt zu einem anderen, von bekanntem zu unbekanntem Sachverhalt oder von Voraussetzung zu Folge) in eine syntaktisch erkennbare Hypotaxe („Unterordnung") zu bringen.

b In *erzählenden Texten* überwiegen Verbalsatzketten mit Imperfectum consecutivum (§ 26e-f.28k.53k), sog. „Narrative":

> וַיִּגַּשׁ וַיִּשַּׁק־לוֹ וַיָּרַח אֶת־רֵיחַ בְּגָדָיו וַיְבָרֲכֵהוּ
>
> „Dann näherte er sich (ihm). Dann küsste er ihn. Dann roch er den Geruch seiner Kleider. Dann segnete er ihn." → „Als er sich ihm näherte und küsste und den Geruch seiner Kleider roch, da segnete er ihn."

c In *Redetexten* überwiegen Verbalsatzketten mit Perfectum consecutivum (§ 29h):

> וְלָקַח הַכֹּהֵן הַטֶּנֶא מִיָּדֶךָ וְהִנִּיחוֹ לִפְנֵי מִזְבַּח יְהוָה אֱלֹהֶיךָ וְעָנִיתָ וְאָמַרְתָּ
>
> „Dann wird der Priester den Korb aus deiner Hand nehmen. Dann wird er ihn vor den Altar JHWHs, deines Gottes, stellen. Dann wirst du (!) antworten. Dann wirst du sagen:" → „Wenn dann der Priester den Korb aus deiner Hand nimmt und ihn vor den Altar JHWHs, deines Gottes, stellt, dann (Subjektwechsel!) antworte und sage:"

d In *negierten* (§ 53j) und *invertierten Verbalsätzen* (§ 54) treten Perfekt und Imperfekt an die Stelle der progressiven Konsekutivtempora (§ 26f). Dabei wird die implizite Syndese (= „Verbindung") der Konsekutivtempora durch ein syndetisches (= „verbindendes") וְ „aber/während" ersetzt (§ 62i.j): וְלֹא הִגִּיד לְאָבִיו וּלְאִמּוֹ אֵת אֲשֶׁר עָשָׂה „Aber er erzählte seinem Vater und seiner Mutter nicht, was er getan hatte."

e Auch die nähere Beschreibung der Art und Weise einer Handlung durch sog. „Modalverben" (§ 57p) geschieht formal oft einfach auf der Ebene der Parataxe: וַיָּשָׁב וַיִּשְׁלַח „Und er schickte wieder." < „Und er kehrte zurück. Und er schickte."

f Sogar Voraussetzung und Folge (in Bedingungssätzen: § 66a) können *asyndetisch* (= „unverbunden") und parataktisch („nebengeordnet") stehen: מָצָא אִשָּׁה מָצָא טוֹב „Hat einer eine Frau gefunden, dann hat er etwas Gutes gefunden."

g Häufiger wird jedoch eine logische Unterordnung durch eine partizipiale Wendung (§ 66c) wiedergegeben: מַכֵּה אִישׁ וָמֵת מוֹת יוּמָת „Wer (= wenn einer) einen Mann schlägt, so dass dieser stirbt, muß sofort getötet werden."

Hypotaxe Eine „Unterordnung" von Sätzen kann im Hebräischen jedoch auch grammatisch und formal erkennbar angezeigt werden, vor allem durch: h

1.)	Nominalsatz (§ 52r-t) → näherer Umstand (typisch: קָטַל X וְ)	וַיֵּרָא אֵלָיו יְהוָה...וְהוּא יֹשֵׁב פֶּתַח־הָאֹהֶל „Da erschien ihm JHWH..., <u>als</u> er (gerade) am Zelteingang saß."	i
2.)	Invertierter Verbalsatz (§ 54) → Hintergrund → Parallelität (typisch: קָטַל X וְ) (oder: יִקְטֹל X וְ)	וְהָאָרֶץ הָיְתָה תֹהוּ וָבֹהוּ „Die Erde <u>aber</u> war (vorher) Tohuwawohu." וַיֵּשֶׁב דָּוִד בַּחֹרְשָׁה וִיהוֹנָתָן הָלַךְ לְבֵיתוֹ „Dann blieb David in Horesch, <u>während</u> Jonathan nach Hause ging."	j
	Merke: „וְ vor Nicht-Verb am Satzanfang unterbricht die Erzähl- und Redekette."		
3.)	לְמַ֫עַן oder וְ (§ 15a.j) → Finalsatz („damit/dass/um zu")	אִמְרִי־נָא אֲחֹתִי אָתְּ לְמַ֫עַן יִיטַב־לִי „Sag doch, du seist meine Schwester, <u>damit</u> es mir gut geht." שַׁלַּח עַמִּי וְיַעַבְדֻ֫נִי „Entlass mein Volk, <u>dass</u> es mir diene!"	k
	Merke: „וְ vor Imperfekt und Imperativ ist oft final." (§ 53p.15a)		
4.)	וְהָיָה / וַיְהִי → Nachsatzmarkierer (oft bei Infinitiv-Konstruktionen, § 65h)	וַיְהִי כְּבוֹא אַבְרָם מִצְרָ֫יְמָה וַיִּרְאוּ הַמִּצְרִים אֶת־הָאִשָּׁה כִּי־יָפָה הִוא מְאֹד „<u>Sowie</u> Abram nach Ägypten kam, sahen die Ägypter, dass die Frau sehr schön war." וְהָיָה לְעֵת־עֶ֫רֶב יִהְיֶה־אוֹר „Und zur Abendstunde wird es hell sein."	l
	Merke: „וַיְהִי oder וְהָיָה mit folgender Präp. oder כִּי ist Nachsatzmarkierer."		

Auch durch eine Reihe weitere Partikeln, Präpositionen und Konjunktionen können Sätze als untergeordnet gekennzeichnet werden:

5.)	אֲשֶׁר / שֶׁ / זֶה / זוּ „wovon gilt:" (§ 15b-d) > כַּאֲשֶׁר „sowie/als/wenn/nachdem/weil" > בַּאֲשֶׁר „dadurch, dass/weil/da, wo" > מֵאֲשֶׁר „in Folge von/weil/mehr als dass"	→ אֲשֶׁר-Sätze (§ 63)	m
	Merke: „Präposition + אֲשֶׁר = Konjunktion."		
6.)	כִּי „ja," > „dass/weil/denn/wenn/als" (§ 15e)	→ כִּי-Sätze (§ 64)	n
7.)	אִם „wenn" (§ 15i)	→ Bedingungssätze (§ 66)	o
8.)	הֵן / הִנֵּה „siehe" > „wenn" (§ 15g)	→ Bedingungssätze (§ 66)	p
9.)	פֶּן „sonst/damit nicht" (§ 15k)		q
10.)	בְּטֶ֫רֶם / טֶ֫רֶם „bevor/ehe" (§ 15m)		r

§ 63 אֲשֶׁר–Sätze

a אֲשֶׁר–Sätze sind einem Nomen oder Satz als Erläuterung untergeordnet. Dabei zeigt die überaus häufige (und nicht übersetzbare) Nota relativi אֲשֶׁר (§ 15b.62m) allein das Dass, nicht aber das Wie der Unterordnung an (hilfsweise: „wovon gilt:"). Anders als der deutsche Relativsatz kennt das Hebräische kein Relativpronomen („der/dessen/dem/den/die" usw.) und keine Wortumstellung, um einen Satz als untergeordnet zu kennzeichnen. *Merke:* „Ein אֲשֶׁר–Satz ist im Hebräischen grundsätzlich ein selbständiger (Haupt-)Satz." Er kann Nominal- (b, § 52) oder Verbalsatz (c, § 53) sein:

b

וַיִּתֵּן אַבְרָהָם אֶת־כָּל־אֲשֶׁר־לוֹ לְיִצְחָק
„Und Abraham gab alles (<u>wovon gilt</u>: [es war] ihm) an Isaak."
→ „Und Abraham gab alles, <u>was</u> ihm gehörte, Isaak."

c

אֲנִי יוֹסֵף אֲחִיכֶם אֲשֶׁר־מְכַרְתֶּם אֹתִי מִצְרָיְמָה
„Ich bin euer Bruder Joseph (<u>wovon gilt</u>: Ihr habt mich nach Ägypten verkauft)."
→ „Ich bin euer Bruder Joseph, <u>den</u> ihr nach Ägypten <u>verkauft habt</u>."

d אֲשֶׁר–**Sätze ohne Rückverweis** Die Art und Weise des erläuternden Rückbezugs ergibt sich meist aus dem Kontext von selbst:

וְאֶת־הָאֲנָשִׁים אֲשֶׁר־פֶּתַח הַבַּיִת הִכּוּ בַּסַּנְוֵרִים
„Die Männer aber (<u>wovon gilt</u>: [sie waren] am Eingang des Hauses) schlugen sie mit Blindheit."
→ „Die Männer aber, <u>die</u> am Eingang des Hauses waren, schlugen sie mit Blindheit."

שְׁכֹן בָּאָרֶץ אֲשֶׁר אֹמַר אֵלֶיךָ
„Wohne in dem Land (<u>wovon gilt</u>: Ich werde [es] dir nennen)."
→ „Wohne in dem Land, <u>das</u> ich dir nennen werde."

e אֲשֶׁר–**Sätze mit Rückverweis** Manchmal wird der Rückbezug jedoch durch einen ausdrücklichen Rückverweis (Pronomen, Suffix oder Adverb) präzisiert:

הָאָרֶץ אֲשֶׁר אַתָּה שֹׁכֵב עָלֶיהָ לְךָ אֶתְּנֶנָּה
„Das Land (<u>wovon gilt</u>: du liegst gerade <u>auf ihm</u>): Dir will ich es geben."
→ „Das Land, <u>auf dem</u> du liegst, will ich dir geben."

וְנָתַתִּי לְךָ אֶת־נַפְשְׁךָ לְשָׁלָל עַל כָּל־הַמְּקֹמוֹת אֲשֶׁר תֵּלֶךְ־שָׁם
„Aber ich gebe dir dein Leben als Beute an allen Orten (<u>wovon gilt</u>: Du gehst <u>dort</u>)."
→ „Aber ich gebe dir dein Leben als Beute an allen Orten, <u>wohin</u> du gehst."

Insbesondere bei langen Satzkonstruktionen macht erst der Rückverweis innerhalb des ‏f
אֲשֶׁר‏–Satzes den Bezug deutlich: וַתֹּאכַל מִן־הָעֵץ אֲשֶׁר צִוִּיתִיךָ לֵאמֹר לֹא תֹאכַל מִמֶּנּוּ „Du hast von dem Baum gegessen, <u>von dem</u> zu essen ich dir verboten hatte." < „Du hast gegessen von dem Baum (von dem gilt: Ich habe dir geboten: Du sollst nicht essen <u>von ihm</u>.")

Funktion אֲשֶׁר‏–Sätze entsprechen meist einem deutschen *Relativsatz* bzw. ‏g
Attributsatz (a-d.f), seltener einem *Konjunktionalsatz* mit kausaler, konsekutiver, finaler oder konditionaler Funktion:

relativ	עֲשֵׂה־לָנוּ אֱלֹהִים אֲשֶׁר יֵלְכוּ לְפָנֵינוּ	„Mache uns Götter, <u>die</u> vor uns her gehen!"	h
kausal	נָתַן אֱלֹהִים שְׂכָרִי אֲשֶׁר־נָתַתִּי שִׁפְחָתִי לְאִישִׁי	„Gott hat mir Lohn gegeben, <u>weil</u> ich meine Magd meinem Mann gegeben habe."	i
konsekutiv	וְנָבְלָה שָׁם שְׂפָתָם אֲשֶׁר לֹא יִשְׁמְעוּ אִישׁ שְׂפַת רֵעֵהוּ	„Wir wollen dort ihre Sprache verwirren, <u>so dass</u> keiner die Sprache seines Nächsten versteht."	j
final	וְאַשְׁמִעֵם אֶת־דְּבָרָי אֲשֶׁר יִלְמְדוּן לְיִרְאָה אֹתִי	„Ich lasse sie meine Worte hören, <u>dass</u> sie lernen, mich zu fürchten."	k
konditional	וַאֲשֶׁר לֹא־יִתֵּן עַל־פִּיהֶם וְקִדְּשׁוּ עָלָיו מִלְחָמָה	„<u>Wenn</u> aber einer nichts auf ihr Geheiß gibt, heiligen sie gegen ihn den Krieg."	l

Die Nota relativi wird oft durch eine Präposition präzisiert: לַאֲשֶׁר „zu dem, der"; ‏m
בַּאֲשֶׁר, כַּאֲשֶׁר „wie/weil/als"; אַחֲרֵי אֲשֶׁר „nachdem"; יַעַן אֲשֶׁר „weil"; לְמַעַן אֲשֶׁר „damit/dass"; עַד־אֲשֶׁר „bis dass" usw. (§ 62m.14.15b).

אֲשֶׁר‏–Sätze können ein Subjekt, ein Objekt oder eine präpositionale Bestimmung voll- ‏n
ständig ersetzen. Dann übernehmen sie dessen syntaktische Funktion im übergeord-
neten Satz: וַיֵּרַע בְּעֵינֵי יְהוָה אֲשֶׁר עָשָׂה „Und <u>das, was er getan hatte,</u> war schlecht in den Augen JHWHs."; אֶת־אֲשֶׁר תְּבָרֵךְ מְבֹרָךְ „<u>Der, den du segnest,</u> ist gesegnet."; וַיֹּאמֶר לַאֲשֶׁר עַל־בֵּיתוֹ „Und er sprach <u>zu dem, der über sein Haus (gesetzt war)</u>."

Statt אֲשֶׁר begegnen auch שֶׁ/שַׁ (proklitisch, meist mit folgendem Dagesch forte, § 15c), ‏o
זֶה oder זוּ (§ 15d) und der Artikel הַ als Nota relativi (neben אֲשֶׁר יְהוָה אֱלֹהֶיךָ יְהוָה אֱלֹהֶיךָ הַמּוֹצִיאֲךָ מֵאֶרֶץ מִצְרַיִם auch: הוֹצֵאתִיךָ מֵאֶרֶץ מִצְרַיִם „JHWH, dein Gott, <u>der</u> dich aus dem Lande Ägypten herausgeführt hat").

Asyndetische Relativsätze Insbesondere in der Poesie, aber auch in der Prosa begeg- ‏p
nen „unverbundene Relativsätze" (אֲשֶׁר‏–Sätze ohne אֲשֶׁר): יֹאבַד יוֹם אִוָּלֶד בּוֹ „<u>Ver-</u> schwunden sei der Tag, <u>an dem</u> ich geboren wurde!" (vgl. § 56j).

§ 64 כִּי–Sätze

a   כִּי–Sätze sind funktional vielseitig. Ursprünglich hat die Partikel כִּי eine satzeinleitende Hinweis- und Bekräftigungsfunktion („ja/gewiss/wahrlich/fürwahr", § 15e). Sie kann einen Satz jedoch wie eine Konjunktion kausal („weil/denn"), temporal („wenn/als"), konditional („wenn/falls") oder konsekutiv („so dass") unterordnen, oder ihn als Subjekt oder Objekt markieren. Dabei sind auch durch כִּי untergeordnete Sätze formal selbständige (Haupt-)Sätze.

b   **Bekräftigte Sätze**   Die ursprüngliche Hinweis- und Bekräftigungsfunktion der Partikel כִּי erklärt ihre häufige Verwendung in direkter Rede (sog. „כִּי-recitativum") und in der Umsetzung („Durchführung") des zuvor Angesagten:

Bekräftigung	חַי־יְהוָה כִּי בֶן־מָוֶת הָאִישׁ הָעֹשֶׂה זֹאת	„So wahr JHWH lebt: <u>Fürwahr!</u> Der Mann, der das getan hat, verdient den Tod."
כִּי-recitativum	וַתֹּאמֶר כִּי־שָׁמַע יְהוָה כִּי־שְׂנוּאָה אָנֹכִי	„Und sie sagte: (Fürwahr!) JHWH hat gehört, dass ich nicht geliebt bin."
Durchführung	שִׁירוּ לַיהוָה כִּי־גָאֹה גָּאָה...	„Singt JHWH: (Ja,) Hoch erhaben ist er..."

c   **Untergeordnete Sätze**   כִּי–Sätze können einem vorhergehenden oder folgenden Satz inhaltlich untergeordnet (§ 62) sein. Die Art und Weise dieser Unterordnung ergibt sich allein aus dem Satzzusammenhang:

d	kausal: „denn/weil"	אַל־תִּירָא כִּי גְאַלְתִּיךָ	„Fürchte dich nicht, <u>denn</u> ich habe dich erlöst."
		כִּי עָשִׂיתָ זֹאת אָרוּר אַתָּה מִכָּל־הַבְּהֵמָה	„<u>Weil</u> du dies getan hast, bist du verflucht unter allem Vieh."
e	temporal: „wenn/als"	כִּי תַעֲבֹד אֶת־הָאֲדָמָה לֹא־תֹסֵף תֵּת־כֹּחָהּ לָךְ	„<u>Wenn</u> du den Erdboden bearbeitest, wird er dir nicht mehr seine Kraft geben."
		כִּי נַעַר יִשְׂרָאֵל וָאֹהֲבֵהוּ	„<u>Als</u> Israel jung war, gewann ich es lieb."
f	konditional: „wenn/falls"	כִּי־יִגַּח שׁוֹר אֶת־אִישׁ אוֹ אֶת־אִשָּׁה וָמֵת סָקוֹל יִסָּקֵל הַשּׁוֹר	„<u>Wenn</u> ein Stier einen Mann stößt oder eine Frau , so dass er stirbt, muß der Stier sofort gesteinigt werden."
g	konsekutiv: „(so) dass"	מִי אָנֹכִי כִּי אֵלֵךְ אֶל־פַּרְעֹה	„Wer bin ich, <u>dass</u> ich zum Pharao gehen könnte!"

In kasuistischen Rechtssätzen wird mit כִּי regelmäßig der Hauptfall („gesetzt den Fall:/ h wenn") und mit אִם („falls dann/wenn") der Unterfall eingeleitet (§ 66k).

כִּי kann mit einer Präposition verbunden werden, die damit zur Konjunktion wird. Die i Funktion ergibt sich dann aus der Bedeutung der Präposition (§ 14): עַל יַעַן כִּי „weil", עַל כִּי „weil", תַּחַת כִּי „dafür dass", עַד כִּי „bis dass" usw.

Verben der Wahrnehmung

Objektsätze Insbesondere nach Verben des Sehens, Hörens, Sagens und Wissens, j aber auch nach anderen transitiven Verben kann כִּי Sätze einleiten, die als Objekt eines übergeordneten Satzes funktionieren:

Objektsatz „dass"	עַתָּה יָדַעְתִּי כִּי־יְרֵא אֱלֹהִים אַתָּה	„Jetzt weiß ich, <u>dass</u> du gottesfürchtig bist."
	וַיַּרְא אֱלֹהִים כִּי רַבָּה רָעַת הָאָדָם בָּאָרֶץ	„Da sah Gott, <u>dass</u> die Bosheit der Menschen groß war auf Erden."

Subjektsätze Seltener leitet כִּי Sätze ein, die als Subjekt eines übergeordneten Satzes k funktionieren:

Subjektsatz „dass"	מַה־בֶּצַע כִּי נַהֲרֹג אֶת־אָחִינוּ	„Was ist der Gewinn, <u>dass</u> wir unseren Bruder erschlagen?"

Adversative Sätze Insbesondere nach einer expliziten oder impliziten Negation ist כִּי l oder כִּי אִם fast immer adversativ („entgegensetzend") zu verstehen: „außer/sondern/ es sei denn/nur/jedoch" (§ 15f):

adversativ: „außer" „sondern" „doch"	לֹא יַעֲקֹב יֵאָמֵר עוֹד שִׁמְךָ כִּי אִם־יִשְׂרָאֵל	„Nicht Jakob sollst du mehr genannt werden, <u>sondern</u> Israel."
	וַיֹּאמְרוּ לוֹ לֵאמֹר לֹא כִּי אָסֹר נֶאֱסָרְךָ	„Da sagten sie zu ihm (Simson): Nein, <u>nur</u> fesseln wollen wir dich."
	וַיֹּאמֶר לֹא כִּי צָחָקְתְּ	„Und er (JHWH) sagte: Nein, du (Sara) hast <u>doch</u> gelacht!"

Nachsätze Selten ist ein כִּי–Satz der Nachsatz eines Bedingungssatzes („so/dann"): m אִם לֹא תַאֲמִינוּ כִּי לֹא תֵאָמֵנוּ „Glaubt ihr nicht, so bleibt ihr nicht." (§ 66l), meist leitet er den Vordersatz ein (§ 64f.66g.k).

§ 65 Infinitiv-Konstruktionen

a Als *V e r b a l n o m e n* kann der Infinitivus constructus (§ 26q.30) ein Objekt haben, aber auch mit einer Präposition verbunden sein und im Status constructus oder Status suffigatus (§ 12a.p.51b) stehen. Solche nominalen „Infinitiv-Konstruktionen" haben im Hebräischen weithin die Funktion verbaler Nebensätze. Sie können, je nach Bedeutung der Präposition (§ 14), vor allem temporal („als/wenn/nachdem"), kausal („weil"), konditional („wenn"), final („um zu/damit") oder modal („indem") zu verstehen sein. *Merke:* „Eine Präposition mit Infinitiv wird zur Konjunktion mit Nebensatz." Recht häufig begegnen Infinitiv-Konstruktionen mit folgenden Präpositionen:

b	בְּ → „als" → „wenn"	מִזְמוֹר לְדָוִד בְּבוֹא־אֵלָיו נָתָן הַנָּבִיא	„Ein Psalm Davids, <u>als</u> der Prophet Nathan zu ihm <u>gekommen war</u>." ← „beim Kommen Nathans zu ihm"
		בְּהוֹצִיאֲךָ אֶת־הָעָם מִמִּצְרַיִם תַּעַבְדוּן אֶת־הָאֱלֹהִים עַל הָהָר	„<u>Wenn du</u> das Volk aus Ägypten <u>führst</u>, werdet ihr Gott an diesem Berg dienen." ← „bei deinem Herausführen das Volk"
c	כְּ → „sowie" → „als" → „wenn"	וַיְהִי כְּבוֹא אֲרוֹן הָאֱלֹהִים עֶקְרוֹן וַיִּזְעֲקוּ הָעֶקְרֹנִים	„<u>Als</u> die Lade Gottes nach Ekron <u>kam</u>, schrieen die Ekroniter um Hilfe." ← „wie das Kommen der Lade Gottes"
		וְהָיָה כִּרְאוֹתוֹ כִּי־אֵין הַנַּעַר וָמֵת	„<u>Wenn</u> er (Jakob) <u>sieht</u>, dass der Junge (Benjamin) nicht da ist, stirbt er sofort." ← „sowie sein Sehen, dass..."
d	אַחֲרֵי → „nachdem"	וַיִּהְיוּ יְמֵי־אָדָם אַחֲרֵי הוֹלִידוֹ אֶת־שֵׁת שְׁמֹנֶה מֵאֹת שָׁנָה	„<u>Nachdem</u> er Set <u>gezeugt hatte</u>, lebte Adam noch achthundert Jahre." ← „nach seinem Zeugen Set"
e	לִפְנֵי → „bevor"	וְאֵלֶּה הַמְּלָכִים אֲשֶׁר מָלְכוּ בְּאֶרֶץ אֱדוֹם לִפְנֵי מְלָךְ־מֶלֶךְ לִבְנֵי יִשְׂרָאֵל	„Dies sind die Könige, die über das Land Edom regierten, <u>bevor</u> ein israelitischer König <u>regierte</u>." ← „vor dem Regieren eines isr. Königs"
f	לְ → „um zu" „damit" „dass" → „indem"	וַיֵּרֶד יְהוָה לִרְאֹת אֶת־הָעִיר וְאֶת־הַמִּגְדָּל	„Da stieg JHWH hinab, <u>um</u> die Stadt und den Turm <u>zu sehen</u>." ← „für das Sehen die Stadt"
		הֵן הָאָדָם הָיָה כְּאַחַד מִמֶּנּוּ לָדַעַת טוֹב וָרָע	„Siehe, der Mensch ist geworden wie unsereiner, <u>indem</u> er (jetzt) Gut und Böse <u>kennt</u>." ← „in Bezug auf das Kennen"

Die Präposition מִן (§ 14h) kann vor einem Infinitiv nicht nur temporal („seit"), **g**
sondern auch kausal („weil") oder privativ („so dass nicht/ohne") zu verstehen sein:

מִן → „weil" → „so dass nicht"	מֵאַהֲבַת יְהוָה אֶתְכֶם... הוֹצִיא יְהוָה אֶתְכֶם	„<u>Weil</u> JHWH euch <u>liebte</u>..., hat JHWH euch herausgeführt." ← „infolge vom Lieben JHWHs euch"
	וַיְהִי כִּי־זָקֵן יִצְחָק וַתִּכְהֶיןָ עֵינָיו מֵרְאֹת וַיִּקְרָא אֶת־עֵשָׂו	„Als Isaak alt geworden war und seine Augen schwach, <u>so dass er nicht mehr sehen konnte</u>, rief er Esau." ← „wurden schwach <u>weg vom Sehen</u>"

וַיְהִי oder וְהָיָה als Nachsatzmarkierer Der Nachsatz wird oft durch וַיְהִי „und es **h**
geschah" oder וְהָיָה „und es wird geschehen" explizit angekündigt (§ 62l.65c.d). *Merke:*
„וַיְהִי oder וְהָיָה mit folgender Präposition oder כִּי ist Nachsatzmarkierer."

> וַיְהִי כְּבוֹא אַבְרָם מִצְרָיְמָה וַיִּרְאוּ הַמִּצְרִים אֶת־הָאִשָּׁה כִּי־יָפָה הִוא מְאֹד
>
> „<u>Und es geschah</u>, <u>sowie</u> Abram nach Ägypten kam, <u>dass</u> die Ägypter die Frau (Sara)
> sahen, dass sie sehr schön war."
> → „<u>Als</u> Abram nach Ägypten kam, sahen die Ägypter, dass die Frau sehr schön war."

Genitivus subjektivus oder objektivus Je nach Präposition, Semantik und Zusam-   **i**
menhang, kann ein Suffix oder folgendes Nomen *Subjekt* oder *Objekt* (§ 19i.n.
51b) der Infinitiv-Konstruktion sein. Im ersten Fall (b–e.j) überwiegt die nominale, im
zweiten Fall (k) die verbale Rektionskraft des Infinitivus constructus:

Genitivus subjektivus	וַיְהִי דְבַר־יְהוָה אֶל־ יִרְמְיָהוּ אַחֲרֵי שְׂרֹף הַמֶּלֶךְ אֶת־הַמְּגִלָּה	„Und es erging das Wort JHWHs an Jeremia, <u>nachdem der König</u> die Buchrolle <u>verbrannt hatte</u>." ← „<u>nach dem Verbrennen des Königs (Subj.) die Buchrolle (Obj.)</u>"	**j**
	תִּזְכֶּה בְשָׁפְטֶךָ	„Du bist rein, <u>wenn du richtest</u>." ← „<u>bei deinem (Subj.) Richten</u>"	
Genitivus objektivus	תְּנָה־לָּנוּ מֶלֶךְ לְשָׁפְטֵנוּ	„Gib uns einen König, <u>um uns zu richten (= regieren)</u>!" ← „<u>für unser (Obj.) Richten</u>"	**k**

Negation Infinitiv-Konstruktionen werden neben מִן (g) oft durch לְבִלְתִּי „damit **l**
nicht/indem nicht" negiert: וַיָּשֶׂם יְהוָה לְקַיִן אוֹת לְבִלְתִּי הַכּוֹת־אֹתוֹ כָּל־מֹצְאוֹ
„Da machte JHWH Kain ein Zeichen, <u>damit</u> ihn <u>nicht erschlage</u> jeder, der ihn
fände."(< „<u>für das ihn nicht Erschlagen</u>").

§ 66 Bedingungssätze und Schwursätze

a **Parataxe** Bedingungssätze werden im Hebräischen oft *o h n e   K o n j u n k t i o n* („wenn" – „dann") gebildet, indem Bedingung und Folge asyndetisch (= „unverbunden") einfach nebeneinander gestellt werden (sog. „Parataxe", § 62a): מָצָא אִשָּׁה מָצָא טוֹב „Hat einer eine Frau gefunden, <u>dann</u> hat er etwas Gutes gefunden."; תִּפְתַּח יָדְךָ יִשְׂבְּעוּן טוֹב „Tust du deine Hand auf, <u>so</u> werden sie mit Gutem gesättigt." (§ 62f.g)

b Das Gefüge von Vordersatz (Protasis, Bedingung) und Nachsatz (Apodosis, Folge) kann auch durch *K o n s e k u t i v t e m p o r a* (§ 26e.f) in formal gleichrangigen (Haupt-)Sätzen zu Stande kommen (§ 62a-c). Hier ist die Unterordnung des einen Satzes unter den anderen nur an logisch-inhaltlichen Kriterien, manchmal auch an einem Subjektwechsel oder einem Wechsel vom bekannten zum unbekannten Sachverhalt zu erkennen: וְלָקַח הַכֹּהֵן הַטֶּנֶא מִיָּדֶךָ וְהִנִּיחוֹ לִפְנֵי מִזְבַּח יְהוָה אֱלֹהֶיךָ וְעָנִיתָ וְאָמַרְתָ „<u>Wenn</u> dann der Priester den Korb aus deiner Hand nimmt und ihn vor den Altar JHWHs, deines Gottes, stellt, <u>dann</u> (Subjektwechsel!) antworte und sage:" (< „<u>Dann</u> wird der Priester den Korb aus deiner Hand nehmen. <u>Dann</u> wird er ihn vor den Altar JHWHs, deines Gottes, stellen. <u>Dann</u> wirst du antworten. <u>Dann</u> wirst du sagen:", § 62c).

c **Partizipialkonstruktionen** Oft wird eine logische Unterordnung durch eine partizipiale Wendung wiedergegeben: מַכֵּה אִישׁ וָמֵת מוֹת יוּמָת „<u>Wer</u> (= <u>wenn einer</u>) einen Mann schlägt, so dass dieser stirbt, muß sofort getötet werden." (< „Der Schläger eines Mannes, so dass dieser stirbt, muß sofort getötet werden.", § 62f).

d **Infinitiv-Konstruktionen** Bedingungssätze können auch durch Infinitiv-Konstruktionen (§ 65) mit oder ohne וְהָיָה als Nachsatzmarkierer (§ 62l.65h) gebildet werden: וְהָיָה בְּעַנְנִי עָנָן עַל־הָאָרֶץ וְנִרְאֲתָה הַקֶּשֶׁת בֶּעָנָן „<u>Wenn</u> ich Wolken mache auf Erden, <u>dann</u> wird der Bogen in den Wolken gesehen werden." (< „Und es wird geschehen bei meinem Wolken-Machen auf Erden, dass der Bogen gesehen wird.").

e **Hypotaxe** Die konditionale oder temporale „Unterordnung" eines Satzes unter einen anderen (§ 62h-r) als *V o r d e r s a t z* kann formal durch hinweisende und bekräftigende Zeichen und Partikeln in der Funktion von konditionalen Konjunktionen („wenn/falls/gesetzt den Fall, dass") angezeigt werden. Am häufigsten sind אִם „wenn" (§ 15i.62o) und כִּי „ja,/wahrlich" (§ 15e.64e.f):

f אִם	וַיֹּאמֶר אֵלֶיהָ בָּרָק אִם־תֵּלְכִי עִמִּי וְהָלָכְתִּי
	„Da sagte Barak zu ihr: <u>Wenn</u> du mit mir gehst, gehe ich."
g כִּי	כִּי־תַעֲבֹד אֶת־הָאֲדָמָה לֹא־תֹסֵף תֵּת־כֹּחָהּ לָךְ
	„<u>Wenn</u> du den Erdboden bearbeitest, soll er dir nicht mehr seine Kraft geben."

Neben כִּי und אִם begegnen auch הֵן/הִנֵּה „siehe" (§ 15g.62p) und (selten) אֲשֶׁר h
(§ 15b.63l) im Vordersatz von Bedingungssätzen:

הֵן/הִנֵּה	הִנֵּה יוֹצֵא הַמַּיְמָה וְאָמַרְתָּ אֵלָיו	i
	„Wenn er zum Wasser hinausgeht, dann sage ihm:"	

אֲשֶׁר	וַאֲשֶׁר לֹא־יִתֵּן עַל־פִּיהֶם וְקִדְּשׁוּ עָלָיו מִלְחָמָה	j
	„Wenn einer nichts auf ihr Geheiß gibt, heiligen sie gegen ihn den Krieg."	

In kasuistischen Rechtssätzen wird mit כִּי regelmäßig der Hauptfall („gesetzt den k
Fall:") und mit אִם („falls dabei") der Unterfall eingeleitet: כִּי־יִגַּח שׁוֹר אֶת־אִישׁ
...וָמֵת סָקוֹל יִסָּקֵל הַשּׁוֹר...וְאִם שׁוֹר נַגָּח הוּא מִתְּמֹל שִׁלְשֹׁם...וְהוּעַד בִּבְעָלָיו
...וְגַם־בְּעָלָיו יוּמָת ... „Wenn ein Stier einen Mann stößt..., so dass er stirbt, muss der
Stier sofort gesteinigt werden...Falls es aber ein seit jeher stoßender Stier ist und sein
Besitzer oft darauf hingewiesen wurde...muß auch sein Besitzer getötet werden."

Der *N a c h s a t z* wird oft durch ein Konsekutivtempus eingeleitet (f.i.j), seltener l
durch וְ „dann" (sog. „Waw apodosis"), כִּי „ja,/so" (§ 64m) oder אָז „dann".

Elliptische Sätze Bedingungssätze sind in typischen Redesituationen manchmal m
elliptisch („unvollendet") und enthalten nur den Vordersatz („wenn...") ohne den Nachsatz („dann..."). Dies gilt insbesondere vom Schwur: Er vermeidet die Aussprache der
bedingten Selbstverfluchung (im Hebräischen *z.B.* כֹּה יַעֲשֶׂה־לִּי אֱלֹהִים וְכֹה יֹסִיף
„Gott tue mir dies und das!"), setzt sie aber stillschweigend als bekannt voraus und
formuliert nur ihre Bedingung (*z.B.* כִּי אִם־לִפְנֵי בוֹא־הַשֶּׁמֶשׁ אֶטְעַם־לֶחֶם „Wenn
ich vor Sonnenuntergang ein Stück Brot esse...", *d.h.* „Ich werde auf keinen Fall vor
Sonnenuntergang ein Stück Brot essen."). *Merke:* „Ein elliptischer Bedingungssatz mit
אִם negiert, ein elliptischer Bedingungssatz mit אִם לֹא bekräftigt."

אִם	→	„auf keinen Fall"	(...) אִם אֶעֱשֶׂה אֶת־הַדָּבָר הַזֶּה	n
		„niemals"	„Auf keinen Fall werde ich dies tun!"	

אִם לֹא	→	„auf jeden Fall"	(...) אִם־לֹא אֲשִׁיתְךָ מִדְבָּר	o
		„wahrlich"	„Wahrlich, ich mache dich zur Wüste!"	

Elliptische Schwursätze sind oft an *E i n l e i t u n g s f o r m e l n* wie חֵי פַרְעֹה „so p
wahr der Pharao lebt!" oder חַי יְהוָה „so wahr JHWH lebt!" zu erkennen.

Irreale Bedingungssätze Bedingungen können implizit (durch den Zusammenhang) q
oder explizit (durch Tempus oder Partikel) irreal sein. Für den Irrealis steht meist die
ursprüngliche Wunschpartikel לוּ „wenn doch!" bzw. לוּלֵי „wenn nicht" (< לוּ לֹא):

לוּ	„wenn doch"	לוּ יֶשׁ־חֶרֶב בְּיָדִי	„Wäre ein Schwert in meiner Hand,
	„wäre"	כִּי עַתָּה הֲרַגְתִּיךְ	hätte ich dich schon erschlagen."

§ 67 Merkmale hebräischer Poesie

a Man unterscheidet im Biblischen Hebräisch *P r o s a* (= ungebundene Rede oder Schrift) von *P o e s i e* (= „geformte" Rede oder Schrift). Insbesondere die Psalmen, aber auch viele Prophetenworte und Sprüche weisen erkennbare Merkmale poetischer „Formung" auf und zeigen ein bestimmtes *M e t r u m* („Versmaß"). Da die biblischen Texte ursprünglich unpunktiert waren und erst im Mittelalter mit Vokalzeichen und Akzenten versehen wurden (§ 3-6), ist die Frage nach ihrem Metrum allerdings nicht sicher zu beantworten. Vielleicht wechselten sich in der Regel betonte und unbetonte Silben ab, sei es streng alternierend („abwechselnd") oder quantitierend (eine betonte und 1-3 unbetonte Silben). Auffällig ist in jedem Fall der *P a r a l l e l i s m u s   m e m b r o r u m* („die Parallelität der Vershälften"): die Bindung des Gesagten in gleichen, gegensätzlichen oder weiterführenden Vershälften (= Kola), die meist als *B i k o l o n* (zweigliedriger Parallelismus), selten als *T r i k o l o n* (dreigliedriger Parallelismus) oder *V i e r e r* (viergliedriger Parallelismus) geformt sind.

b **Synonymer Parallelismus membrorum** Die Grundstruktur des synonymen Parallelismus ist durch die *V a r i a t i o n* des Gesagten in zwei Vershälften (Bikolon) geprägt. Durch die Verschiedenheit der Worte trifft dieser Parallelismus die den beiden (oder mehr) Versteilen gemeinsame Aussagemitte. Dabei überwiegt ein Metrum von 3 + 3 (Ton-)Hebungen:

וְהָרַ֥ע בְּעֵינֶ֗יךָ עָשִֽׂיתִי לְךָ֤ לְבַדְּךָ֨ חָטָ֗אתִי	Ps 51,6
und das in deinen Augen Schlechte getan. An dir allein habe ich gesündigt	

c **Antithetischer Parallelismus membrorum** Die Grundstruktur des antithetischen Parallelismus ist dadurch geprägt, dass eine gemeinsame Aussagemitte in zwei gegensätzlichen Aussagen formuliert wird. Auch beim antithetischen Parallelismus überwiegt das Bikolon mit einem Metrum von 3 + 3 (Ton-)Hebungen:

וְדֶ֖רֶךְ רְשָׁעִ֣ים תֹּאבֵֽד כִּֽי־יוֹדֵ֣עַ יְהוָה֮ דֶּ֤רֶךְ צַדִּיקִ֥ים	Ps 1,6
doch der Weg der Frevler vergeht. JHWH kennt den Weg der Gerechten,	

d **Synthetischer Parallelismus membrorum** Die Grundstruktur des synthetischen Parallelismus ist dadurch geprägt, dass eine Aussage in einer zweiten Halbzeile weitergeführt und vollendet wird. „Parallelismus" ist er nur, insoweit er ein Metrum bewahrt. Auch hier überwiegt das Bikolon mit einem Metrum von 3 + 3 Hebungen:

נִבְחָ֖ר לַיהֹוָ֣ה מִזָּֽבַח עֲשֹׂ֣ה צְדָקָ֣ה וּמִשְׁפָּ֑ט	Spr 21,3
ist JHWH lieber als Schlachtopfer. „Gerechtigkeit und Recht tun	

Klimaktischer Parallelismus membrorum Die Grundstruktur des (seltenen) klimak-   e
tischen Parallelismus ist dadurch geprägt, dass eine Aussage zur Steigerung („Klimax")
geführt wird. Der klimaktische Parallelismus ist meist dreigliedrig (sog. *D r e i e r* oder
T r i k o l o n). Typisch ist für ihn die teilweise Aufhebung der „Variation" (§ 67b) durch
die Wiederaufnahme bzw. „Verdopplung" von Worten (sog. *A n a d i p l o s i s*):

יִשְׂא֣וּ נְהָר֖וֹת דָּכְיָֽם	נָשְׂא֤וּ נְהָר֨וֹת קוֹלָ֔ם	נָשְׂא֤וּ נְהָר֨וֹת ׀ יְהֹוָ֗ה	Ps 93,3
ja, ständig erheben die Fluten ihr Tosen.	es erhoben die Fluten ihr Brausen,	Es erhoben die Fluten, JHWH,	

Qina Das auffallend hinkende Metrum von 3 + 2 Hebungen entspringt vielleicht der   f
Totenklage (*hebr.* קִינָה) und wird auch als „Leichenlied" bezeichnet:

קִרְיָ֖ה נֶאֱמָנָֽה	אֵיכָה֙ הָיְתָ֣ה לְזוֹנָ֔ה	Jes 1,21
die (einst) treue Stadt!	Ach, wie ist zur Hure geworden	

Ellipsen Oft ist die zweite Halbzeile eines Parallelismus formal unvollständig, weil sie   g
ein Wort der ersten stillschweigend voraussetzt und „erspart" (sog. Ellipse). Metri causa
(„des Metrums wegen") und der Variation wegen, wird die zweite Halbzeile oft durch
ein zusätzliches Wort bzw. eine zusätzliche (Ton-)Hebung aufgefüllt:

אֱלֹהַ֣יִךְ צִיּ֔וֹן לְדֹ֥ר וָדֹֽר	יִמְלֹ֤ךְ יְהֹוָה֙ לְעוֹלָ֔ם	Ps 146,10
dein Gott, <u>Zion</u>, von Generation zu Generation!	JHWH <u>sei König</u> alle Zeit,	

Chiasmus Ein besonderes Stilmittel der Poesie ist die nach dem griechischen Buch-   h
staben X (= „Chi") als Chiasmus bezeichnete „Kreuzstellung" von zwei oder drei Satz-
gliedern eines Parallelismus membrorum:

שֹׁפֵךְ֙ דַּ֣ם הָֽאָדָ֔ם בָּֽאָדָ֖ם דָּמ֣וֹ יִשָּׁפֵ֑ךְ	Gen 9,6
für den (getöteten) Menschen wird sein Blut vergossen werden. Wer das Blut eines Menschen vergießt,	

Weitere Merkmale Als weiteres Merkmal der Poesie kann das häufige Fehlen des   i
Artikels (§ 13), der Nota acc. אֵת/אֶת־ (§ 15r) und der Nota rel. אֲשֶׁר (§ 15b) gelten.
Für אֲשֶׁר steht häufig ־שֶׁ (§ 15c) oder ein asyndetischer Relativsatz (§ 63p). Auch hat die
Poesie als „gebundene" Sprache oft ältere Formen erhalten oder künstlich reproduziert
(sog. „archaisierende" Sprache), so insbesondere bei einigen Suffixen (§ 19g) und im
sog. י – compaginis (§ 12s). Das Stilmittel der Variation (§ 67b) hat insbesondere den in
der Poesie hohen Wortreichtum und den Erhalt seltener Vokabeln nach sich gezogen.

Schrifttafel

Die in modernen Bibeldrucken verwendete *Q u a d r a t s c h r i f t* (2) hat sich spätestens seit dem 3. Jh. v.Chr. zu den heute verwendeten Schriftzeichen entwickelt. Nordisraelitische und judäische Inschriften aus dem 8. bis 7. Jh. v.Chr. zeigen noch die *a l t - i s r a e l i t i s c h e S c h r i f t* (3). Die halbkursive Schrift (4) des jüdischen Gelehrten *R a s c h i* (11. Jh. n.Chr.) weist den Weg zur Kursive der *m o d e r n e n h e b r ä i s c h e n S c h r i f t* (5) der Neuzeit (= Ivrit). Die Verwendung hebräischer Buchstaben als *Z a h l - z e i c h e n* (1) begegnet im Biblischen Hebräisch noch nicht, wohl aber in der Rand- und Schluss-Massora. Auch die *g r i e c h i s c h e S c h r i f t* (6) wurzelt in den phönizisch-althebräischen Konsonantenzeichen, die in ihr teilweise zu Vokalzeichen wurden.

(1)	(2)	(3)	(4)	(5)	(6)
1	א				A
2	ב				B
3	ג				Γ
4	ד				Δ
5	ה				E
6	ו				F / Υ
7	ז				Z
8	ח				H
9	ט				Θ
10	י				I
20	ך / כ		ך / כ	כ / ך	K
30	ל				Λ
40	ם / מ		ם / מ	ם / מ	M
50	ן / נ		ן / נ	ן / נ	N
60	ס				Ξ
70	ע				O
80	ף / פ		ף / פ	ף / פ	Π
90	ץ / צ		ץ / צ	ץ / צ	
100	ק				
200	ר				P
300	ש				Σ
400	ת				T

Abkürzungen und Zeichen

abs	absolutus		nheb.	neuhebräisch
adh	adhortativum		Nf	Nebenform
AK	Afformativ-Konjugation		Ni	Niph'al
aram.	aramäisch		Nota acc.	Nota accusativi
c	communis		Nota rel.	Nota relativi
coh	cohortativum		Ptz	Partizip
cons	consecutivum		Pf	Perfekt
cstr	constructus		Pi	Pi'el
Du	Dual		Pilp	Pilpel
etw.	etwas		PK	Präformativ-Konjugation
f	Femininum		Pl	Plural
Fig.etym	Figura etymologica		Präp	Präposition
Gf	Grundform		Pu	Pu'al
hebr.	hebräisch		Q	Qal
Hi	Hiph'il		Sg	Singular
Hitp	Hitpa'el		spr:	sprich:
Hišt	Hištaph'el		St	Status
Ho	Hoph'al		Suff/suff	Suffix/suffigatus
i.p	in pausa		Var	Variante
Inf	Infinitiv			
Imp	Imperativ			
Impf	Imperfekt			
jmd.	jemand			
Juss	Jussiv		√	Wurzel
KF	Kurzform		*	hypothetische Form
lar	laryngalia			bzw. Anmerkung
lat.	lateinisch		>	geworden zu
LF	Langform		<	entstanden aus
m	Maskulinum		ˌ	Haupttonsilbe (מֶ֫לֶךְ)

Sachregister

Register hebräischer Wörter

⁹Wichtige Hilfsmittel zum Hebräischen

Textausgabe

Biblia Hebraica Stuttgartensia (= BHS),
K. Elliger / W. Rudolph (Hg.), Stuttgart 1967/77 (und Nachdrucke)

Lehrbücher

A. B. Ernst,
Übungsbuch zum Biblischen Hebräisch. Mit Fenstern zum Neuhebräischen, Neukirchen-Vluyn ca. 2013

E. Jenni,
Lehrbuch der hebräischen Sprache des Alten Testaments, Basel u.a. ³2003 u.a.

M. Krause,
Hebräisch. Biblisch-hebräische Unterrichtsgrammatik (hg. von M. Pietsch / M. Rösel), Berlin ³2012

J. P. Lettinga,
Grammatik des Biblischen Hebräisch, Riehen u.a. 1992

ders., Hilfsbuch zur Grammatik des Biblischen Hebräisch, Riehen u.a. 1992

H.-D. Neef,
Arbeitsbuch Hebräisch, Tübingen ⁵2012

W. Schneider,
Debarim. Ein Übungsbuch für den Hebräischunterricht, München ³2006 u.a.

ders., Grammatik des Biblischen Hebräisch, München 2001 u.a.

Wissenschaftliche Grammatiken

H. Bauer / P. Leander,
Historische Grammatik der Hebräischen Sprache des Alten Testaments. Bd. 1, Hildesheim 1962 (= Halle ¹1922)

W. Gesenius / E. Kautzsch / G. Bergsträsser,
Hebräische Grammatik, Hildesheim u.a. 1983 (= ²⁸1909/1918)

P. Joüon / T. Muraoka,
A Grammar of Biblical Hebrew I/II, Rom ²2006

R. Meyer,
Hebräische Grammatik, Berlin u.a. 1992 (= Bd. 1-4, ³1969-1972)

B. K. Waltke / M. O'Connor,
An Introduction to Biblical Hebrew Syntax, Winona Lake 1990

Wörterbücher

W. Gesenius / F. Buhl,
Hebräisches und Aramäisches Handwörterbuch über das Alte Testament, Berlin u.a. ¹⁸2013

W. Köhler / W. Baumgartner / J. J. Stamm,
Hebräisches und Aramäisches Lexikon zum Alten Testament, Leiden u.a. 2004 (= ³1967-1995)